前言 Preface

逻辑无处不在。无论我们是有意还是无意，逻辑无时不服务于我们的生活。日常生活中的许多趣事，也都可以上升为逻辑命题。

本书收录500个逻辑推理游戏，从初级的文字逻辑、探案逻辑，到中级的图形逻辑、数理逻辑，再到高级的烧脑逻辑，难度逐级上升，锻炼大脑的效果也逐级上升。

文字逻辑游戏。我国自古有之，千百年流行的诗谜、对联等文字游戏，就与以概念、判断、推理为基础的现代逻辑学一脉相承，现代人更是利用包罗万象的汉字创造出五彩纷呈的文字游戏。

逻辑探案游戏。侦探推理游戏是让全世界侦探迷和推理爱好者疯狂的游戏，它不仅有趣，还考验读者的逻辑推理能力。本书所精选的侦探推理游戏，故事内容虽然简短，却趣味横生，是锻炼脑力的最佳工具。

图形逻辑游戏。图形逻辑游戏不仅包括各种图案、点线面构成的几何图形，还包括由数字、字母、文字等诸多元素构成的图形思考题。解答图形逻辑思维训练题目不能只盯着图形看，要运用逻辑思维，由生理视觉上升到思维视觉。

数理逻辑游戏。我们最经常使用的阿拉伯数字虽然只有10个，但这10个数字的不同组合却能创造出无穷的数字。数理逻辑游戏就是利用数字之间的变化规律来获得答案的智力游戏，在世界上十分普及。只要正确运用逻辑思维，看似复杂的数字难题就会迎刃而解。

烧脑逻辑游戏。比起一些不需要费脑筋的游戏来说，烧脑逻辑游戏可就没那么容易猜出答案了。这些题目才真正锻炼读者的大脑和逻辑思维判断能力，有些题甚至连喜欢自虐的人都要大呼：难死人不偿命！

作者

2014年3月

聪明人最爱的逻辑游戏500个

张祥斌◎编著

中国财富出版社

图书在版编目（CIP）数据

聪明人最爱的逻辑游戏500个 / 张祥斌编著. —北京：中国财富出版社，2014.4
ISBN 978-7-5047-4853-9

Ⅰ. ①聪… Ⅱ. ①张… Ⅲ. ①智力游戏 Ⅳ. ①G898.2

中国版本图书馆CIP数据核字（2013）第228976号

策划编辑 张 娟 **责任印制** 何崇杭
责任编辑 杨银旗 张 娟 **责任校对** 梁 凡

出版发行 中国财富出版社
社　　址 北京市丰台区南四环西路188号5区20楼 **邮政编码** 100070
电　　话 010-52227568（发行部） 010-52227588转307（总编室）
010-68589540（读者服务部） 010-52227588转305（质检部）
网　　址 http://www.cfpress.com.cn
经　　销 新华书店
印　　刷 北京京都六环印刷厂
书　　号 ISBN 978-7-5047-4853-9/G·0571
开　　本 787mm×1092mm 1/16 **版　　次** 2014年4月第1版
印　　张 19.5 **印　　次** 2014年4月第1次印刷
字　　数 404千字 **定　　价** 39.80元

目录

Contents

初级　文字·探案

中级 图形·数理

高级 烧脑逻辑

初级

文字·探案

文字逻辑

东方朔以谜解谜

东方朔是汉武帝时的太中大夫，他酷爱读书，博闻善辩，精通诗文，又擅长谜语，汉武帝对其非常宠信，而有位郭舍人也很得武帝的宠信。汉武帝很喜欢猜谜逗乐，所以经常让东方朔和郭舍人猜谜比胜负。东方朔总是取胜，郭舍人心中暗暗不服气，总是想找个机会报复一下东方朔，于是他私下请了几位制谜高手一同制了一个谜语，想伺机难倒东方朔。

有一天，两人一同在汉武帝面前议事。议事完毕后，汉武帝让二人出谜比赛。郭舍人一看机会来了，就对汉武帝说："我已经有一个谜语了，能不能让我先说？"汉武帝准许了。郭舍人就把他事先精心准备的谜语道出：

客从东方，讴歌且行。
不从门入，逾我垣墙。
游戏中庭，上入殿堂。
击之拍拍，死者攘攘。
格斗而死，主人被创。

说完，郭舍人得意扬扬地看着东方朔，心想这下看你能不能猜得出。

东方朔略一思索，就猜中谜底了，但他不想直接说出，而是用谜语作答曰：

长喙细身，昼匿夜行；
饮朱砂酒，拍见阎王。

郭舍人一听，知道东方朔已经破了自己的谜语，原来他们两人所咏之物都是一样的。郭舍人自己精心准备的谜语被东方朔瞬间破出，不得不自叹不如，从此对东方朔更加敬佩了。你知道两则谜语的谜底吗？

答案：蚊子。

董卓当死汉当兴

董卓是东汉末年少帝、献帝时的权臣，官至太师、郿侯。灵帝末年的十常侍之乱时，他受大将军何进之召率军进京，旋即掌控朝中大权，废少帝，立献帝。董卓为人残忍嗜杀，倒行逆施，招致群雄联合讨伐。最后被其亲信吕布所杀。

当时，曹操和袁绍起兵反董卓，各路诸侯也都响应，董卓挟持献帝西迁长安，并立自己为太师。他还放火焚烧了洛阳城，洛阳的老百姓对董卓深恶痛绝。后来，董卓又在郿坞大兴土木，暴敛黄金不计其数，老百姓都怨声载道。长安城里流传着一首歌：

千里草，何青青！

十日卜，不得生。

这歌声每天在夜空飘荡，声调非常悲切，后来歌声随风吹进董卓帐中，董卓听得格外清楚，便忙问谋士李肃："这首童谣主何吉凶？"李肃顺口答道："只是表示刘氏当灭，董氏当兴之意。"然而，事实恰恰相反，不久后司徒王允便指使吕布杀了董卓，除了这一害。这个字谜也就一直流传了下来。

这首童谣实际上是一则反映民心的谶语式谜语，是隐语已发展成雏形的文义字谜，你知道是什么意思吗？

答案：童谣的第一、第三两句是"董卓"两个字的分折，第二、第四句是谶语。《后汉书·五行志》记载："'千里草'为'董'，'十日卜'为'卓'。'青青'的前面加'何'，实际上是贬义'不得生'。"这首歌谣是骂董卓应当去死了。

师傅的寓意

古时有位师傅在门上写上一个心字，他徒弟来看望他，当走到门口时他看到了那心字，便回去了。第二天师傅在门上写个木字，这回他徒弟便直接进屋看望他师傅。你知道这一前一后有什么寓意吗？

答案：门上写上一个心字代表"闷"，表示心情不好。门上写个木字代表"闲"，表示有时间。

宰相破梦

皇帝病了，一天夜里梦见河里的水都干了，醒来以后心里很忧虑。他认为：天子是龙体，如果河里没有水，龙也就难以活下去了。

第二天，宰相来探望他的病，皇帝就把这个梦告诉了宰相，认为自己将不久于人世了。宰相听后想了想说："这是一个吉梦，河里没有了水，正是吉兆啊！"接着给皇帝解释了一番，皇帝听了很高兴。不久，病真的就好了。你能猜出宰相是怎么解释的吗？

答案：宰相解释道：河里没有了水，就是一个"可"字，这是说您的病很快就可以好了。

各姓什么

大道上驶来一辆马拉的大车，车上坐着个钓鱼的，一个挎着弓的。驾车的问："您二位贵姓？"钓鱼的抓起一条大鱼，对着夕阳高高举起，说："我就姓这个！"另一人把肩上的大弓使劲儿拉开说："我姓这个！"他俩又问驾车的怎么称呼，驾车人笑嘻嘻地指着前面两匹马说："喏，那就是！"他们三个人各姓什么？

答案：鲁、张、冯。

包裹里隐藏的秘密

古时一个探子在敌军中当卧底，有一天，他的上级派人送来一个包裹，包裹外面是布包着的，很鲜艳，有很多美丽的花纹，里面有一双筷子、一个梨、一颗橄榄和一个桃子，探子看后就明白怎么回事了，请问这个包裹里隐藏了什么秘密呢？

答案：赶快逃离。

一谜骂倒"笑面虎"

古时有个姓胡的财主，家财万贯，横行乡里，皮笑肉不笑，人人叫他"笑面虎"。笑面虎只要看见比自己穿得好的人，便拼命巴结，对那些粗衣烂衫的穷人，望也不望一眼。那年春节将临，胡家门口一前一后来了两个人，前边那人叫李才，后边那个叫王少。李才衣着整齐华丽，王少穿得破破烂烂。家丁一见李才，忙回入禀报，笑面虎慌忙迎出门来，满脸堆笑，恭敬相让。李才说要“借银十两”，笑面虎忙取来银两，李才扬长而去。笑面虎还没回过身来，王少上前喊道：“老爷，我借点粮。”笑面虎瞄他一眼，骂道：“小子，你凭什么借粮？走开！”

在回家的路上，王少越想越气，忽然心生一计。元宵将临，各家各户都忙着做花灯，王少也乐哈哈地忙了一天。到了元宵灯节的晚上，家家户户街头房前都挂上了各式各样的花灯，王少也提着一盏花灯上街。花灯扎得又大又亮，特显眼的是上面还题着一首诗。王少来到笑面虎门前，把花灯提得高高的，引得好多人围看。笑面虎正在观灯，一见此景，也挤到花灯前，只见灯上题着四句诗：头尖身细白如银，论称没有半毫分，眼睛长到屁股上，光认衣裳不认人。笑面虎一看，只气得面红耳赤，怒眼圆睁，叫道：“好小子，胆敢骂老爷！”王少笑出声来：“老爷，你真多心！这四句诗是个谜。”接着说出了谜底。笑面虎一怔，只气得干瞪眼，没话可说，转过身狼狈地走了。

这事越传越远。第二年灯节，不少人就都将谜语写在花灯上，供观灯的人猜测取乐。灯谜由此就成了花灯的一种副产品，斗智助兴，用来增添节日气氛。

你知道谜底吗？

答案：谜底是“针”。

童子诗谜

相传晋人王质进山砍柴，中午时骄阳似火，炎热难当，他便把斧头放在霞洞洞口的大柏树下，自己靠在树下乘凉。这时，有两位童子正在石桌上对弈。其中一个一边下着棋一边口中哼着小曲，特别悠闲。王质便也凑过去看他们对弈，他虽然是个樵夫，但通晓棋路，棋艺非凡。他便细心观看，不时还指点一两步。这两个小孩子一边下棋一边吃东西，有时也顺手递几颗枣给他。过了一会儿，一局棋还没下完，一个童子便说：嘴比嘴大，嘴比嘴小；嘴被嘴吃，嘴被嘴咬。

王质不明白是什么意思。另一个童子问王质说：“怎么不回去？”王质这才明白，原来那童子是用字谜提醒他呢。你能猜出此字谜吗？

答案：回。

吴隐之诗谜劝赌

吴隐之，字处默，晋代人，一生兢兢业业、操守廉洁。

在广州市小北江与流溪河的汇合处，有一座石门，因两岸有山对峙，劈石如门而得名。在石门下游一里左右，有一处泉水叫贪泉。传说凡是饮用此水的人，都会顿生贪念，所以操守清廉的人都对此水望而却步，宁可渴死也不愿喝下贪泉的水。吴隐之在广州任刺史时，清正廉洁，他觉得贪与不贪，与个人品德有关，而与是否饮贪泉的水无关。有一天，他专程到贪泉饮水赋诗，并刻于贪碑之上，也以此表明自己的清廉奉公的决心：古人云此水，一歃怀千金；试使夷齐饮，终当不易心。这首诗是说，人贪与不贪，关键在于主观，而不在客观。商末相互推位让国、志趣高尚的伯夷、叔齐兄弟即使饮过此水，也依然清廉。

传说当时广州赌博成风，屡禁不止，他专门写了一首《戒赌诗》：贝者是鬼不是人，只因今贝起祸根，有朝一日分贝了，到头成为贝戎人。这首诗其实是则字谜诗，吴隐之利用离合字谜，淋漓尽致地描写了赌博的后果，规劝世人不要赌博。你知道这首诗的含义吗?

答案：诗中“贝者”为“赌”，“今贝”为“贪”，“分贝”为“贫”，“贝戎”为“贼”。是说由赌而贪，由贫而成贼，这是每个赌徒的道路。

娥眉猜字胜须眉

南朝梁代文学家刘孝绰，兄弟及群从子侄70人皆能文。他有个三妹叫令娴，文才出众，世称刘三娘。刘孝绰罢官归家，在门上题诗道：“闭门罢庆吊，高卧谢公聊。”令娴续道：“落花扫仍合，聚兰摘复生。”为世所传。相传有一天令娴的大姐夫王叔英、二姐夫张嵊来看望刘孝绰。几个人在一起饮酒。两个姐夫知三妹有才。二姐夫张嵊便出了一首诗谜让令娴猜，诗谜是：竹做栏杆木做墙，只关猪来不关羊，三个小子来捉猪，吓得猪儿乱撞撞。刘令娴嫣然一笑说：“二姐夫休想难倒我。”接着说出了谜底。张嵊点头称是。接着刘令娴便出个字谜让张嵊猜：

砍去左边是树，砍去右边是树，
砍去中间是树，只有不砍不是树。

二姐夫猜了半天也没猜出来，刘孝绰猜出来了，并说道：“想不到小妹一个字谜把姐夫难倒，真乃‘娥眉不让须眉’也!”大姐夫王叔英又出了一首咏物诗谜让令娴猜，此谜是：

仙花和露捣芳尘，驻得宫娥不老春。

香晕红湖生玉颊，暖融降腊点樱唇。

令娴轻启朱唇，笑着说出了谜底。王叔英连说：“猜得对！猜得对！”

你知道这三首诗谜的谜底吗？

答案：算盘，彬，胭脂。

哪种牡丹

一天，明代江南才子祝枝山邀请唐伯虎等好友到家里的花园里欣赏牡丹，并请大家在各色牡丹中评点花魁。有的说姚黄，有的说魏紫……一时众说纷纭，只是唐伯虎笑而不答。大家知道他是评花高手便来问他。他微微一笑说：“百无一是。”这时，祝枝山大笑说：“自无一是。”试问此乃何意？

答案：“百无一是”和“自无一是”都表示“白”字，意即白牡丹是花魁。

“白”帽子

明成祖朱棣在北平当燕王时，认识了一个叫道衍的和尚。一次二人见面，时值隆冬，朱棣若有所思地说道：天寒地冻，水无一点不成冰。道衍听罢，立刻对曰：国乱民愁，王不出头谁做主。朱棣听罢，便把道衍领入密室。道衍在密室中对朱棣说：“要是我帮着您，保准让大王您戴上一顶‘白’帽子。”朱棣心领神会，从此便把道衍视为心腹。后来，朱棣在北平起兵，打败了建文帝，做了皇帝，道衍也当了大官。

朱棣、道衍二人所作对联是一副测字联。朱棣的上联表面上是说，天气寒冷，一点水就能结成冰。它又是拆字联，“水”字上加一个“点儿”，不就是“冰”字了吗（古代“冰”字写作“氷”）？道衍的下联意思是说，国家乱糟糟的，老百姓愁眉苦脸的，您这个做“王”的要挺身而出，为民做主。“王”字出个“头儿”，正是个“主”字。和上联一样，有测字的意思。真正含义是说，要是燕王您不挑头干大事，有谁还配作这个“一国之主”呢？经过这番解释，你猜出道衍要帮朱棣戴上一顶“白”帽子是什么意思吗？

答案：“王”字加上“白”字就是“皇”字。道衍暗示朱棣，自己可以辅佐他当上皇帝。

漏字联骂财主

从前有位财主对穷人特别狠毒，大家对他恨之入骨。有一年春节前夕，这位财主请人题写一副春联，教书先生给他写了这样一联：一二三四五六七；孝悌忠信礼义廉。横批：南北。

这位财主胸无点墨，看了教书先生的字写得不错，非常满意，除夕夜即把对联贴了出去，围观者很多。一些粗通文墨的，感到奇怪，百思不得其解。有个聪明的人，看出了其中的奥妙，悄悄道破，众人笑得前仰后合。原来这是一副漏字联，上联缺个“八”字，下联少个“耻”字，你知道是什么意思吗？

答案：上下联连起来则成了“无耻忘八”，“忘”、“王”同音，亦即“无耻王八”；横批“南北”，意谓“不是东西”。巧用漏字方式，痛骂财主一顿，人心大快。

纪晓岚巧骂庸医

孟浩然四十多岁时才到京城寻求发展。一次王维邀请他到内署，忽闻唐玄宗来到。这本是孟浩然展露才华的好时机，可是他却慌得躲到了床底下。王维如实禀告，玄宗听了大喜：“我早听说过这个人的大名，只是一直无缘相见，为什么躲起来呢！”孟浩然只好出来拜见。可当玄宗要求他朗诵自己的诗歌时，他却选错了诗。当他朗诵到“不才明主弃，多病故人疏”时，玄宗很不高兴地打断了他，说：“是你自己不愿出来做官，我什么时候抛弃过你，干吗诬赖我！”于是孟浩然再也未能受到重用。后人多用“不才明主弃，多病故人疏”来感叹孟浩然没有抓住机会，但清代的纪晓岚却把这两句诗略加改动，用来骂庸医。有一次纪晓岚得病，因医生误诊，吃了不少苦头，好了之后，庸医还来求取对联，以显名声。纪晓岚于是把这两句诗字序略加改动，变成了一副绝妙的讽刺联。你知道是怎么改的吗？

答案：不明才主弃，多故病人疏。

书名成联

香港武侠小说家金庸有十四部著名武侠小说：《白马啸西风》《碧血剑》《飞狐外传》《连城诀》《鹿鼎记》《射雕英雄传》《神雕侠侣》《书剑恩仇录》《天龙八部》《侠

客行》《笑傲江湖》《雪山飞狐》《倚天屠龙记》《鸳鸯刀》。有人各取作品的第一字作了一联，饶有兴味，还揭示了金庸先生这些作品的特点，刀光剑影，英雄角逐，哀怨缠绵，颇为恰切。当然，这副对联不是按照我们所列作品顺序的第一字组成的，你需要重新排列组合一下。请你试试吧！

答案：飞雪连天射白鹿，笑书神侠倚碧鸳。

斗鸡山上得绝联

古时有一位秀才来游桂林名胜之一斗鸡山。他在山上纵目观望，觉得处处可爱，连山名也觉得新奇可亲。他一面游览，一面念念有词，不知不觉地哼出一句对联：斗鸡山上山鸡斗。但是，却怎么也对不出下联来。正当他苦思冥想之时，忽然来了一位白发长者。秀才定睛一看，来者正是他的启蒙老师。因而高兴万分。师生二人叙礼之后，秀才说出内心的苦衷。老师对他说："你的上联是回音对，正读反念，其音其义都是一样。"秀才问老师可有佳对？老师说："我刚才游了龙隐洞，何不以此来对！"说罢对出下联。秀才一听，极为兴奋，感叹地说："此乃天赐绝对矣！"根据文中提示，你能对出下联吗？

答案：龙隐洞中洞隐龙。

响水潭先生出佳对

旧时某地有一池名响水潭，一先生带学生到此游玩，即景生情，出联让学生对，联云：响水潭中潭水响。学生对不出，先生亦未想出下联。消息传到一处叫黄金谷的地方，一秀才利用这个地名对出了下联。根据文中提示，你能对出下联吗？

答案：黄金谷里谷金黄。

一联引来佳偶

有人把谐音双关的修辞手法，运用到对联中，能使联语含蓄深刻，耐人寻味。相传明代宰相李贤，看中了青年士人程敏政，打算招他为婿，于是设宴款待他。席间，李贤指着桌上的一道菜出对道：因荷而得藕。程敏政猜到李贤的用意，恰好桌子上摆了一盘杏、一盘杨梅，于是就指着这两盘水果对出了下联。李贤见他果然才思敏捷，即把女儿许配给他。一联引来佳偶，确为趣事。根据文中提示，你能对出下联吗？

答案：有杏不需梅。表面上李贤似乎在说盘中的莲藕，其实，他是借用双关修辞格：荷者，何也；藕即指偶。问程敏政凭什么得配偶。程敏政机敏过人，说道：我三生有幸，何用人做媒！一问一答，但不说破，一个心照不宣，一个正中下怀。

医生巧对教书先生

旧时有位教书先生和一位医生，平时喜欢作对联。有一天，教书先生去看望医生，一进门见其院子里桃红柳绿，随口道出一联：碧桃万树柳千丝。医生正在屋内配中药，听到之后，恰好看到所配中药中有生姜和红枣，并借此对出下联。根据文中提示，你能对出下联吗？

答案：红枣二枚姜一片。

脚印提示对下联

古时候有个秀才，一日坐在绿纱窗前读书，抬头见纱窗上晃动着一束芙蓉、玫瑰花，心里甚喜，以为是隔壁的小妹蹲在窗下举花逗戏。秀才蹑步出门，不想竟扑了个空，惊飞了停栖在窗台前的黄莺和蝴蝶，他即兴作了一上联：日照纱窗，莺蝶飞来，映出芙蓉玫瑰。可是怎么也想不出下联来。

一晃过了八个月，一天下雪了。他随邻居老先生出门，看见桥面上有“梅花、竹叶”图案，即问老先生是谁画的，老先生告诉他是狗和鸡路过桥面留下的脚印。秀才却因此得到了提示，乐得拍手大笑，跑回家立即挥笔写下了下联。根据文中线索，你能对出下联吗？

答案：雪落板桥，鸡犬行过，踏成竹叶梅花。

王羲之妙书春联

东晋书法家王羲之有一年从山东老家移居到浙江绍兴，此时正值年终岁尾，于是王羲之书写了一副春联，让家人贴在大门两侧。对联是：

春风春雨春色

新年新岁新景

可不料因为王羲之书法盖世，为时人所景仰，此联刚一贴出，即被人趁夜揭走。家人告诉王羲之后，王羲之也不生气，又提笔写了一副，让家人再贴出去。这副写的是：

莺啼北星

燕语南郊

谁知天明一看，又被人揭走了。可这天已是除夕，第二天就是大年初一，眼看左邻右舍家家户户门前都挂上了春联，唯独自己家门前空空落落，急得王夫人直催丈夫想个办法。

王羲之想了想，微微一笑，又提笔写了一副，写完后，让家人先将对联剪去一截，少了三个字，把上半截先张贴于门上：

福无双至

祸不单行

夜间果然又有人来偷揭。可在月色下一看，见这副对联写得太不吉利。尽管王羲之是书法名家，可也不能将这副充满凶险预言的对联挂在家门上啊。来偷揭的人只好叹口气，又趁夜色溜走了。

初一早晨天刚亮，王羲之即亲自出门将昨天剪下的下半截分别贴好，此时已有不少人围观，大家一看，上下联在补齐三个字之后，竟然变成吉利之语，便齐声喝彩，拍掌称妙。你能猜出上下联在补齐的三个字都是什么吗？

答案：福无双至今朝至，祸不单行昨夜行。

戴叔伦巧对先生

唐代诗人戴叔伦，少年聪颖，先生非常喜欢他。一次，先生带他到郊外一个名叫白店的地方游玩，恰遇白羽公鸡站在高处啼鸣，先生灵感顿生，作了一上联：白店白鸡啼白昼。先生要戴叔伦对下联，才思敏捷的戴叔伦一下被难住了，他苦苦思索，直到日头偏西也没有对上。后来，他们走到一处叫黄村的地方，恰巧碰到一只黄狗窜出来追着狂叫。戴叔伦触景生情，灵机一动，便对出了下联。先生连声叫好。根据文中提示，你能对出下联吗？

答案：黄村黄犬吠黄昏。联中用“村”对“店”，“犬”对“鸡”，十分工稳，而且重复三个“黄”字对三个“白”字，成为一副饶有兴味的复字联。

苏辙改对显才华

一天，苏轼带着年少的弟弟苏辙游巫山。山上一位老道听说神童苏轼光临，便想当面考考他。老道出了个异字同音对："无山得似巫山好。"苏轼不假思索，立即对出下联："何叶能如荷叶圆?"老道连连称好。

谁知，苏辙在一旁却说："兄长的下联对得还不甚工整，不如改一改。"苏轼问："怎么改?"苏辙便指着旁边的一条小河，说出了下联。苏轼和老道一听，齐声叫好。从此，苏辙也远近闻名了。根据文中提示，你能对出下联吗?

答案：何水能如河水清?

母女巧联诉衷情

苏小妹是文学史上一个奇特的人物，在无法确定其真实性的情况下，却有许多有关她的故事流传。这个母女巧联诉衷情的故事就发生在苏小妹身上。传说苏小妹女儿是个很有志气的女孩子，特别是在婚姻问题上她很有主见。父亲的包办，母亲的"参谋"，媒婆的牵线搭桥，都没有起作用，最终是自己做主嫁给了一个家境不好却十分有才气的穷秀才。

女儿嫁出去之后，苏小妹很不放心，总担心闺女在夫家受不了那份罪。有一天，风雨交加，苏小妹想起女儿住的那两间房也不知漏雨不漏雨，便带了丫鬟，撑上雨伞，顶着风雨到女儿家去了。一进女儿家小院，便听到女儿与丈夫在一起的念书声。进屋之后，女儿问母亲冒雨而来有何急事，苏小妹说："哪有什么急事，就是为了来跟你对对子的。"说罢，她出了一个上联：高阳台上酷相思，为娘心念天仙子。

北宋是个流行填词的时代。苏小妹女儿听出母亲是因为放心不下才来的，并在上联中用了"高阳台"、"酷相思"、"天仙子"三个词牌，于是也想起了"满庭芳"、"诉衷情"、"相见欢"三个词牌，随即也对出了下联。苏小妹见女儿生活虽然清苦，但夫妻相亲相爱，志同道合，便给女儿留下一些钱，放心地回去了。根据文中提示，你能对出下联吗?

答案：满庭芳中诉衷情，小女难得相见欢。

宰相对联试状元

明朝天启元年，宰相叶向高路过福州，留宿新科状元翁正春家中，翁即兴出对曰：宠宰宿寒家，穷窗寂寞。叶向高见联中全是宝盖头的字，先是一惊，接着和道：客官寓宫宦，富室宽容。次日翁送叶上路，经过池塘时，看见七只鸭子正在游水，便说：翁公昨夜讲穷窗寂寞，我看未必。你看：七鸭浮塘，数数数三双一只。翁正春不意被将了一军，寻视池塘，恰好此时跃出一条一尺长的大鱼，便眉头一皱，当即对出下联，二人相视大笑。根据文中提示，你能对出下联吗？

答案：尺鱼跃水，量量量九寸十分。

加字讽叛臣

洪承畴是明朝万历年间的进士，到崇祯时已是兵部尚书，同时封为蓟辽总督，崇祯把一个朝廷的命运都交到了他身上。他也感戴崇祯知遇之恩，素以忠节自命，在自家客厅上悬挂了自撰的对联一副：君恩深似海，臣节重如山。崇祯十五年，督师与清军死战于松山，兵败被俘，消息传到京师，说洪承畴已经殉国，崇祯大痛，亲自设灵祭悼洪的亡灵，不知此时洪承畴被俘已经降清，并为清廷筹划开国规划，一时京城士人大哗，洪承畴后来官至武英殿大学士，七省经略，残酷镇压农民起义及抗清活动。有一年春节早上，洪府大门上贴了副新联，上下联均是当年洪承畴的旧句，不过后面各添了一个虚词，一叹一问，极尽讥讽。洪承畴看着也是无可奈何。你知道是怎么添的吗？

答案：君恩深似海矣！臣节重如山乎？

乾隆天然居酒楼题绝联

相传乾隆皇帝微服出访，来到京城天然居酒楼，忽来灵感，为之题一上联云：客上天然居，居然天上客。这是一副回文联，难度相当大，乾隆帝久思而未得对句，于是干脆向大臣们公布。后来纪晓岚过浙江新昌县郊大佛寺，见其佛像高达丈余，于是对曰：人过大佛寺，寺佛大过人。乾隆认为对得不错，但美中不足的是“寺佛大过人”对“居然天上客”不工。云隐寺的一位云游僧听说此事后，利用其寺名对了一副下联，也被认可，流传至今。根据文中提示，你能对出下联吗？

答案：僧游云隐寺，寺隐云游僧。

乾隆通州出绝对

乾隆皇帝南巡，来到了江苏省。这一天，他路过的一个城镇叫通州。这时，乾隆皇帝忽然想起了北京城附近也有个地方叫通州。他一下想了个上联，叫身边的大臣们来对：南通州，北通州，南北通州通南北。这个上联用“南”、“北”、”通”、“州”四个字重复组成，想得十分巧妙。大臣们听了面面相觑，大伙儿使劲想各处的地名，差不多把全国的重要地名都过了筛子，可就是想不出个合适下联。

还是纪晓岚有办法，他没死抠地名，倒是在方位上动脑子。他一眼看见了街的东面、西面各有一家挂着“当”字大招牌的当铺，马上想出了下联。根据文中提示，你能对出下联吗？

答案：东当铺，西当铺，东西当铺当东西。

纪晓岚讽对石先生

清代文学家纪晓岚自幼聪颖好学，兴趣甚广。他的私塾老师石先生是个非常古板的老学究，纪晓岚对他很反感。一天晓岚去喂养家雀，将砖墙挖一深洞，喂饱家雀后便将它送回洞内，堵上砖头，以防飞走。后来，被石先生发现，便把家雀摔死，仍旧送回洞内堵好，并在墙上戏书一联：细羽家禽砖后死。当纪晓岚再去喂家雀时，发现它已经死了。心里正在疑惑，忽见墙上有一对联，他断定这是石先生所为。纪晓岚一字一顿地念着对联：细—羽—家—禽—砖—后—死，不觉灵机一动，逐字对应，提笔续写了下联，将石先生骂为野兽。

石先生见了大为恼火，觉得晓岚不该辱骂老师，于是手执教鞭责问晓岚。只见纪晓岚从容不迫地解释说：“我是按着先生的上联套写的，如不应这样写，请先生改写一下吧。”接着解释了一番。石先生捻着胡子想了半天，也没有想出满意的下联，最后无可奈何地叹了口气，扔下教鞭，拂袖而去。

根据文中提示，你能对出下联吗？知道纪晓岚是怎么解释的吗？

答案：粗毛野兽石先生。有“细”必有“粗”，有“羽”必有“毛”，有“家”必有“野”，有“禽”必有“兽”，有“砖”必有“石”，有“后”必有“先”，有“死”必有“生”。

纪晓岚释对

纪晓岚一次南行来到杭州，友人为他设宴洗尘。席间，照例少不了连句答对。纪晓岚才思敏捷，出口成联，友人心悦诚服，夸他为北国孤才。晓岚则不以为然，说道："北方才子，遍及长城内外；老兄之言从何谈起?"友人道："先时我曾北游，出了一联，人人摇手不对。"晓岚半信半疑，问道："老兄的出句竟如此之难?"友人道："一般。"接着，念了上联：双塔隐隐，七层四面八方。

纪晓岚听罢哈哈大笑，说："这样简单的出句，他们不屑回答，即以摇手示对!"友人不解地问："那下联是什么呢?"纪晓岚仍不肯说，伸出五个手指在友人眼前晃了晃。友人沉思片刻，恍然大悟。根据文中提示，你能对出下联吗?

答案：孤掌摇摇，五指三长二短。

吴文之妙对家中客

传说清代才子吴文之幼时能对，某日家中来客，看到吴文之家中养蚕，想试试吴文之的才能，便出对曰：桑养蚕，蚕结茧，茧抽丝，丝成锦绣。恰巧近几日吴文之父亲奖给他一支兔毫笔，让他练书法。吴文之想起这支笔，看着家中养的兔子，对出了下来，客人叹为观止。根据文中提示，你能对出下联吗?

答案：草藏兔，兔生毫，毫扎笔，笔写文章。

伍子胥殿上猜谜

伍子胥，名员，字子胥，春秋末期吴国大夫，军事家、谋略家。他第一次上朝时，在殿前刚举完千斤鼎，楚王又传谕试才，满朝文武都比不过他。相国见伍子胥文韬武略确实不凡，但不知他才思是否敏捷，于是沉吟片刻之后，口说四句，要伍子胥猜猜是个什么字：

兄与弟同姓，弟与兄同名。

兄有茁山秀，弟有万里明。

伍子胥见老相国一考再考，不信任自己，心里有些不高兴，他明知这隐语的谜底，也不直接回答，而是笑曰："老大人，你且听我念四句。"说罢吟曰：

霜有雪没有，箱有柜没有。

你有我没有，立功自会有。

老相国一听，大惑不解，支支吾吾。

伍子胥连连拱手："失敬，失敬。"原来，相国与伍子胥所吟的四句诗都是隐射一个字。聪明的你知道是什么字吗？

答案：相。

绝妙好辞

东汉时，浙江上虞有一个女子叫曹娥，她的父亲是个乐手。在5月5日划舟祭江神的仪式中，曹娥的父亲不幸落水淹死。当时她才14岁，为了寻找父亲的尸首，她沿江哭号了17个昼夜，最后也投江而死。

县令度尚，为了表彰这位孝女，就把这条江改名曹娥江，并在江边立庙、树碑。在请名家撰写的碑文还没有交稿时，却有一位不满20岁的侍酒童子献出了自己写好的碑文。大家看了赞不绝口，就把这篇碑文刻到了碑上。东汉的大文学家蔡邕听闻这篇碑文写得好，路过上虞时，便赶去观赏，赶到碑前，天已黑了，他只好摸着读完碑文，读完后便在碑的背面写了8个字：

黄绢幼妇外孙齑臼

一时没有人能解这8个字的意思。后来，曹操在一次出巡时得知了蔡邕题的这8个字的事，便问随从人员，谁能解得开？只有主簿杨修开口说他已解开了。曹操叫杨修先不要说出来，让他自己再想想看。他们骑马又走了30里路的工夫，曹操才说他也猜出来了。便让杨修先说说看，杨修说：这8个字的意思是称赞这篇碑文为"绝妙好辞"。曹操听了大笑说："正和我猜的一样。可是我的才思终不及你好，我是又走了30里后才猜出来的呢！"

我们已经告诉你谜底了，你知道这谜底有什么根据吗？

答案："黄绢"是有色的丝，是个"绝"字；幼妇，即少女，是个"妙"字；外孙，是女儿之子，女子为"好"；齑臼，是接受捣辛辣之物的受辛，为"辞"字。

不是眼睛

在魏晋南北朝时，北魏咸阳王拓跋禧起兵谋反，后来事情败露，官兵到处追捕他。

他从洪池向东南逃跑，一路之上跟他逃走的人越来越少，后来只剩下兼防阁尹龙武一个人跟着他了。此情此景，他十分伤心而失落，为了解除忧闷，同时也为了稳定这唯一的同伴的情绪，便对龙武说："你何不说个谜语咱们猜猜来解除烦闷呢？"龙武看到目前只有他二人共患难的情况，心有所感，就联想起一个谜语来：眠则同眠，起则同起，贪如豺狼，赃不入己。拓跋禧猜道："这是'眼睛'。"龙武点了点头，又摇了摇头说："不是'眼睛'，而是另一样东西。"拓跋禧想了一会儿，最终还是没能猜出来。你猜出来了吗？

答案：筷子。

木屐诗谜

南朝齐梁年间，扬州出了位叫高爽的才子。他博学多才，《玉台新咏》等书都收录了他的一些诗歌，同时他也是正史有记载的最早的扬州籍谜人。他曾做过梁武帝萧衍的弟弟临川王萧宏的高级幕僚，任过晋陵县（今常州市）令，后因事获罪，被赦免不久就去世了。他曾赠诗给过王俭而受到赏识，齐永明二年（484 年）王俭做了丹阳郡尹，高爽因此被举荐为郡孝廉。梁武帝时，高爽投奔到吴兴太守孙廉门下，但遭到冷遇，于是写了首木屐诗谜：

刺鼻不知嚏，蹋面不知瞋。

啮齿作步数，持此得胜人。

他用木屐讽喻孙廉，意思是说被人指着鼻子都没反应，被人蹬到脸上也不发怒，咬着牙忍气吞声地走路，靠这些胜于别人，取得名位。

历史上的孙廉与其父孙谦处官平直，都以善政著称，孙廉在仕途上确也善于钻营。高爽在得不到礼遇后，便讥讽孙廉是个不计耻辱、阿谀权贵的人。

这是一首咏木屐的诗歌，也是一则事物谜。不仅因为它是借物喻人的隐语，更为重要的是诗歌本身拟人化的用词，恰恰符合现代灯谜别解的特征。我国早期的谜语一般只是通过汉字的谐音达到影射目的，而这首诗谜却发挥了汉字一字多义的作用，谜面创作与隐喻手法寄托了作者自身的情感，在谜史发展上无疑是一大进步。"刺"、"面"、"齿"三字，都具有双重解释，你知道其中深奥的内涵吗？

答案："刺"原意是（鼻子遇到不好的味道）受到刺激，又可理解为讥刺；"面"本意是（木屐的）上层表面，又可理解为人的脸；"齿"本意是木屐底下凸出的两边横木，又可直接理解为牙齿。

高爽诗谜讽孙抱

南朝齐梁年间的高爽是一个博学多才的人，又风趣幽默。他和一个叫孙抱的人是好朋友。孙抱是个腰宽体胖的人，相传腰带十围。但是，在孙抱当了延陵县令以后，便开始疏远高爽，对高爽非常冷漠。高爽为此非常生气，便写了一首诗谜：

徒有八尺围，腹无一寸肠。

面皮如许厚，受打未讵央。

你知道这首诗谜的谜底吗？它又有怎样的特殊含义呢？

答案：谜底就是“堂鼓”。谜语的首句写鼓的大小，第二句写鼓的空心结构，第三句写鼓的特点，末句写鼓的作用。但其实高爽是“醉翁之意不在酒”，他是在借这首诗谜讽刺孙抱的形象和堂鼓有相像之处，有力地回应了孙抱的无情无义。

东坡索物

北宋文学家苏轼与寺庙里的和尚交情不错，一天，他让书童穿着木鞋，戴上草帽，到寺庙里去取一样东西。书童问取什么东西，苏轼说：“和尚一见到你就知道了。”果然，和尚一见书童的打扮，立即便将苏轼所需要的东西交给书童。请问你知道是什么东西吗？

答案：茶。“人”在“草”“木”之间，变为“茶”字。

秀才猜字

张秀才对李秀才说：“有些字，站着是它，躺下是它，趴着还是它。你能举出三个这样的字吗？”“这还不好找？你听我说，李秀才歪头想了想，很快答了出来：“口，回，田。”李秀才说：“这个题太容易了，我考你一道难一点的吧。站着是一个字，躺下是另一个字，趴下又是一个字。你猜，这三个字是什么？”张秀才用树枝在地上写了好多字，都不合李秀才的要求。可是，他坚持一定要自己想出来，不让李秀才说出答案。请你也帮张秀才想一想。

答案：凶，区，冈。（其他符合条件的字，也算正确）

老先生买货

相传古时候，有位老先生，一天到杂货店去买东西。他递上一张纸条，纸上不是写物品的名称，而是一副对联：

白蛇过江，头戴一轮红日；

青龙挂壁，身披万点金星。

青年店员不解，请教在旁的老师傅，老师傅从货架上拿来两样东西，老先生十分满意。你知道是哪两样东西吗？

答案：油灯芯与一杆秤。

日本投降

1945年抗战胜利后，当时的国民政府的陪都重庆沉浸在一片胜利喜庆氛围中，举办了各种庆祝活动。在一次庆祝晚会上，有一则灯谜引起人们的很大兴趣。其谜面是“日本投降（打一中国历史人物）”。大家纷纷作答，结果出现五种谜底：分别是“屈原”、“苏武”、“蒋干”、“毛遂”、“共工”。这些答案都有一定的道理，因此都算正确答案，由此造成一谜五底的佳话。这五个谜底都是什么含义呢？

答案：“屈原”，意为日本屈服于原子弹；“苏武”，指苏联的武装力量起了举足轻重作用；“蒋干”，指蒋介石及其领导的国民党在抗战中起了很大的作用；“毛遂”，指毛泽东及其领导的共产党是抗战的主要力量；“共工”，意为中国人民与世界人民共同抗战才使日本投降。

唐伯虎巧对祝枝山

一日，明代才子祝枝山和唐伯虎一同出去游玩，路过一农田，见一农夫正用水车车水，祝枝山便随口吟出一联：水车车水，水随车，车停水止。之后得意地看着唐伯虎。唐伯虎闭口不言，只是不停地拿着手中的风扇扇风。祝枝山看罢，随口夸道：“伯虎兄果然才智过人啊！”二人会意大笑。根据文中提示，你能对出下联吗？

答案：风扇扇风，风出扇，扇动风生。联中“水”与“水”、“车”与“车”，“风”与“风”、“扇”与“扇”顶针。

同名巧对李梦阳

李梦阳是明代文学家，性格诙谐，非常爱才，常出联命对，借以考试后生们的才华。他在江西督学时，有一个童子和他同名同姓。在唱名时，就开玩笑说：“你怎么和我同名呢？现在我出联让你对，对不上，你就改名，不要丢‘梦阳’的人。”于是他随口念道：

蔺相如，司马相如，名相如实不相如。

这分明是借战国时期赵国的大臣蔺相如，和西汉时期的辞赋家司马相如同名做文章，以其名同人异，切合当时的现实。当然蔺相如的文采比起司马相如差得很多，言下之意是说李梦阳这个童子比不上他这位大文学家李梦阳。其实，李梦阳这个童子也很有才学，他略假思索，便想起了战国时著名“四君子”之一和唐初的著名宰相，对出了下联。李督学觉得有理，非常赞赏这位童子的才智，于是马上改变了态度。经细心考察，证明确有才能，于是亲自推荐，予以重用。

根据文中提示，你能对出下联吗？

答案：魏无忌，长孙无忌，彼无忌此亦无忌。魏无忌即战国时期魏国贵族“信陵君”，就是窃符救赵的公子无忌。长孙无忌是唐代大臣，唐太宗长孙皇后之兄。此联以其“无忌”，双关两人不要顾忌。

林大茂与叶梅开

明末清初，有个长工的儿子叫林大茂，七岁就给地主放马。大茂聪明伶俐，却没钱上学读书，只好每天牵着马到学堂围墙外的草地上放牧，偷听先生讲课。长年累月，大茂已学得满腹学问，能吟诗作对。

大茂十一岁那年春天，县里举行了科举考试，村里一些富家子弟坐着大轿，带着书童，到县里应试。大茂也偷偷地骑上一匹沙灰大马，直奔县衙门应试。可是，当他走到县衙门前的时候，便被土官喝住：“哪里来的村野顽童，敢不下马？”大茂毫无惧色地说：“我是来应试的。”官员见大茂乃三尺孩童，衣衫褴褛，身上沾满泥沙，冷笑道：“泥腿子也要考状元——癞蛤蟆想吃天鹅肉。好吧，我出个对子给你对，对得上，就放你去考。”说着，土官说：沙人骑沙马，沙头沙尾沙屁股。大茂一听，沉思片刻，轻蔑地对答道：土官坐土城，土头土脑土王法。对得那土官哑口无言，大茂骑上沙灰马直奔考场。

监考官姓叶名梅开，是县里有名的人物，哪里把他放在眼里，于是就说："我出个对子，你能对上，就让你进去考。"大茂说："随你便吧！"叶梅开出了一上联：嫩竹书生，几时等到林大茂。意思是林大茂你只不过是一介嫩笋般的书生，几时才能出息成茂盛竹林呢？"林大茂"又是林大茂的名字，用的是谐音法。大茂一听，知道他是在利用自己的姓名讥讽自己，当即以其人之道还治其人之身，回敬了一副下联，意思是梅花开放时，总是花先于叶，何日见过叶先于花呢？根据文中提示，你能对出下联吗？

答案：梅花开放，何日见过叶先生。

唐寅《出水芙蓉图》出绝对

明代唐寅一日到朋友家做客，见壁上挂有一幅僧人所画的《出水芙蓉图》，脱口出句曰：画上荷花和尚画。联语"画"与"花"、"上"与"尚"、"荷"与"和"皆音同而字异，首尾二"画"字，前呼后应，且一为名词、一为动词，手法高妙。联语传开，久而无对。直至清代，才有两个对句，其中晚清李伯元所对为大家熟知：书临汉帖翰林书。其实，清初名人纪晓岚也对过一副下联，更难得的是，纪晓岚的对句与唐寅的出句可联系理解，辞意丰赡，大可玩味。据传，纪晓岚一日游观音堂，看到里面挂有一幅临摹的《出水芙蓉图》，想起唐寅所处上联，根据眼前景象，对出了下联。根据文中提示，你能对出下联吗？

答案：观音堂前唐寅观。

顾鼎臣幼年试对

顾鼎臣是明代著名才子。他幼时聪明，常有妙语。一天，塾师出对为难他："花坞春晴，鸟韵奏成无孔笛。"把鸟鸣声比喻成无孔之笛，确非一般，但顾鼎臣面无难色，不一会儿就对出了下联。时值盛夏，顾鼎臣的下联将蝉声比喻为无弦的琴声，也别出心裁，因此塾师不禁十分惊奇。根据文中提示，你能对出下联吗？

答案：树庭日暮，蝉声弹出不弦琴。

纪晓岚联对骂和珅

工部和水部办公的衙门失火后，大司空金简督工重修，他与和珅一样借机搜刮金银，引起大众不满，有人在新建的衙门上贴了这样一个上联：水部失火金司空大兴土木。这个对联因为嵌入了金木水火土，被认为是绝对。当时和珅为中书令，纪晓岚对到：南腔北调中书令什么东西。和珅记恨在心，升任尚书后，请同僚喝酒，一只狗从旁跑过，和珅故意问：是狼是狗？（侍郎是狗？纪晓岚官居侍郎）纪晓岚以其人之道还治其人之身，利用狗的尾巴和“尚书”的谐音回敬了一副下联，令众同僚大笑不已。根据文中提示，你能对出下联吗？

答案：垂尾是狼，上竖是狗！（尚书是狗）

纪晓岚无中生有题妙联

纪晓岚满腹经纶、才高八斗，乾隆很想出个题难为他一下，以压压他的才气。一天，君臣来到关帝庙，乾隆忽然灵机一动，想出了个怪题，对纪晓岚说：“纪爱卿，关武帝君是个大忠大义之人，歌颂他的联语随处可见，可是他的妻子生何年，殁何月，皆无从考，更没有见过吟咏他妻子的对联。朕命你吟一联，颂扬关夫人的品德。”

此题的确很难，因为不论史书《三国志》，还是小说《三国演义》，都只字未提这个关夫人。俗话说“巧妇难为无米之炊”，没有材料，如何“歌功颂德”呢？不过，纪晓岚毕竟是纪晓岚。他略一思索，从乾隆皇帝的话中截取关键句作为上联，下联从忠孝的角度论述了关夫人的贤德。乾隆皇帝听后龙心大悦，重赏了纪晓岚。根据文中提示，你能对出下联吗？

答案：生何年，殁何月，皆无从考；夫尽忠，子尽孝，岂不谓贤？

对联求师

有个书生听说一位老者很有学问，便不远千里去拜师求学。到了老者家中，说明来意之后，老者想试试书生的才学，恰巧有一仆人正在用锤子往墙上钉一根木楔，老者见此当即吟道：“壁上钉楔楔钉壁。”要书生对下联。书生听了顿时愣了，未料得老者竟然出了这么句上联。此联看似平淡无奇却十分难对，书生冥思苦想了半天也未能对出下联来。老者得知书生是不远千里而来，有感其诚，便对他说：“只要你半年能对出下联，来找我即可。”

书生回到家里，日思夜想，脑中只想着那句上联，恍恍然已过了数月。一日，他信步来到江边，只见江边泊着一只渔船，船上只有一个老渔翁，不一会老翁摇着橹向对岸划去。书生望着那橹一下一下拨动着水面，脑中不由灵光一闪，不禁跳了起来：“有了！”于是又不远千里来到老者家，对出了下联。老者十分满意，就收下了这个徒弟。根据文中提示，你能对出下联吗？

答案：艄公摇橹橹摇梢。

学生节日对师联

古时一位教书先生在入冬之时给他的学生出了一副上联：天气大寒，霜降屋檐成小雪。学生一时无言以对，先生并未生气，对他的学生说：“四季轮回，用心过每一天，你自然就会有所悟的。”学生似懂非懂地点了点头。终于，在第二年的端午节，天气晴朗，学生来到湖边游玩，看着波光粼粼的水面，恍然大悟，对出了下联。根据文中提示，你能对出下联吗？

答案：日光端午，清明水底见重阳。这是一副节气联。上下联里嵌入了“大寒”、“霜降”、“小雪”、“清明”四个节气，还嵌入了“端午”、“重阳”两个民间节日。

陈毅对下联

1943 年，《大公报》登了一上联，征下联。上联为：霜降降霜，谁怜孀妇双脚冷。一天，陈毅军长看到了这一上联，考虑了一会，觉得有一定难度，加上军务繁忙，就将此事放下了。说来也巧，第二天恰逢 24 节气的谷雨，才思敏捷的陈毅军长灵感突现，对出了下联。根据文中提示，你能对出下联吗？

答案：谷雨雨谷，我惜姑娘孤身寒。这联是节气联，出句甚妙，对句天衣无缝。陈毅军长先用节气“谷雨”对“霜降”，再回文“雨谷”对“降霜”，最后以“孤身寒”对“双脚冷”，况且“孤”、“姑”、“谷”字同音，与上联“双”、“孀”、“霜”同音字相对，滴水不漏，令人叫绝。

和尚难秀才

清朝乾隆年间，广东有两个自认为很有才气的秀才，一李一宋，他俩结伴旅游，一路观山赏景，联诗对句，好不自在。游了半天，又累又渴，见前面树荫下有一位年逾古稀的和尚在纳凉，身边放一葫芦，便上前讨水喝。老和尚打量两人一眼说，两位贵姓？有水，不过要对对子，对得上方可饮水。两秀才欣然同意，并自报李、宋二姓。老和尚听罢，便将两人姓氏嵌入联说：李宋二先生，木头木脚。两秀才听毕，见对联是讥笑自己，对了半天也没对上，不仅得不到水喝，还讨了个没趣，怏怏而去。

这个故事在民间流传了几百年，到了20世纪80年代，《广东农民报》一读者将这故事整理成文，投至该报，有36位对联爱好者热心对下联，思路基本上是在姓氏上做文章。其中只有一位叫黄文昌的读者对得较好，他是在“龚”“庞”二姓上做的文章。根据文中提示，你能对出下联吗？

答案：龚庞两小姐，龙首龙身。

东方朔巧解哑谜

东方朔机敏诙谐，得到汉武帝的赏识。东方朔又善于隐语和射覆，汉武帝经常召东方朔来与他说隐语和射覆为乐。有一次，上林来向武帝献礼，汉武帝见东方朔来了，便用手杖敲击大殿的门槛说道：“叱叱，先生束束。”东方朔听见了便说：“是上林来献枣七十七枚吗？”汉武帝问：“你怎么知道的？”东方朔做了一番解释，汉武帝听了，高兴地对东方朔夸奖了一番。你知道东方朔是怎么解释的吗？

答案：东方朔说：“我见陛下用手杖敲门槛的两根木头，两木林也，陛下说束束，束束枣也。叱叱四十九也。”

曹植猜谜

曹操领着曹丕、曹植骑马郊游，观赏丹枫金菊。这天秋高气爽，蓝天一碧如洗，成群的燕子在天空中飞翔。曹操凝望着天空，感叹不已。忽而想到：何不以此景为题，制个字谜考考两个儿子才学的高低呢？只见他沉吟片刻，便手指天上的燕子，吟了四句诗：

一对燕子绕天飞，
一只瘦来一只肥。
一年四季来一次，
一月里倒来三回。

曹操要两个儿子以此四句诗为谜面，猜一字。曹丕冥思苦想了良久，终未悟出是个什么字。才思敏捷的曹植，一句一句推敲，沉吟片刻，便破了此谜。曹操特别高兴，从此对曹植更加喜爱，一度曾欲立曹植为世子。你知道谜底吗？

答案：这是个“八”字。一对燕子像“八”字的一撇一捺，瘦的是撇，肥的是捺。“一年四季来一次”，指一年中有一个“八”月。“一月里倒来三回”，指一月中有初“八”、十“八”、二十“八”。

曹操考华佗

华佗是东汉末医学家，与董奉、张仲景被并称为“建安三神医”。晚年的曹操患了头脑痛风症，僚臣华歆向他推荐了神医华佗，并讲述了他的医术高明，于是曹操命人将华佗星夜里请来。

曹操是个素来多疑心、不信诈的人，虽将华佗请至府中仍不相信，想亲自考考华佗。他口授徐庶写了一封信，信上说：

胸中荷花，西湖秋英，
晴空夜明，初入其境，
长生不老，永远康宁，
老娘获利，警惕家人，
五除三十，假满期临，
胸有大略，军师难混，
医生接骨，老实忠诚，
无能缺技，药店关门。

华佗看后马上明白了，自言自语道，相爷在考我。原来这是一首诗谜，每一句打一中草药名，你知道谜底吗？

答案：胸中荷花：穿心莲；西湖秋英：杭菊；晴空夜明：满天星；初入其境：生地；长生不老：万年青；永远康宁：千年健；老娘获利：益母；警惕家人：防己；五除三十：商陆；假满期临：当归；胸有大略：远志；军师难混：苦参；医生接骨：续断；老实忠诚：厚朴；无能缺技：白术；药店关门：没药。

任棠哑谜谏太守

东汉有个叫任棠的人，是一个非常有名的隐者。他节操高尚，志向高远，却隐居于民间，甘于平淡，以教书为业。有一年，庞参出任汉阳太守，刚刚上任，便亲自去拜访任棠。他到了任棠家，恭候了很久，任棠并不与他交谈。只将院中最粗大的一棵萝卜拔出来，又盛了一盆水放在门前，把门帘打开，自己抱着孙子蹲伏在下。庞参的随从们觉得任棠实在是太傲慢了，竟然对新来的太守如此无礼，便想前去斥责他。庞参伸手把他们拦住了，他知道任棠是给他设了一道哑谜，于是他深深地感叹一声便回去了。

庞参上任之后，果然按照任棠的指点，坚持清廉为政，抑强扶贫，把汉阳郡治理得很好，受到人民的敬爱。你知道任棠的哑谜是什么意思吗？

答案：任棠是在告诉庞参怎样做太守。水的意思是要庞参清廉；拔出一大根萝卜，意思是要庞参敢于根治豪门强族；抱着小孩蹲伏门下，是要庞参开门怜恤孤儿。

温峤猜谜成佳婿

温峤是西晋有名的才子，23 岁那年进京赶考，只顾赶路，错过了宿头，来到一个前不归村后不归店的人家投宿。这家只有母女二人，女儿穿着粗布衣裙，却长得十分美丽。老妈妈问过温峤的来意后，便命女儿收拾出一个房间让客人安歇。温峤进了这个房间，见墙上挂着几幅字画，倒也清雅，他掌灯细看，发现在一个条幅上用秀丽的字体写的竟是一条字谜：

一间大厦空又空，里面倒吊齐桓公。

温峤想了好长时间也没有猜出来，不由得自叹：在家乡，人人都叫我才子，可来到这深山脚下，却连这字谜都猜不出，真是天外有天啊！不觉又顺口吟道：

天无涯学亦无涯，书到用时方恨少。

他在反复吟咏着想下联的时候，那位姑娘给他送茶来了，她听了温峤念着这句上联，便在转身走出去时假装不经心地说了一句：

细无度精亦无度，事非经过不知难。

温峤一听，这不正是对着他吟的那句上联说的吗？不禁对这位女子更加倾慕起来。

第二天早上，温峤要结账向母女告别，老妈妈不但不收他的钱，反而为他置备了一桌可口的饭菜来招待他。饭后，又拿出女儿写好的那副对联下句，下面署名“玉香”，递给温峤说：“公子愿意写出上联吗？”温峤喜出望外地拜礼道：“晚生恭心奉命。”便在玉香早已备好的纸上写下了他昨晚吟的上联。老妈妈把这一副对联挂起来，便说：“我看你们是天生的一对，公子如果愿意，我就收你做我的女婿了。”温峤心里又高兴又不好意思，便说：“我还没有猜出那个字谜呢！”玉香一听，便含羞地告诉了他的谜底，温峤心领神会。你知道谜底了吗？

又问："为什么要单出这个字谜呢？"玉香说："此字为人伦之本，万福之源。便是此字的下边了。"

答案：原。"一间大厦空又空"为"厂"。齐桓公名小白，倒过来写，合起来便是"原"。

军师妙语解梦

后晋时，通海节度使段思平，遭到篡国的杨干真的忌恨。当段思平得悉杨干真起兵叛乱，便带着随从逃跑了。段思平在路上截获了杨干真的密使，在他身上搜出一个核桃，打开一看，见里面有"青昔"二字，仔细琢磨一番后，知道了杨干真起兵日期。于是段思平便借助于别人的兵力，在那一天来到河边，准备渡河杀敌。

在准备渡河的前一天夜里，他梦见有人把他的头砍下来，又梦见玉瓶的瓶耳被打破了，镜子也碎了，认为很不吉利。他心里有些恐惧，不敢渡河，军师董伽罗对他说："您梦中的三个情景都是吉兆啊！'夫'字去了头，玉瓶少了耳朵，镜子破了，都是大吉大利啊！"接着进行了一番解释。段思平听了这番解释，胆子壮了起来，立即决定渡河进军，不久就把杨干真打败而自立，改国号为大理，改元文德，成为大理国的开国之君。

你知道杨干真准备在哪一天准备起兵叛乱吗？军师董伽罗又是怎么对段思平梦中的三个"吉兆"进行解释的呢？

答案：运用拆字法，"青"是十二月，"昔"是廿一日，杨干真准备在十二月廿一日起兵叛乱。"夫"字表示人去了头，是"天"字，预兆要当天子。玉瓶少了耳朵，是个"王"字。镜子里有人影，说明总有人对峙，镜子破了，对峙的人没了，表示对手不在了。

民国年间最有趣的文化谜语

抗战胜利以后，举国同庆。国民党陪都重庆自然也少不了大搞庆祝，其中不乏一些文化活动。在一次灯谜竞猜活动中，一则灯谜赢得众多喝彩："是文人又是武人，是今人又是古人，是一人又是二人，是二人仍是一人。"这则谜语涉及两位国民党军政大员，二人是国民党内最具实力的地方军事势力——桂系的中心，多年来两人一直合作无间，发出的总是一个声音，合穿一条裤子都嫌肥。你知道这则灯谜的谜底吗？

答案：谜底是“李白”。李就是李宗仁，白就是白崇禧。二人素来被人们合称为“李白”。

唐伯虎即景生情得趣联

相传唐伯虎一次外出游玩，见一村妇一面打扫乱柴，一面呼唤小叔子把柴捆好，触景生情，喜得上联：嫂扫乱柴呼叔束。但苦于难配下联。后来见一少妇挑水，摔破了水桶，忙拿去叫小姑子箍好，于是才对出下联，对仗自然而工稳，富有情趣。根据文中提示，你能对出下联吗？

答案：姨移破桶令姑箍。上联的“嫂、扫”、“叔、束”音同义异，下联的“姨、移”、“姑、箍”也音同义异。

相国小姐选婿

相传古代有个相国小姐，选择女婿的条件很特别，不论贫富，只要对出她的对联便可。她出的上联是：寸土为寺，寺旁言诗，诗曰：明月送僧归古寺。

上联贴出以后，一直过了三年，也无人对得上。此联为何这样难对呢？原来是副拼字联。“寺”和“诗”分别由“寸”和“土”、“言”和“寺”拼合而成，“月”乃“明”字拆开，而且每句首字均与上句末字相同，这是顶针格，还有引号内又是一句唐诗，这称作转引格，末字“寺”又是第一组合的字。条件之多，属对确为困难。

一天，有位秀才上京应试路过此地，得知此联，冥思苦想之时，恰好看到相国大人府外有一片私家山林，山脚下还贴着告示，意思是禁止在一年间的某几个月份上山砍伐林木。此情此景使得秀才灵感大发，对出下联，抱得美人归。根据文中提示，你能对出下联吗？

答案：双木成林，林下示禁。禁云：斧斤以时入山林。“斧斤以时入山林”出自《孟子·梁惠王上》。

买木料，做对联

明代文人吴文泰有一次让两个家人给好朋友丁逊学去买木头。这两个人早早去了，很晚才抬着木头回来。丁逊学看到木头买回来了，请了四个木匠做木器家具。吴文泰见四个工匠做木器活，心里一动，便做了个拆字联，让丁逊学来对。上联是这样的：四口兴工造器成，口多工少。意思是说，四个人做木匠活儿，人多活儿少。联中“四口”指那四个工匠；“兴工”就是做工。“四口兴工”正好组成个“噐”字（这是“器”字的繁体字），“噐”字拆开，就有四个“口”，一个“工”，所以说“口多工少”。

丁逊学听后，盯着木头，想到了买木料时，两个人抬木头回来晚了，木头挺长，人显得挺短，马上对了下联。下联中，丁逊学用到了“来”的繁体字“來”。根据文中提示，你能对出下联吗？

答案：二人抬木归来晚，人短木长。丁逊学也是采用拆字法，把“來”字拆成了二“人”一“木”。两个小“人”和一个大“木”。

国名地名联

1945年8月，日本法西斯宣布无条件投降，中国人民取得了抗日战争的胜利。喜讯传到四川成都，家家户户都贴出了庆祝胜利的喜联。其中有人出了一副由三个国名组成的上联：中国捷克日本。很快有人对出了下联，是由中国三个著名城市组成的，令时人拍案叫绝。根据提示，你能对出下联吗？

答案：南京重庆成都。此联上联用了三个国名：中国、捷克、日本；下联用了三个城市名：南京、重庆、成都。上联的“捷克”当国家名讲是一个词，要是把它看成两个词，也能当“战胜”、“胜利”讲。同样，下联的“重庆”也能看成两个词，当“重新庆祝”讲，“成都”可以当“成为国都”讲。全联可以理解为：中国彻底战胜了日本侵略者，庆祝南京重新成为国都。（南京本来是国民政府的首都，日本侵略中国后，迁到了四川重庆，南京被日本侵占了。抗战胜利后，南京又成为国都）此联从内容到形式上都很新颖，寓意深刻。

“虫二”为何意

20世纪50年代末期，有几位日本学者来中国登泰山，沿途的风景令他们流连忘返，赞叹不已。穿红门，过万仙楼，北行一段，自然风光绝佳，盘路西侧的石壁上镌刻有“虫二”两字，引起日本学者的很大兴趣，他们向陪同的中国学者询问，这两个古怪的字意思是什么？还真把在场的人都难住了。游山归来，日本学者仍追问“虫二”

的读法和意思。于是，我国学者们便翻书查卷，多方请教专家教授，可就是得不到满意结果。1961 年郭沫若先生登泰山，专门请他看了这块碑刻。郭沫若看了这两个字，沉思片刻，用手在“虫二”两个字外边各加两笔，众人便恍然大悟。郭沫若笑道：“这两个字不过是古代名士的文字游戏罢了。”你知道“虫二”为何意吗？

答案：各加两笔后，“虫二”变成了“風（风）月”，意即“风月无边”。

大数学家的绝对

1953 年，钱三强率科学考察团出访，团员有华罗庚、张钰哲、赵九章、贝时璋、吕叔湘等人。途中闲暇无事，少不得谈今论古。这时华罗庚即景生情，得出上联一则：三强韩魏赵，求对下联。三强说的是战国时期韩、魏、赵三个强国，却又隐喻代表团团长钱三强的名字，这就不仅要解决数字联中难对的困难，而且要在下联中嵌入一位科学家的名字，众人哑然，让华罗庚自己说出下联。华罗庚有个习惯，出远门时，随身带着书。只见他从提包中拿出一本《九章算术》，说：“下联就在这里。”他说出下联之后，众人不禁惊叹不已，华老不仅是一位大数学家，竟然还是一位对联高手呢！根据文中提示，你能对出下联吗？

答案：九章勾股弦。《九章算术》是我国古代著名的数学著作，这本书首次记载了我国数学家所发现的勾股定理。同时，九章又是大气物理学家赵九章的名字。

宁王的御赐丹顶鹤

宁王年轻的时候是一个花花公子，他牵着皇帝御赐的丹顶鹤在街上横行霸道。整个县里没人不认识他，没人不知道那只丹顶鹤的脖子上挂着“御赐”的金匾。这天，宁王又一次牵着丹顶鹤出来闲逛，谁想一个不留神，丹顶鹤竟让一只狗给咬死了。气急败坏的宁王命令随从找到狗的主人，主人不过是一个老实本分的老农民。宁王不顾农民的哀求，当时就把他扭送到衙门去了。县令非常不喜欢宁王的胡作非为，但是又不能得罪他。宁王气势汹汹赶来，那个老农民已经被吓得直打哆嗦，把头在地上磕得“咚咚”直响。县令说：“杀死宁王那只丹顶鹤的凶手不是条狗吗，怎么押了个人上来？”宁王大声嚷嚷着：“笑话！狗能听懂人话吗？”听到这里，县令说：“那你回家写张诉状再来吧。”

第二次升堂后，县令把诉状摆在那条狗的面前，如此说了一番话，说得宁王无话可说。县令说了什么?

答案:“大胆恶狗,竟敢咬死御赐的丹顶鹤。看看这张诉状写的可属实?”“狗怎么会认识字呢?”宁王嘲笑道。“狗既不认识字,那它自然也不知道您那只丹顶鹤是御赐的喽。”县令说。

怎么读都行

明代书画家祝允明,字希哲,号枝山,与唐伯虎、文徵明、徐祯卿被人誉为“江南四大才子”。他虽出身富户,却疾恶如仇,看不起爱钱如命的财主们。一年除夕,有个姓钱的财主,请他写春联,他满口应承下来,存心奚落这个财主一番,给大门写了一副:

此地安能居住

其人好不悲伤

财主看了气得脸都发青了,但又无可奈何。他越想越气,到衙门里告状说祝枝山辱骂他。第二天,县令派人传来祝枝山,责问道:“钱家请你写对联,你为何辱骂他?”祝枝山笑着说:“大人差矣!读书人无权无势,岂敢骂人,我这里明明写的是吉庆之词呀!”财主分辩道:“大人明察,他对联上写着此地——安能居住,其人——好不悲伤。’这难道是吉庆之词吗?”县令赞同地点点头:“这分明是作践人的。”祝枝山听了哈哈大笑,道:“原来大人也不知春联的念法,难怪信了钱家的话呢!”县令问:“照你说该如何念?”祝枝山便念给大家听。财主和县令听了,目瞪口呆。过了好一会儿,县令才如梦初醒,训斥钱财主:“无耻狂徒,不怪自己才疏学浅,倒把祝先生如此绝妙的吉庆之词当作辱骂之语,还来欺骗本官,还不快给先生赔罪!”财主无奈,只得向祝枝山赔罪。不过,这春联还是没有贴,因为他越琢磨越觉得不是味儿。你知道祝枝山是怎么念的吗?

答案:此地安,能居住;其人好,不悲伤。

加不上了

有一次祝枝山碰见了一个叫徐子建的师爷。这位师爷自命不凡,傲气十足,夸口说没有能难住他的对子。这回相遇,他提出要和祝枝山比对子。祝枝山问:“谁出?谁对?”“当然是你出,我对喽!”师爷满不在乎地说。祝枝山微微一笑,说出上联:三塔寺前三座塔。徐子建一听：就这个呀，有什么难的？张口对出：五台山上五层台。师爷正催促出个新对子时，祝枝山说 ：“还没完，我能加字。”“这有什么？我也能填字。”祝枝山继续说：三塔寺前三座塔，塔、塔、塔。徐子建想都没想，就说：五台山上五层台，台……他说不下去了 。祝枝山哈哈大笑道：“加不上了吧。”之后扬长而去。你知道徐子建为什么说不下去了呢？

答案：总不能说五个“台”字吧。

祝枝山讽首富

有一天，明代才子祝枝山来到一处江南小镇，赶上有个大富人家大宴宾客 。一打听，知道主人原是弹棉花起家的，苦心经营 10 年，才成了镇上的首富。祝枝山出于好奇，也想进去看看。守门的见他衣着平常，以为是失意的秀才，没让他进去。正在这时，从里面走出一个儒生。这儒生以前见过祝枝山一面，慌忙上前打躬作揖，并替主人把他请了进去。满厅堂的文人学子，乡里名流 ，听说江南才子祝枝山驾到，都赶忙站起来恭迎，主人更是欢喜不尽。酒过三巡 ，主人请祝枝山写一副对联，准备挂在正堂之中。众宾客也极力相请，想看看祝枝山写字，一饱眼福。祝枝山心中一盘算，即刻写成一联：

三尺冰弦弹夜月

一天飞絮舞春风

主人不识字，立刻让人去装裱。但客人们看出了对联的含义，却不敢在才子面前胡言乱语，只好偷偷一笑，随他去吧。你知道这副对联的含义吗？

答案：对联说的是弹棉花，三尺冰弦，是弹弓，一天飞絮，是棉花。祝枝山是在讥笑主人弹棉花起家。

智讨风筝

明代的李东阳小时候既聪明又活泼，有一天，他与小伙伴一起放风筝，不小心风筝的线断了，风筝被吹到一家员外的花园里。小伙伴们胆小，都不敢去要，唯独李东阳胆子大，他翻墙过去拾风筝。这家员外看见从墙外跳进一个小孩，先是吓了一跳，后来看李东阳文质彬彬的 ，不像是坏孩子，便拿着风筝想逗逗他，员外说 ：“我出个对子，你要是能对上，就还你这风筝 。”李东阳点头同意了，墙外的小伙伴们怕李东阳出事，都爬在墙头上往里看，一看没事，就都翻墙跳进来，员外就以此为题对李东阳说：

童子六七人，独汝狡

李东阳看了员外的气派，觉得员外一定有二千石的俸禄，就对了个缺尾巴的下联：

员外二千石，唯公……

他故意不把最后一字说出，“唯公……唯公……”地拉着长音，调皮地与员外周旋。员外以为他对不上，得意地笑了：

“唯公什么，对不上了吧?”李东阳说：“这最后一个字，我早就有了，可是不说。”员外不懂什么意思，问他：“这是为什么呀?”李东阳说：“你如果还我风筝，就是第一句‘唯公________’，如不还我，就是第二句‘唯公________’。”这员外一听就笑了，他可不会为了个风筝被李东阳用第二句来形容，于是忙把风筝还给了孩子们。你知道横线上空缺的两个字都是什么吗?

答案：“廉”和“贪”。

花农讽秀才

从前，有个专爱舞文弄墨的秀才，遇事就做起打油诗来炫耀自己。这天赶集，他看见一个农民挑两篮花来卖，便走上前去摇头晃脑地说道：小篮也是篮，大篮也是篮，小篮放到大篮里，两篮共一篮。

农民一听，哭笑不得，这算什么诗啊?便就着这首打油诗的格式，把“秀才”和“棺材”并列，回敬了一首打油诗，弄得秀才张口结舌，无言以对，偷偷地挤进人群，溜走了。根据文中提示，你能猜出这首打油诗是什么吗?

答案：秀才也是才，棺材也是材，秀才放到棺材里，两材（才）共一材。

讽刺伪差徭总局

国民党陕西差徭总局仗势胡为，欺压百姓，鱼肉乡民，人民深恶痛绝。春节时，有人给总局大门外贴了一副对联，辛辣地予以讽刺：

差徭总局，酒局肉局药丸局，局中设局，局内者甘，局外者苦，几时了局见升平；

支应诸公，豺公狼公饕餮公，公然办公，公心何在?公理何存?无非假公图私益。

横批是：斌卡尖傀。

上联、下联均很好理解，但很多人不解横批之意，你知道吗？

答案：横批很有意思，它讽刺总局官员，是一伙不文不武、不上不下、不大不小、不人不鬼的坏东西。

朱项两姓

从前，有个地方东西街住着两个大户家族，一户姓朱，一户姓项。家族大，纠纷多，常常想一个压倒一个，互不相让。为了显示本族的威风，姓朱的家族在东街修建了一个富丽堂皇的大祠堂；而姓项的家族一看不甘示弱，火速集资动工，日夜兼程，在西街上也盖起了一个大祠堂。朱氏家族中有人提出给祠堂大门上挂一副气魄大的对联，把姓项的压倒，写什么内容呢？本族几个能人在一块商量：历史上我们姓朱的大人物不少，后梁的朱温，明朝的朱元璋都坐过皇帝；宋朝的朱熹，是著名的理学家，是个“圣人”，把这些写上，就够威风的了。于是他们在祠堂大门上悬挂了一副大字楹联：两朝天子，一代圣人。

项氏家族的人看了这副对联，大为愤慨，很不服气。全族人在一起商量如何压倒对方，为项氏家族争气。有的说，人家又是天子，又是圣人，还能有比他们大的吗？有人反驳说，难道我们姓项的就没有比他们厉害的人吗？《三字经》上说：“昔仲尼，师项橐。”孔子是最大的圣人，项橐是孔子的老师，朱熹就不在话下。接着又有人说，楚汉相争时，项羽把刘邦的父亲，用大鼎煮死。他姓朱的当过皇帝，我们姓项的把皇帝的老子煮死了嘛。众人一听欢呼雀跃，很快项祠的大门上也挂出了一副大字楹联，朱氏家族人看了，个个目瞪口呆，说不出一句话来。根据文中提示，你能对出下联吗？

答案：烹天子父，为圣人师。

巧续下联

明代的万安，小时候是个聪明伶俐的孩子。他不但勤学好问，而且特别擅长对对子。一天清晨，住在他家的一位远方来的客人起床后，在院子里散步。客人看见红日从东方升起，彩霞万缕，映照着西方的像银色镰刀一样的残月，不禁触景生情，感慨地对着天空吟哦：日在东，月在西，天上生成“明”字。

客人一联出口，还想接着往下对，但是由于他的学识还不行，怎么也续不下去，坐在门前的石阶上发呆。这时，万安正在书房里读书，从窗子里看见客人这副模样，一问，才知道是为了下联。万安笑着对客人说："这有什么可难的，等我为您续联吧。"万安抬头向四面一看，见书僮和丫鬟去井边提水，两人翩翩而行，便随口念出下联，客人听了，连声夸赞对得好。根据文中提示，你能对出下联吗？

答案：子在右，女在左，世间配定"好"人。

迟对隐字联

一次，唐伯虎正在田埂上观赏风光，忽然一位老农挑着一担河泥迎面走来，因为田埂太窄，必须有人让路，才能通过。这时老农开口说："我出个对子你来对。对得上，我让路；对不上，你让路。"唐伯虎欣然答应了。老农指着担子说："一担重泥拦子路。"

唐伯虎一听，愣了好久，对不上来，只好脱鞋下水让路。原来，这是个"隐字对"，"重泥"隐"仲尼"，就是孔丘；子路是孔子的学生。意思是说，老师难住了学生。过了几年，有一次，唐伯虎外出访友，遇见一个官老爷坐船观景后，在夕阳残照中，纤夫们摇着船说说笑笑地往回走。唐伯虎看到这个景象，灵机一动，"纤夫"不是可隐"庆父"吗！那"子路"该用什么来应对呢？哦，答案不也正在这幅画面中吗？于是他脱口吟出了下联。他高兴自己对出了老农的下联，虽然迟对了几年，但总算对出来了。根据文中提示，你能对出下联吗？

答案：两岸纤夫笑颜回。颜回是孔子的得意门生。

陈白阳对唐伯虎

有一次，唐伯虎和陈白阳到郊外游玩，唐伯虎提出对对联，陈白阳表示赞成，并提出：以行至前庄酒店为限，谁输了，罚酒吃。唐伯虎点头同意，随即出一上联：眼前一簇园林，谁家庄子。陈白阳一听，认为很容易对，可是一经琢磨，觉得并不那么简单，因为联中的"庄子"既是一个书名，又指一个村庄。

他边走边想，不觉走进了酒店，只好请客喝酒。他二人刚坐定，陈白阳猛然抬头看见酒店墙壁上写着"杜康传技，太白遗风"两行洒洒落落的大字时，他一把按住唐伯虎手里的酒杯说："我对上了，你听！"随口说出下联：壁上两行文字，哪个________。横线上的两个字恰好与上联的难点"庄子"相对，陈白阳也不禁拍手叫绝。根据文中提示，你知道是哪两个字吗？

答案：汉书。《汉书》是书名，“哪个汉书”也可解作哪个汉子书写的，这与上联“庄子”一词兼多义手法是一致的。

切瓜分客

明代的蒋焘是有名的文学家，他从小就受父亲的影响，吟诗作对，长进很快。有一次，他父亲的一个很有学问的朋友来家里做客，客人和他父亲谈得很热烈，正在这时，外面下起了小雨，溅湿了窗户。客人看见后马上道出了一个上联，让在座的人答对：冻雨洒窗，东二点，西三点。

这句是析字联，结合实景，把“冻”“洒”两字析成“东二点”，“西三点”，这是它的奇妙之处。在座的人绞尽脑汁，苦苦思索，可是谁也对不上。一时间，气氛很沉闷，大家都低着头想，连切好的西瓜都忘了吃了。正在大家发愁时，站在一旁的蒋焘望着桌子上切好的西瓜，灵机一动，一句下联跳入脑海里，他随口就道出：切瓜分客，________，________。在座的众人齐声叫好。根据文中提示，你能把下联补充完整吗?

答案：横七刀，竖八刀。蒋焘对的下联中把“切”“分”析为横“七刀”，竖“八刀”，以物叙事，上联和下联珠联璧合，特别贴切。

姚广孝应对

佛门之中，有许多能诗善对的高人，明代的姚广孝是其中的一位。姚广孝本是医家子弟，14 岁便出家为僧，人称道衍和尚。他学识渊博，工诗善画，又拜席应真为师，通阴阳术数之道。此人非常清高，不拘小节，把功名利禄看得很淡。封他为高僧，他推托有病而免受；让他以通儒书僧的身份去礼部当官，他也谢绝了。燕王命他蓄发，赐给他府宅，让他娶妻，他都没有接受。唯有纂修《永乐大典》他参加了，那是他兴趣所在。他虽不为官，但与官宦们都很熟悉，朝廷权贵也很尊崇他。

有一天，狂风大作，夹着倾盆暴雨，姚广孝遇见了巡街的御史林大人。林御史知道姚广孝文思敏捷，便即景出了一个对子让他对：风吹罗汉摇和尚，这“摇”字是双关语：明说和尚（罗汉）被吹得摇摇摆摆，暗说“姚”和尚，指姚广孝。姚广孝略加思索，立即利用御史“林大人”的谐音对出了下联。根据文中提示，你能对出下联吗?

答案：雨打金刚淋大人。

王汝玉妙对

明代有一个著名的文人叫王汝玉，参加预修《永乐大典》。他从小就很喜欢文学，聪明、机敏、记性好，有丰富的想象力，他经常作诗写文章，人们都说他是个小神童。他7岁那年冬天，他和父亲观赏雪后的景色。大雪过后，天空中升起了太阳，太阳暖洋洋的，把屋顶上的雪都晒化了，雪水顺着屋檐滴滴答答地往下流。王汝玉的父亲指着屋檐出了一句上联让他对：日晒雪消，檐滴无云之雨。

王汝玉环顾四周，恰好看见一个仆人在倒炉灰，一阵风吹过，倒出的尘土随风而起。王汝玉灵机一动，这风吹起的尘土，不就像不生火的烟吗？于是便对出了下联。父亲听了儿子的答对，又工整又巧妙，心里特别高兴。根据文中提示，你能对出下联吗？

答案：风吹尘起，地生不火之烟。

逻辑探案

漂亮的狐狸皮垫子

夏季的中午，烈日当空，热浪袭人，一丝风也没有。赶路的盐贩没有骡马，只靠着肩挑手扛把物品运到县城。赶路的当口他遇到了一个打柴的人。俩人边走边聊，渐渐熟悉起来。走到一棵大树面前的时候，俩人坐下来休息。过了一会儿，正要赶路的时候，俩人却为了一张漂亮的狐狸皮垫子争执不休，要不是附近田地里干活的农民过来劝阻，俩人几乎大打出手。眼看俩人各执一词，大家也无法分辨。于是，俩人找到了县令。

盐贩子说："这块漂亮的皮子是我用来垫在肩膀上的，你怎么说是你的呢?"打柴的人说："我好心给你坐，你竟然血口喷人，企图霸占……"县令命二人暂且退下，自己一个人拿起垫子看了起来。只见他拍了拍皮垫子，心中就明白了。他说出一番话后，其中一个人哑口无言，于是招了。请问，垫子是谁的?县令发现了什么?

答案：垫子是盐贩子的。县令抖了抖，从皮垫子里掉出来很多盐粒，也就证明了狐狸皮垫子是盐贩子的。

穿漂亮衣服的少妇

唐朝时期颁布了新的盐法：禁止私盐买卖，倘若有人举报，国家会给予重赏。这天，山门村的梅子姑娘背着早上刚刚摘的青菜去城里卖。半道上，碰到了一个穿着华美的少妇，俩人同行有说有笑，好不开心。但是，夏天的天气可真热，不一会儿，眼看着梅子姑娘越走越慢，少妇爽快地帮梅子抬着菜筐。就要到城门口的时候，少妇称自己看见了一个熟人，就跑着追上去了。梅子背起自己的菜筐，排队接受检查。粗鲁的士兵拉过她的菜篮子，把洗得水灵灵的青菜全倒了出来，小姑娘都快急哭了，这才只是个开始……守城的士兵竟然从梅子的菜筐里翻出了一块用相当精美考究的白色方巾包裹着的食盐，梅子一看就被吓哭了。

几个凶巴巴的衙役将她扭送到了县衙，县令仔细看了看这包食盐，问：“这盐你以前见过吗?”“没有，从没见过。”“你是一个人来城里的吗?路上可曾碰到什么陌生人?”“我一个人来卖青菜，路上碰到了一个穿得很漂亮的姐姐，她还帮我抬筐了呢。”“好吧，你仔细描述一下那位姐姐的相貌，说完你就可以走了。”

县令为什么断定小姑娘无罪?

答案：那块包裹盐的手帕精美而考究，梅子就算把菜全卖光也买不起。后来又得知梅子在路上遇到一个“穿着漂亮衣服”的姐姐，继而断定这是诬陷。

贪心的商人

有一个种菜的农民，起早贪黑，辛勤劳动，等到田里的菜长出来，就挑到城里去卖。生活虽然很艰苦，可是他总是乐呵呵地说：“靠自己的双手过日子，虽然辛苦，心里很舒坦。”有一天早上，他挑着菜到城里去卖。他脚步轻快，扁担在他肩头“吱呀吱呀”歌唱。忽然，他被一包东西绊了一下，拾起来打开一看，竟然是白花花的银子，点了点，足足有三百两！他想：“这些钱够我花好几年啦，可这毕竟是别人的钱，我不能白拿。他放下钱包，打算继续赶路，可是又一想，万一被坏人看到，这钱还是会被拿走，那么，丢钱的人一定很着急，我就守在这儿，等丢钱的人来吧。”他放下菜担，老老实实地坐在路边等，不久，太阳已经升得很高，筐里的菜全被晒干，可是好心的菜农还是等着。

忽然，有一个商人跑过来，焦急地问：“我丢了一包钱，你看见了吗?”诚实的菜农马上拿出钱，交给商人。商人接过钱，点了点数，一两也没有少。可是他太贪心了，不但不谢菜农，反而想：这个人有钱不拿，真是个大傻瓜，我要乘机骗他一笔钱！于是，他惊叫起来：“哎呀，少了两百两银子，一定是被你拿了!”菜农气愤极了，和他争吵了起来，最后闹到了县衙门。

县官问清了情况，心里知道商人在撒谎。他决定要教训一下商人，判决说：“商人丢的包里是五百两银子，可是菜农捡到的包里，是三百两银子，说明菜农捡到的包不是商人丢的包。为了表彰菜农，三百两银子就奖给他了。”商人急了，问：“那么我的银子呢?”县官说：“等到谁捡到五百两银子的包，再还给你吧!”

县官为什么知道商人在撒谎骗钱呢?

答案：如果菜农要拿商人的钱，当时就可以把钱全部拿走，没有必要等着商人来。

贪心的算命瞎子

一个靠坑蒙拐骗给人算命的瞎子在澄江县内臭名昭著，大家都不想答理他。这天，一个外地的布商背着一匹红布正在独木桥走的时候看到了独自摸索的瞎子，他好心地说："你爬到我的背上来吧，我背你过去。"算命瞎子一听，可开心啦，赶紧伏在农夫的背上。瞎子摸到了农夫的背上有一匹布，于是，心起歹念。他在那匹布上撕开一道大口子，走到桥头，布商把他放了下来，他却拉着那匹布不松手。万般无奈之下，他们一起来到了县衙。

县令问道："你们都说这白布是自己的，有什么证据吗？"瞎子抢着说道："那匹白布上有一条大口子！"商人万般无奈，哑巴吃黄连，有苦说不出，蹲在地上一副垂头丧气模样。可是，县令听完俩人的话，就把布判给了商人，请问为什么？

答案：这块布明明是红布，县官故意说是白布，算命的看不见，也跟着说是白布，终于露馅了。

谁是撒谎的人

著名侦探麦多在经历繁忙之后，终于有了休假的机会。为了避免被打扰，他关掉手机，带着自己的老婆孩子去乡下散心。无奈，计划赶不上变化。他们刚刚走到村口就遇到了麻烦：只见两个壮硕的汉子打成一团，一个人的衣服被撕开一个大口子，一个人脸上有几道血口子。已经养成职业习惯的麦多忘记了自己正在休假，大喝一声："别打了，要不然你们都得跟我走一趟。"被麦多强大气场威慑的俩人不情愿地松开对方的衣领，凶狠地瞪着对方。

围观的乡民七嘴八舌地议论。麦多差不多明白了两人为什么大打出手。原来，两人是同父异母的亲兄弟，哥哥叫罗光，弟弟叫罗明。罗明说自己翻修房子的时候，把一件非常值钱的古董青花瓷器放在哥哥家，但是后来去拿的时候，哥哥却说瓷器本来就是自己的。

看着吵得不可开交的两人，麦多拿起那件古董青花瓷器，举过头顶说："你们再吵，我就摔了它。"大家伙儿面面相觑，不知道麦多的葫芦里卖的什么药，只见他佯装要摔那件瓷器，在大家的惊呼声中，哈哈大笑。随后，他指着一个人说，瓷器是你的，拿回去吧。

这个人是谁？麦多为什么做如此判断？

答案：是弟弟的。因为将要把花瓶打碎的时候，弟弟的眼神非常愤怒，而哥哥却没有一点眼神波动。

失算的管家

民国时期，温州有一名好色的富商，虽然他已经娶了六房姨太太但是仍不满足，终于又娶到了第七位小妾，名叫李霞。这李霞年轻貌美，刚嫁到富商家里的时候，还算安分守己，但是不久，就勾结了富商的管家，召集了一群强盗来演一场戏，准备趁乱杀死富商。半夜里，强盗们装模作样地举着火把大声喊叫着进入富豪家中。富豪终于被惊醒，他抄起家伙拼命追赶着强盗，这时，管家举起枪将他杀死。闻讯赶来的警官在侦查现场后立即断定，这是一起自己人实施的谋杀案，请问为什么？

答案：追赶强盗的富商，怎么会被从背后打死呢？警察由此推断，富商是自己人杀死的。

骗子的伎俩

小张上班的时候接到一个电话，对方声称自己是某电信公司客服，现在要做一个问卷调查。当小张同意对方的调查之后，他首先问了小张两个问题，这两个问题分别是：

1. 您通常上班使用什么样的交通工具？①公交；②地铁；③自驾。

2. 您每年外出旅行的次数是？①通常在3次以上；②通常不超过3次。

当小张回答完这个问题之后，对方接着说，为了保证调查的真实性需要小张提供真实的姓名和出生日期等其他信息。请你根据上面的信息判断，打电话的人是不是骗子？为什么？

答案：是骗子。一般的问卷调查为了保证被调查者的隐私，是不主张提供被调查者的真实姓名的，而这里主动问小张要姓名、出生日期显然有其他的目的。另外，打电话的人问的两个问题事实上是在旁敲侧击地打探小张的财产情况，只有被调查者的财产符合他们的要求，他们才会要走被调查者的真实姓名等信息。这分明是一种诈骗的行为。

谁欺负了小米

漂亮女孩小米生日的时候，有四个男生来为她庆祝生日。就在他们玩得正开心的时候，突然停电了，接着就听见小米说："谁欺负我！"然后只见这几个人都莫名其妙地议论着。甲说："我刚刚正想去检查开关呢！不在这边。"乙说："我一直都待在这没动！不是我。"丙说："是谁吻了小米？"丁说："不是我！"

通过四个人的反应，你知道是谁欺负小米了吗？

答案：是丙。因为小米只说了有人欺负她，并没有说是怎么欺负她了，当所有人都说不知道的时候，丙却说出了是有人吻了小米，所以，吻小米的人就是丙。

掐死自己的阿牛

南方的一个小剧场里正在上演精彩的杂技节目，观众热情很高，欢呼声不断。就在这个时候，画着浓妆的女演员刘美子慌慌张张跑到艺术总监吴恩来的面前说："领导，不好了，阿牛死了。""什么？在哪里？""就在后场。"安排好节目后，吴恩来随着刘美子赶到后场，发现阿牛直挺挺地躺在地上，双手掐着自己的脖子，脸呈青紫色。艺术总监吩咐演员不能再随便进入后场，然后，立即向警局报了案。

20 分钟后，李队长带着几名警员来到现场，侦查后发现，现场除了阿牛的脚印之外，最清晰的还有另外两个人的脚印。"怎么回事？你仔细讲讲都看到什么了。"李队长对着刘美子问道。"刚才，我正好进来补妆，走到后场的时候就听见里边传来痛苦的哼哼声，我壮着胆子趴在门缝上一看，发现阿牛正在里边用手死命地掐着自己的脖子，我赶紧跑过去想要掰开他的手，可是，我力气不够大，怎么都掰不开，前边观众很多，我不敢大声呼救，等我找到艺术总监后，他已经死了。""这个叫阿牛的力气很大吗？"李队长问。"那可不，他是我们团里力气最大的，他一个人能举起两个像美子这样的女演员，可是，唉，太可惜了……"艺术总监抢先说。"是啊，阿牛人很好的，怎么就想不开了呢？"美子一边哭一边说。

"尽管你说得绘声绘色，但是，我还是想说，阿牛绝对不是自杀，你的描述让你难逃干系，跟我们走一趟吧。"李队长严厉地看着美子。你知道李队长是根据什么判断的吗？

答案：世界上没有人的力气大到可以把自己掐死。一个人的咽喉在受到外来力量压迫的时候，起初会昏迷，继续施力才能致死。一个人自己掐自己只能将自己掐晕。美子显然是在撒谎。

说谎的夫人

纽约的冬天特别冷，这天大约凌晨两点钟的时候，摩尔斯警探忽然接到一个石油商人夫人报案，说自己的丈夫在家被杀，摩尔斯警探不得不冒着严寒赶去石油商人家里。石油商人的别墅在郊区，摩尔斯警探在黑夜的雪天花了将近一个小时才赶到现场。到达时石油商人的夫人正在门房里等他，看到摩尔斯警探后她就开了门。房子里真暖和，摩尔斯警探摘下了围巾、手套、帽子，并脱下大衣。石油商人的夫人还穿着睡衣，脚上是一双毛绒拖鞋，头发乱蓬蓬的，脸上毫无血色。摩尔斯警探进入房子后她说："我丈夫的尸体在楼上。"

摩尔斯警探一边仔细检查现场一边问道："太太，请问您的丈夫是怎么被杀的？您慢慢说，越详细越好。""我丈夫是在夜里十一点睡的。我在凌晨一点四十分醒了。我没有听到丈夫一点声息，这个时候才发觉他已经死了，他是被人杀死的。""那您后来干什么了？"摩尔斯警探再次问道。"我就下楼给你们警察局打电话，那时我还看见那扇窗户大开着。"夫人用手指了指那扇还开着的窗户，"凶手准是从那扇窗户进来，又从那逃走的。"摩尔斯警探走到那扇窗户前，只觉得寒风"呼呼"地直往里吹，他缩了缩颈脖，忙关上了窗户。摩尔斯警冷冷道："夫人，你应该和我说实话的！"

摩尔斯警探为什么会知道石油商人的夫人在说谎？

答案：她说那扇窗户一直开着，如果那窗户一直打开着，至少已接近一个小时了，室内是不可能这样暖和的，所以夫人在说谎。

凶手性别之谜

超级名模莫安奈小姐长相出众，身材高挑且气质独特，不但在英国家喻户晓，在全世界也很闻名。但是，令人费解的是，她在生活中非常不注意，经常找一些不三不四的人在家里开派对。

周末的时候，邻居来借菜刀，发现安奈身亡后立即报警，警察随后赶到。经法医鉴定，安奈是被人用啤酒瓶猛击头部导致颅内大出血死亡。据邻居反映，昨天是周末，安奈带领一大群人在自己家里开派对，非常热闹。凌晨的时候，众人才散去。但之后有吵闹声，声音不知是男是女。

视察现场的警察看到安奈死在卫生间里，花洒还在向外喷水，马桶用的坐垫被掀开了，里边有死者的头发。

请问凶手是男的还是女的？

答案：马桶用的坐垫被掀开了，说明他没有用马桶坐垫。使用抽水马桶不必用坐垫的当然是男的。所以，凶手是男性。

真正死亡时间

某年冬天，在一个寒冷的夜晚，一个病人得了急病，医生前去就诊。忙完后已经是半夜了，然而不幸的是医生在回家的路上居然被一辆奔驰的汽车碾死。开车的酒徒唯恐邻近的警察发现，就把医生的尸体和药箱搬到自己的后备箱里，回到家后把医生的尸体和药箱拿到火炉上烤了一整夜，第二天晚上趁着夜黑再把医生的尸体和药箱用车子装载，丢到荒郊的野地里。

尸体被发现后，警察到现场验尸。当警察检视完浮肿、变形的尸体及药箱后，直截了当地断定说："这具尸体在被丢弃前，曾被四十二摄氏度左右的高温烤过。"警察还没有解剖尸体，是怎么看出医生被四十二摄氏度高温烤过呢？

答案：警察通过医生身上的体温计看出来的。

愚蠢的伪装

纽约的摩尔斯警探刚吃完午饭就接到了报案："华尔街56号万古银行行长在办公室被杀。"摩尔斯警探很快赶到现场，报案的人是行长的秘书麦琪小姐。"今天中午我去给行长送材料，发现行长办公室门口挂着'无人'的标志牌，我刚要走，忽然听到办公室内有声音。我很好奇，既然行长不在，那屋内会是什么人呢？于是我便将门扒开一个大约三厘米的缝隙往里看，发现一个陌生男人正在从保险柜里往包里装钱，后来就从窗户跳出去跑了。而我看见行长的尸体躺在保险柜旁边，我意识到出大事了，就给警察局打电话报案。"

摩尔斯警探走进行长的办公室，发现一张办公桌放在房间的中央，正对着门，而保险柜靠在西面的墙壁上。这个房间大约长15米宽10米。检查完后摩尔斯警探出来，又将门打开了一个5厘米的缝隙，看过之后转过头来对行长秘书说："你就是那个窃贼。"

摩尔斯警探根据什么断定本案的罪魁祸首就是行长秘书?

答案：摩尔斯警探通过5厘米的门缝向屋内看，只能看见那张办公桌和桌子后面的窗户，而保险柜放在靠墙的一面，无论怎样，门外的人都看不见保险柜那个位置会发生什么事情。这说明行长秘书在说谎。

神秘的自杀事件

罗伯特先生是位亿万富翁，最近他将买来的一座古堡改造成了古色古香的酒店。这一举措，吸引了大量游客。更加扑朔迷离的是，该酒店经常上演一幕幕神秘的自杀事件，著名侦探格瑞夫带上自己的助手，乔装成客人住进了该酒店的五楼。

他们打听过了，之前所谓的神秘自杀事件就发生在酒店的五楼。夜深人静的时候，他们在走廊尽头发现了一扇生锈的大铁门。俩人一起费了九牛二虎之力把铁门拉开了，门里边是一个黑漆漆的无底洞，阴森恐怖得很，看样子像是以前处决死刑犯的地方。

为了不被别人发现，俩人立即回到自己的房间内，和衣而睡。半夜里，有人吵吵着：“不好了，有人自杀了……”声音尖锐刺耳，格瑞夫一下子惊醒了。他快速走出房间，发现那个生锈的铁门敞开着。一会儿一些游客闻讯赶来，大家议论纷纷。这时罗伯特走过来伤心地说：“306房的客人想不开，跳下去自杀了!”

助手气愤地说：“胡说八道，那些人根本不可能自杀!”

格瑞夫亮明身份后，说了一个非常有力的抓捕罗伯特的理由。请问理由是什么?

答案：铁大门内漆黑一片，罗伯特还没有去看死者是谁，就说是306房的人自杀了，可见他就是凶手。

说假话的下场

警察局抓到了三名有可能会参与盗窃案的凶手。根据当地的法律规定，还有一个小时，如果再找不出证据，他们就要被无罪释放。负责审讯的警员灵机一动向探长申请了集体审问。

第一个是一个哑巴，哑巴吱吱呀呀地说些什么大家都听不明白。第二个是一个个子很高的中年人，看起来敦厚老实。第三个是一个矮小的瘦子，眼珠子滴溜溜地转，一看就不像是什么好人。警员指着那名哑巴说：“别装了，赶紧仔细讲一讲你是怎么偷盗的吧？”哑巴憋得满脸通红，只好手舞足蹈。这时候，警员问另外的两个人：“你们谁能听懂哑语？”高个子说：“我听的懂一些，他说自己不是盗窃犯，他没有偷过东西。”矮个子说：“我听的恰恰相反，他说自己就是盗窃犯。”警员听完三人的话，就判断出了谁是嫌疑人。请问谁是？为什么？

答案：矮个子就是盗贼。因为无论哑巴是不是盗贼，都不会承认。矮个子强调别人是盗贼就是为了遮掩自己。

失踪的妻子

夏天的深夜，比白天凉快不少，一群年轻人吃完大排档准备回家时，看见一个30多岁的男子慌慌张张地把一个白里透红的布包扔进河里后，骑着自行车跑了。几个年轻人一时好奇心起，下到河里捞起来布包打开一看，几个人登时吓傻了：看样子，那是一包碎肉。几个青年赶紧报了警。经鉴定，那个包中装的都是人肉，这是一起性质非常恶劣的碎尸案。第二天一早，又有人来公安局报案，说是也捡到了尸包。技术部门鉴定后，给出结论：两个尸包中的碎肉系同一被害人。被害人三十岁左右，女性，已婚。公安局立即向周边的居民小区发了协查通知令，要求居委会展开地毯式搜索。

光明小区居委会的李大姐，挨家挨户地查看，她来到11号楼的魏胜文家中时，敲了很久，门才打开。面对李大姐的询问，魏胜文显得有些慌张。“你爱人呢？又加班呢？”“我爱人昨天回娘家去了……”魏胜文支支吾吾地说。李大姐环视了一圈，阳台上晒着的床单被套还没有干透，桌子上的物品摆放得很整齐，屋子里也很干净，垃圾桶内垃圾很少。“你可真是幸福啊，娶了一个漂亮又能干的四川媳妇儿，屋内屋外一把手。”李大姐故意说道。“可不是吗，自从她嫁给我，我几乎都忘了衣服怎么洗，饭怎么烧，全是她一个人操心。”魏胜文故作轻松地回答。“那她今天回去，什么时候能回来啊？”“这可说不准，她很少回家去，昨天晚上她哥哥打电话说家里有事，今天一大把我的脏衣服洗洗就走了。”

很快李大姐就给派出所打了电话，说魏胜文有问题。她是怎么发现的？

答案：面对李大姐的询问，魏胜文显然已经记不清他自己曾说过自己的妻子是什么时候离开的家。一会儿说是昨天，一会儿说是今天，前后矛盾。

橙汁的秘密

新一届的首饰博览会马上就要在芝加哥召开了，珠宝设计师安娜提着一整箱她设计的蓝宝石系列首饰，前来参加博览会。在她下榻的宾馆，接待员露丝接待了她。露丝将密码箱放在床头上，转身对安娜说："会议期间由我来照顾您的生活，需要什么请尽管吩咐。"安娜说："谢谢！请给我送一杯橙汁就可以了。"

之后，安娜便走进了盥洗室。然而，她的脸还没洗完，就听见外面"扑通"一声。她急忙跑出来，一看，只见露丝歪倒在门口，头上还流着血，已经昏迷了。再往床头柜上看，装宝石的密码箱不见了，而柜子上还放着一杯完好的橙汁。安娜急忙按响了报警电铃。

一会儿，警官费斯赶来了。他命令保安人员封锁宾馆，救醒露丝，并询问了她。露丝说："我给安娜小姐送橙汁过来，刚跨进房间，就觉得耳边有一阵风，接着头就被什么东西猛砸了一下，眼前一黑就什么也不知道了，恍惚间看见一个蒙面大汉提着密码箱逃走了。"警官环视了房间，然后说："我知道谁是罪犯了，你还是将首饰交出来吧。"你知道他发现了什么线索吗？

答案：橙汁是最关键的证据。露丝如果一进门就被人打倒，橙汁就不会放在床头柜上了。显然是她将密码箱交给同伙提走并打伤自己，造成密码箱被抢的假象。

明星之死

影视明星徐艳在一次大爆炸中不幸炸瞎双眼，又毁了容貌。男友觉得她这样活着实在是一种折磨，便产生了让她结束生命的想法。

他很爱自己的女朋友，所以不忍心下手，于是便找来自己的好朋友帮自己结束徐艳的生命，但是，要制造出自杀的假象。

晚上9点半，徐艳吃完安眠药已经入睡，护士查完房离开，这时一条黑影悄悄潜入房内，他将徐艳抱至窗口，留下她的指纹，便把整个人扔了下去。刚过10点，一个人气喘吁吁地跑回去告诉徐艳的男友事情已经办好，让他大可放心。可是第二天，"影视明星徐艳之死"就见了报。警方确认是他杀，并展开调查。男友急忙找到好友，问他昨晚有没有什么差错。好友回忆道："怎么可能？我溜进去的时候，护士刚好不在，我抱着她走到窗口，用她的手指捏了一下窗口，最后才把她丢下去的。"

你能看出破绽在哪里吗？

答案：睡着的病人怎么可能跳窗自杀？在医生查房时，徐艳就已经吃下安眠药，睡了过去。所以不可能自杀的。

假戏真做

著名的影视城内最近新布置了一片荒漠景观，这一项新的举措吸引了各大剧组前来拍摄。谁知，傍晚有人在一个沙丘后边发现了一个身上布满淤伤的中年男子，照现场形式来看，此人应该系与人打架斗殴致死，死者尚有尸温，可见死后不到半个小时。警察很快抓住了三名嫌疑人：扮演一名泼妇的中年女人、少林寺和尚、古装大侠。经检查，他们的身上都有淤伤，但是都坚称是拍戏时被撞伤的。一个警员想出了一个好主意："你们都抖搂抖搂，看谁身上掉下的尘土，与案发现场的成分一致。没有杀人的也可以排除嫌疑。"说完，三个人都开始抖落自己身上的衣服……你知道谁的嫌疑最大吗？为什么？

答案：在沙土中拍戏，身上一定会有沙子。和尚的嫌疑最大，因为他扮演的角色是光头，清理起来非常方便，所以他不怕警员的注意。

红绿色盲的杀手

一名在酒吧驻唱的泰国女歌手，被人暗杀。原来，她竟是贩毒集团的一名核心成员。暗杀集团知道她有收藏鞋子但却从来不穿的嗜好，并以此推断，她一定是在鞋子中藏有毒品或是现金，两样东西都有利可图，他们派出了最能干的杀手伍兹。

伍兹发现了一个巨大的鞋柜，女歌手把所有的鞋子都按照颜色摆放好，最多的是红色鞋子和绿色鞋子。凭借着多年的偷窃经验，他果然在这两个鞋柜里找到了大量的毒品和现金，谁知，正要离开的时候，却被女歌手发现了，他索性一不做二不休，将女歌手杀死后移尸到酒吧。自以为做得天衣无缝，这时有人透露风声说警察快要找到他了。于是他想出一个嫁祸他人的好办法。

他知道有一个非常出色的杀手叫亚斯，并且这个人是色盲。于是，趁警察还没找到死者这处秘密住宅时候，他再次溜了进去，他把死者原本摆放整齐的红鞋柜和绿鞋柜的鞋子打乱了，原本有100双红鞋子，120双绿鞋子分别放在两个鞋柜里，他拿出30双红鞋子放进绿鞋子的柜中，又拿出50双绿鞋子放进红鞋子的柜中。

谁知道，警察一看便知这是有人栽赃给亚斯。你知道伍兹的破绽在哪里？

答案：为了嫁祸于亚斯，伍兹故意混放鞋子的行为，反而因为太整齐让警察看出了端倪。

聪明反被聪明误

这天，哈维从海耶斯家经过，看见海耶斯正在给自己家的台阶、门窗刷油漆。心怀嫉恨的哈维就悄悄翻进院子，猛然将梯子推倒。海耶斯于是从半空中掉下来，头正好碰在一块地板上，直接摔死了。杀人之后，哈维心里慌乱，见周围没有人，急忙翻过院墙，来到大路上才静下心来。

这时，摩尔斯警探正好经过。哈维灵机一动，主动向摩尔斯警探打招呼，于是两人一起走，有说有笑。在经过海耶斯家时，哈维故意说自己有事找海耶斯先生。

哈维绕过台阶，到窗户前敲着玻璃高喊："海耶斯先生！海耶斯先生！"没人回答。就在这个时候，哈维故意惊叫道："不好了！海耶斯先生摔死了！"摩尔斯警探一听，立刻跑了过去。海耶斯仰面朝天，梯子压在身上，而油漆泼了一地，看起来显然是在刷油漆时摔下来的。心细的摩尔斯警探发现台阶和门窗的油漆还没干，而从海耶斯摔倒的姿势看，是被人推倒摔死的。他想了想后忽然抓住哈维的手说："你是凶手，居然想这样瞒过我的眼睛！"

摩尔斯警探的依据是什么呢？

答案：哈维不上台阶，不去敲门，而是敲玻璃，摩尔斯警探据此推断出哈维刚才来过这里，因此知道台阶和门窗刚刷上油漆。要是哈维没有来过，他是不会下意识这样做的。

装扮完美的破绽

一座别墅发生命案，接到报案后警方立刻封锁了现场，并且对来往行人进行盘查，以防止凶手逃脱。在一个路口摩尔斯警探看见一个黑人，觉得黑人有点不正常，于是示意他出示证件以证明自己的身份。黑人两手一摊，耸耸肩表示自己的无辜，不过还是把手伸进口袋掏出了证件交给摩尔斯警探。摩尔斯警探查看之后发现证件并无问题，于是还给黑人，就在黑人要接过证件的一瞬间，摩尔斯警探突然发现了问题，于是指着黑人说道："差点儿被你骗了！！你的装扮还真逼真。"然后摩尔斯警探抹了一把黑人的脸，抹掉了他脸上的一块黑油，露出了其真面目。

凶手是怎么被摩尔斯警探识破的呢？

答案：其实黑人的手心没那么黑，相对手背而言明显白，而凶手装扮的时候没有注意这个问题，他把整个手都涂黑了，结果被摩尔斯警探找到了破绽。

令人费解的自杀

春季的一天，一群伐木工人在东西伯利亚的森林里发现了一具男尸。发现时，尸体还悬吊在距离地面约有一米多高的半空中。法医的鉴定结果显示死者已经死了半个月了，春季的西伯利亚还是那么寒冷，尸体还没有腐烂。后来经过调查，死者是自杀，但警方不明白的是，死者是如何把绳子吊在好几米高的树枝上，然后在不借助踩踏工具的情况下，完成自缢而亡这个过程的呢？

答案：西伯利亚的雪下得很大，平均积雪厚度可达半米，死者正是利用积雪完成这一切。他在树下堆起一个高高的雪堆，再踩着它上吊就可以了。

消失的车辙

一群匪徒在打劫印度的泰姬陵时触碰了安在里面的警报器。警察蜂拥而至，匪徒迅速驾驶从美国购买的大马力悍马吉普车向印度北方逃窜。几十辆警车在后面穷追不舍，匪徒只好加快速度。就这样两天过去了，警方沿着匪徒的车辙到了一座山前。车辙还在向远方延伸，警车跟在后面，一步也不放松。当警方跟到半山腰时车辙突然不见了。警方十分不解。领队的队长阿卡尼想："不可能，我们一直跟着的，怎么会突然不见了呢？不是被佛祖带到西天了吧？"警方感到十分神秘，就没再追。

匪徒的车辙怎么会突然消失呢？

答案：在喜马拉雅山南面印度境内经常下地形雨。当来自印度洋的暖湿气流遇到喜马拉雅山的阻挡后，气流开始下沉，温度下降，水蒸气遇冷形成降水。匪徒的车辙之所以消失，是因为那时山上正在下雨，雨水让地表的车辙消失不见。

雷鸣之夜

在一个雷雨之夜，伦敦市郊区的一所公寓中因为糟糕的雷雨天气影响而停电了，停电时间是晚上 8 点至 9 点。年轻的推理小说作家汉姆先生就住在这所公寓中，他习惯在安静的环境中写作，一直以来都是独居。然而，在停电后的第二天早上，公寓管理员检查电路时，发现汉姆先生被人从背后刺了一刀，已经死了。

管理员马上报了警，费斯警官很快赶到了现场。在案发现场，死者房间的桌子上放着没有写完的稿子，写字台上有一盏荧光台灯，灯还亮着，这种灯是简易日光灯，上面不带启动器。令人费解的是，写字台上还有一只亮着的手电筒。

管理员回忆说："昨天夜里这所公寓停了大约 1 个小时的电。当时被害人一定在借着手电筒写小说，后来被人从背后刺中身亡的。所以，被害人一定是在停电期间，也就是晚上 8 点到 9 点之间被害的。"

"不，凶手是在来电之后杀人的，他故意把手电筒打开，就是为了要伪装现场，让我们误以为案发时间是停电期间。"费斯警官看了一眼现场，就做出了判断。你知道其中原因吗？

答案：文中提到，该简易日光灯并没有安装启动器，如果是这样的话，停电之后又来电的时候，灯根本不会自己亮。

移尸真相

一天夜晚，真源太郎接到姐姐打来的电话，说有要紧事让他马上过去。原来他姐姐的朋友千惠君说今晚有事暂住她家，可是千惠君洗澡时，突然心脏病发作，死在浴缸里。真源太郎的姐姐不敢通知警察局，怕怀疑是她杀了千惠君而引起麻烦，因此求真源太郎把千惠君送回她单身别墅的浴室里，就像在那里死的一样。

真源太郎在天亮的时候把千惠君送到了别墅，她的别墅坐落在树林的中间，非常幽静，一般情况下也没有什么人。他把千惠君扛进了房间里，把她的包包和鞋子放在门口的衣架上。把她的衣服脱下来放在浴室的脏衣篮子里，然后，放上热水离开了。

同一天的下午，千惠君的尸体被管理员在三点前后发现，他就打电话给了警察局。检查后的鉴定结果是心脏病突发，自然死亡。

颍川警长忙问："大概是几点死的？"

法医："时间大概能确定到晚上的 9 点到 11 点之间。"

颍川警长，思考片刻说："如果死亡时间真的是那样，那么，这里绝对不是第一现场。应该是有人怕麻烦移尸于此，这个人应该是他的亲戚或者朋友，总之是非常熟悉的人。"

那么，真源太郎的疏忽之处在哪里呢？

答案：疏忽之处是没有把电灯打开。假如千惠君是在晚上在浴室中猝死的话，那么，电灯肯定是明着的。夜间洗澡，谁会不开灯呢？而当真源太郎把尸体运过来的时候，早已不是晚上，所以，没有想过应该把灯打开。

袖口的血迹

清晨，阿列克斯警长像往常一样在巡逻，忽然听见一声刺耳的呼救声："来人啊！杀人啦！"阿列克斯迅速跑过去，只见一个男子躺在血泊中。脖子上插着一把锋利的刀。

法医的尸检报告出来了，死者已经死了10个小时了。阿列克斯转身看到失声痛哭的女子，他一眼就看到了女子袖口的血迹，女子注意到警长的视线说："肯定是刚才不小心蹭到的，他是我的男朋友巴德。""你觉得谁最有可能杀他？""可能是安迪，他过去一直追求我，但都被我拒绝了，现在我却跟巴德在一起了，他肯定怀恨在心。"第二天，经过调查，安迪说他是羡慕巴德，但是他已经很久没见过巴德了。另外，经过化验，那名女子袖口的血迹就是死者的。阿列克斯听过调查结果之后说："凶手已经找到了。"

请问你知道凶手是谁吗？为什么？

答案：凶手就是那名女子，因为死者已经死了10个小时了，血迹已经凝固了，女子不会再蹭到身上了。

智识小偷

福尔玛警探因为一次案件去另外一座城市出差，到达之后便住在了该市一家宾馆的314房间中。晚上9点多的时候，风尘仆仆坐了一天火车的福尔玛警探觉得困乏，正准备休息，忽听有人敲门，福尔玛警探打开门。"你怎么会在我的房间？"来人是一个身着便衣的中年男人。"这是我的房间，是314。""哦，对不起，我走错了。"男人有点歉意地说，便准备离开。"等一下！站住！"福尔玛警探冲出去，将那男人摁住，然后将男人送到宾馆保卫部。后来经过调查，中年男人果然是个小偷。

福尔玛警探怎么知道中年男人是小偷呢？

答案：有谁在进入自己的房间时还会先敲门？福尔玛警探站在主人的身份看待中年男人的举动，自然就知道中年男人不正常了。

骗局

一个星期日，福尔玛警探的朋友杰拉尔领着一个高大威猛的男人走进来。他穿着一身合体的西装，但显得有些旧，皮鞋也还干净，就是有点暗淡无光。杰拉尔对福尔玛说："给你介绍这位艾尔先生吧，他发明了一种可以使人很快就变得肌肉发达的秘方。"话刚说完，就让艾尔脱下上衣秀他那结实的肌肉。"你能相信吗？吃这种秘方在半年内就可以练就这身肌肉，体重增加几十公斤，我说的可都是真的。"杰拉尔说这话时显得很认真。"艾尔先生为了研究这个秘方可是倾尽了自己的全部家当，看他这身西服还是三年前买的呢。我们现在需要一笔推广费，你只要出2000美元就算入股了，这发明一定会很有市场，你现在投资是明智的选择。"

"我才不会上你的当呢。"福尔玛警探冷冷地说道。福尔玛警探为什么这么说？

答案：杰拉尔说艾尔穿的衣服是三年前买的，但是现在看起来还很合身，艾尔在增加了几十斤的体重后穿着还很合身太不可思议了，因此福尔玛警探才这样说。

敲诈文物

威尔斯的曾祖父曾经参加过八国联军侵华战争，还带回一个花瓶。后来威尔斯的朋友法兰克说自己愿意出15万美元买下这花瓶，威尔斯当时正缺钱，就爽快地答应了。可是第二天威尔斯去法兰克家里取钱时，法兰克一口咬定说自己昨天在他家就已经把钱付给他了，他家的女仆当时也在场，她可以作证。警局接到威尔斯的报案后就火速地赶到法兰克家了解情况，法兰克说自己昨天就从钱夹里拿出了15万美元给了威尔斯。福尔玛警探又问了一句："都是多大面值的？"法兰克说都是100元的。福尔玛问女佣："你确确实实看清了吗？""是的，我看清楚了，确实是面值为100的。"听完他们的证词后，福尔玛警探摇摇头说："你们编的故事很生动，只可惜它是假的，我现在分别以敲诈罪和做假证罪逮捕你们。"

福尔玛警探是怎样识破他们的阴谋的？

答案：15万美元，面值为100，那就是说得1500张，这些钱摞在一起要十几厘米那么厚，他的钱包装得下吗？

谁是接头人

纽约是有钱人的天堂，也是犯罪者的天堂。警察局得到秘密情报，最近将有一伙从南美来的毒品贩子，与该市的毒品贩子进行交易，先和一个本地负责人接头，接头地点就在火车站，情报中还提供了一张毒贩子的照片。

纽约警局悄悄地对火车站进行了布控，照片上的毒贩子一出现，便衣警察便悄悄围了上去。但该男子迅速扫视了一下周围，走向火车站广播站，要求女广播员为其广播找人，很快广播里便传出："乘坐 21 次列车的迈克尔先生，请速到广播站，你的老朋友杰克在等你。"反复播了三次。警方为了抓获那个接头的毒贩，没有抓这名男子，但令人失望的是，广播中的迈克尔先生一直没有出现。

其实毒贩早已经和对方接上了头，这是怎么回事呢？

答案：广播站的女播音员就是接头者！

真假警察

身着便衣的福尔玛警探和一个高瘦的年轻人一起上了火车，福尔玛的左手跟年轻人的右手用手铐铐在一起。两个人找到座位坐下来，就在这个时候，坐在对面座位上的一个年轻女子突然惊喜地对着年轻人喊道："大卫，好久不见了！我是爱丽丝啊！高中时候我坐在你的后面！哦，老天，我们似乎有十年没见了吧？不过你还是老样子啊……这是？"那女子看到了手铐。年轻人开始有点惊愕，随即一笑："啊，爱丽丝啊，我记起来了，你倒是越来越漂亮了。哦，我现在是警察，要押解他回警局，不必担心，他只是个小偷而已！""是这样啊。"女子又和年轻人说笑起来，而福尔玛警探自始至终没说话。到站后年轻人向女子道别，然后和福尔玛警探下了车。

坐在过道另一边的一位先生小声对身旁的太太说："那个警察真是个好人，给那个年轻人留足了面子。"太太很奇怪："那年轻人不是警察吗？""不是，因为……"这位先生是怎样看出年轻人不是警察的呢？

答案：因为福尔玛警探的左手和年轻人的右手铐在一起！

夜半凶案现场

马克先生是美国一位著名的恐怖小说作家，他性格孤僻，喜欢独居，一般都一个人住在自己的公寓里。这里的公寓门上都有门孔，马克先生一向非常小心谨慎，如果有人敲门都会先从门孔中看一眼，确定是认识的人才会开门。然而，这天夜里 12 点钟，马克先生却被枪杀在自己的公寓中。他头部中枪，倒在门口，门却是从里面紧紧闭合的，现场没有任何东西被偷，也没有留下任何可疑物品，更无指纹等痕迹，也就是说罪犯可能根本没有走进房间。地上只有罗德的尸体和头上致命的一枪及一滩鲜血。你知道他是怎么遭到枪杀的吗？

答案：凶手在行凶时，手枪是放置在门孔上，当卡门先生像往常一样，凑到门孔上想要看清楚是谁时，凶手就扣下扳机，一枪要了卡门先生的命。

借刀杀人

今天是个特别日子，爱丽丝在下班回家的路上碰见了她即将出国和外国女友结婚的前男友，爱丽丝道：“你现在气色很不错，是不是快要出国了，心情很激动啊？”“你是不是还很恨我？”他问。“我对你只有爱没有恨。你很快就要出国了，到我家共进晚餐怎么样？就当为你送行了。”

爱丽丝在水果市场买了一个西瓜，还买了一些蔬菜。晚餐后，爱丽丝用菜刀切了西瓜，两个人一人一半捧着吃。西瓜还没吃完，爱丽丝前男友就开始腹痛不止，最后躺在爱丽丝身边死了。

爱丽丝的前男友是怎么死的呢？

答案：菜刀是两面的，爱丽丝将一面涂了毒，切完西瓜后将粘有毒的那一半给了他，毒液很快就渗入到西瓜里，所以他在吃了西瓜后不久便毒发身亡。

浴室杀人案

在一个公共洗浴中心，一个不明身份的女子在浴室里被杀了，好像是被什么东西勒死的。然而在现场，福尔玛警探只找到了一盒香皂和一个洗发露。报案的是死者的朋友，因为当时只有她和死者在一起，所以她就成了警方的怀疑对象。但案发后是她裸着身体出来报的警，这个当时在场的洗浴中心经理可以作证。警方在案发现场没有发现任何可以作案的凶器，探长沉思了一会儿，终于找到了凶器，逮捕了凶手。

你知道凶手是谁吗？他又是用什么作的案？

答案：凶手就是死者的朋友，她是用自己的长头发将死者勒死的。

完美的推理

大美女栀子在自己的公寓里被人杀害，她仰卧在客厅门口处，后脑勺被钝物击中，右手紧紧抓着一串珍珠项链。最让警察想不明白的是客厅的门窗完好，门后面的保险链居然也搭着。

警察调查结果显示，此人常常借钱给周围的同事朋友，然后借机收取高额利息，对于还不上的，她竟然提出要求对方抵押自己饰品、名牌包包，所以，死者的名声并不好。经指认，死者手中的项链是她的同事张雪的。张雪年轻漂亮，身高不到一米六，非常瘦。面对警方的询问，她始终不开口，但是也没有否认死者是她杀的。警察在张雪住处找到了沾有死者血液、毛发的榔头。

富有侦探经验的老队长说："不要以为你不说话，我们就拿你没办法。"然后，老侦探的推理令现场的民警心服口服。你能根据以上情节、线索推断出究竟发生什么事情了吗？

答案：栀子自知亏心事做多，不敢开门，只有把门拉开一条缝，并将门后的铁链搭上。瘦小的张雪将项链放在门口地上，当栀子弯腰去捡的时候，用榔头死命砸向栀子，栀子出于本能把门关上，继而倒地暴毙。

露馅

一名日本职业杀手被哥伦比亚的一个贩毒组织雇用，目标是美国政府的一个议员。为了寻找目标，尽快动手，他化装成一个中东阔佬，留着一脸大胡子，在迈阿密的海滩找了一个月，后来终于找到了目标，并顺利完成了射杀任务。为了安全，他必须在两天后回到日本。

在前往机场之前，他将自己的大胡子剃了个干干净净。在前往机场的路上，他的车被拦在了一个检查站。他拿出自己的身份证给检查人员，检查人员笑着说："先生，你还是留着大胡子要好看一些。""你搞错了，我一直就没留过胡子。"杀手严肃地说。

"你还是跟我们回警局好好聊聊你在迈阿密海滩的经历吧。"

警方怎么知道他就是杀手？

答案：杀手在迈阿密的海滩晒了一个月，如果根本没有留过胡子，下巴的肤色一定和脸上其他部位的肤色一样，但他的下巴与脸上的其他部位肤色不同，而且他的胡子是新剃的，下巴上还有被剃须刀划破的伤口。

聪明的县令

早在西汉时期，林怀县的县令薛绍就以善断奇案而扬名朝廷，他巧断案件的技巧也成为众官学习的范本。有一天，两个乡民拉扯着来到了县衙，两人争执的起因是一匹布，俩人都说布是自己的，但是，都没有证据。薛绍如此给师爷交代了一番，又继续午睡去了。

师爷升堂后，了解了事情的梗概：两人一起在树下避雨，一个人好心地把布让另外一个人披着，雨晴后，那人竟拒绝还布，非说布是自己的。师爷二话不说，不听二人分辩，就将布分成两半后宣布退堂。再命两名衙役换上便衣后跟踪二人。薛绍这样做的原因是什么？

答案：衙役跟随而去，听他们说些什么。他推断，按照正常逻辑，绢的主人吃了亏，一定要骂断案人；而抢绢人占了便宜，一定会捧断案人。这样就得出了事情的实情。

画眉镇的鸟王

元朝初年，江南有一个著名的养鸟小镇——画眉镇，镇上的人们养鸟为生。随着画眉镇名气越来越大，镇上那个年近古稀的鸟王也被很多人熟知。

鸟王在年轻的时候被人叫做鸟痴，那时候，跟他一样大的青年陆陆续续地结了婚，他还是整日里只知道侍弄他的鸟儿，再后来，他干脆终身不娶，只带着自己的鸟儿过日子。说来也真是神奇，他养的鸟儿个个体态优美，叫声清脆。每天傍晚的时候，他都要带着自己的鸟儿在镇上遛一遛。大家都开玩笑说，鸟儿就是他的亲人。

鸟王一天天地老了，出门的时间也越来越少。一连好一阵子大家都不见鸟王出门，几个要好的鸟友就去鸟王家里找他，谁知却发现鸟王已经死了！桌子上放着一封遗书，大概意思就是说，自己年事已高，也无依无靠，觉得生活没意思了。老人们看到关在笼子里被鸟王当做儿子、闺女疼的鸟儿此时似乎也很伤心地哀鸣着。

县令听说后，赶来检查，但是检查完现场之后，县令就断定：这是一起谋杀案。请问为什么？

答案：鸟王爱鸟，如果鸟王要自杀，一定会先把心爱的鸟儿放走，或者送给别人，绝不会不顾鸟儿死活，而自己先自杀，这不符合鸟王的逻辑。

青铜器悬案

李龙和刘强都是古董爱好者，俩人是在淘古董的时候认识的。一天，这俩人却相互扭打着来到县衙。李龙指着刘强说："大人你可要替我做主啊，这个人昨天晚上去我家里偷东西了。""到底怎么回事？"县令问道。"前些日子，我淘换了一件品相非常好的青铜器摆件，刘强看过非常喜欢，想出高价购买，被我拒绝。谁知，昨天晚上他竟然潜进我们家企图偷窃，谁知被我女儿发现，他打伤我女儿后，带着青铜器跑了，看我穷追不舍，他就把青铜器扔下了，黑暗中青铜器被他扔在石头上，撞出一串火花。我捡起青铜器，发现上面有血迹，立即回到家看见我女儿的头部被钝器击中，奄奄一息。"李龙绘声绘色描述道。

没想到，县令大喝一声："你不要再冤枉好人，否则大刑伺候。还不从实招来？"胆小的李龙一看只好说出自己冤枉刘强的事实。县令如何知道李龙撒谎呢？

答案：青铜有抗摩擦的功效，和路面撞击不可能出现火花。

张县令古寺断案

一日张县令出门办事，夜晚到一古寺借宿，发现方丈神色冷落，便问："大师可有什么烦心事吗？""看先生也不是一般人，我就和你说说吧。"方丈说道，"中秋节后的半个月，我和寺里的师傅们到山下化缘，只有老僧人回显和两个俗家弟子悟痴、悟色在寺中。回来的时候，发现昨天一天的香火钱都不见了。这些香火钱平时都是放在佛堂里的，从来没有出过事，寺里的几十号僧人总要吃饭。我回来后去问过他们三个，可是他们没有人承认做过那事。"张县令问："寺内的佛堂夜里上锁吗？"方丈边说边摇头："寺院是清静之地。"张县令在寺内看一看，院子不大，正中是佛堂，佛堂正对面是僧人的住处，从僧人的住处到佛堂也就十几米的距离。"我想问那三个僧人几个问题，不知可否？"方丈犹豫了一会儿，还是同意了。

张县令把僧人叫到院子里，问他们当天夜里都看到了什么。悟痴说："我半夜时去厕所，隐隐约约看见一个人影，我猜可能是悟色，因为当时回显师傅正在我旁边打坐。"悟色说："我由于失眠，半夜时想出来走走，发现睡在我旁边的悟痴不在，我散步路过大堂时，看见一个人从佛堂里出来，也许是发现了我，所以又回到了佛堂，虽然说有月光，但在晚上还是没看清那人的脸。"回显师傅由于年纪大，耳朵有点背，他说自己没发现什么异常。

张县令听完他们的证词后，走到方丈面前说："悟色在说谎，他应该就是偷钱的人。"你知道为什么吗？

答案：案发时间是中秋节后的半个月，那时晚间应该是见不到月亮的。悟色说自己半夜时见到了月光，但还是没看清那人的脸，明显是在说谎。

海上生还者

大卫和理查斯是著名的"鳄鱼"探险俱乐部的成员，一天他们像往常一样驾驶着帆船去海上的时候，帆船的发动机出问题了。很快，他们迷失了方向，一场风暴过后，他们开始觉得生还的希望很渺茫。

起初，他们非常团结，五天之后，随着可饮用的淡水越来越少，他们起了争执。理查斯抱着剩余的半壶淡水不让大卫喝，大卫一怒之下把理查斯打死了。大卫靠着剩下的半壶水又过了两天后得救了。

大卫蹒跚着爬进了救生艇，额头上滴下大滴大滴的汗，能看得出来他非常痛苦。救他的人正是被称为"海上雄鹰"的莫扎思队长，队长一直注视着他的一举一动。他给大卫递过来一杯淡盐水，叮嘱他慢慢喝，不一会儿跟船的医生诊视过后开始帮他打点滴。等他体力渐渐恢复，他开始向队长讲述他们的遭遇："我们已经断水五天了，理查斯一直想要喝海水来解渴，为了阻止他，一不小心将他打死了。"

莫扎思跳上他们的船，仔细查看了死者的尸体后，肯定地说："你撒谎，这人是被你杀死的吧？"你知道莫扎思队长根据什么做出了这个判断吗？

答案：一个断水五天的人怎么可能会有汗液呢？大卫擦汗的行为就证明他根本没有被断水这么多天。

田东路上的抢劫案

下了晚班的刘先生在一个黑暗的地方被人打晕，并抢走他随身携带的电脑、手机、钱包等值钱的物品。刘先生的工作相对比较特殊，他是医院的一名护士。案发一小时后，他被人送进医院，警方迅速行动，调出监控，找到了有可能作案的嫌疑人。

负责审讯的警员对第一位嫌疑人赵先生说："我想你应该知道我们为什么找你来。昨天晚上田东路人民公园发生一起抢劫案，一名护士被人打晕，随身物品被抢。而我们调出人民公园附近的监控发现，案发后三分钟，你驾驶着你的那辆本田出现，并且是超速行驶，这点你怎么解释?""警察先生，我并没有伤害任何人，天黑了我只是赶着回家，所以车速快了一点，这有什么问题吗？再说了，我虽然超速可是我没有伤害到任何人啊，我希望护士先生赶快好起来。"

第二名案发时间曾出现在现场的人是一个保险公司的职员，面对审讯，他是这样解释的："那天我带着女朋友去夜店玩，眼看快到深夜，女朋友担心回家会被爸爸妈妈骂，所以我们很赶时间的。""你撒谎，据我们调查，去女朋友家根本不需要经过人民公园，你们那么赶时间为什么还要绕远呢?"警员问。"当时，走到田东路上的时候，我突然很想去厕所，你知道我们在夜店喝了很多啤酒，人民公园门口恰好有一个公共卫生间，所以我们就走那边了。"

第三名嫌犯，身材非常魁梧。他说："深夜时分，我接到姑妈的电话，是医院打来的，那个护士很温柔，幸亏她的精心照料，我姑妈才脱离险境。我一向都是很尊敬白衣天使的。怎么可能去打劫她们呢。我平日连一只蚂蚁都不忍心杀害，怎么会去打人呢?"

后来，据警方调查，三名嫌疑人的说法都是真实可靠的，警员经过深思熟虑，还是确定了一名嫌疑人。请问，嫌疑人是谁？根据呢？

答案：是第一位嫌疑人。他说："我希望护士先生赶快好起来。"在审讯的过程当中，并没有人明确表示受害人是一名男性护士，那么，按照一般人的逻辑都会认为这位护士是一位"小姐"，而非"先生"。为什么这个人会如此笃定呢？答案只能是他见过被害人。

地铁站里的嫌疑犯

冬天的夜晚格外冷清，白天繁忙的街道在此时行人稀少。按照惯例，查理警官带领两名警员在第一大街巡查。昏黄的灯影下，一个黑影飞快地跑了过去。查理警官觉得情况不妙，立刻追了上去，跟着黑影往前跑。

黑影进了地铁站，此时，站台上只有六个人，体型和歹徒都很相像。有一个人正在和地铁的工作人员大声争吵，显得很没素质；第二个人和一个清洁工模样的人一起正在津津有味地看着俩人吵架；第三个人正蹲在地上看一张报纸，而离他不远的地方就是椅子；第四个人，正在原地运动，看样子好像很冷；第五个人一直不停跺脚，时不时地看看手机，似乎不是在等人就是在等车，总之很焦急，给人一种迫切想要摆脱这个鬼地方的感觉；而第六个人宁愿缩在椅子上瑟瑟发抖也不想运动。观察一会儿后，查理指着一个人说："是他！"请问，你知道查理警官的依据吗？

答案：第四个人是黑影子。因为跑路会让人喘气，第四个人就试图用跑步来掩盖自己的喘气。

侦探小说家的智慧

夜已深，乘坐豪华列车出行的著名的侦探小说家利昂先生正准备休息的时候，一个衣着性感的女人闪了进来。她关上门，笑着对利昂说："我认得你，你的小说很受欢迎，认识你的社会名流可真的不少。现在把你的钱包拿给我，要不然我只要把衣服轻轻一扯……到时候，恐怕你跳进黄河也洗不清啊。"

眼见利昂不为所动，她嬉皮笑脸地说："你现在叫服务员也没有用，要知道我只是把衣服一扯……"利昂犹豫了一下，点燃一支雪茄讪讪地说："容我想想。"

几分钟过去了，利昂的雪茄已经有了一段长长的烟灰，看着他不知所措连烟灰都不知道弹的样子，这个女人得意地笑了。然而出乎她意料的是，利昂还是按响了床头的警铃。

她眼看形势紧急，很熟练地脱掉上衣，弄乱头发，干号着："救命啊，你这个道貌岸然的伪君子……"利昂先生依然不为所动，只是悠闲地抽着自己的雪茄烟。乘警过来目睹了这一切，观察一会儿后还是肯定地对着衣衫不整的女人说："穿好你的衣服，跟我们走一趟，你涉嫌敲诈……"请问，乘警的依据是什么？

答案：警察来的时候，利昂先生的雪茄已经有很长的烟灰了，所以，在这短短的几分钟内，利昂先生是在抽雪茄，而不是在非礼那个女人。

理发师为什么要逃走

在欧洲的一个小岛上，某个国家颁布了一项奇特的命令，这项命令大致是这样的意思：说这个国家为了保证人们的仪态大方得体，就选出了一个理发水平很高的理发师，只有这位理发师具有为国民理发的权力，其他的任何人都不能充当理发师。并且每个被他理过头发的人都要给他一块金子作为答谢。但是一些附属条件是这样的，凡是超过6个月不理头发的人就要被砍头，而那些为了省钱而自己给自己理头发的人会被砍掉双手。由于理发师的身份特殊，所以每天都有很多士兵监视他。起初的时候他觉得每天都可以赚很多的银子，非常愉快，但是没过多久，他深夜带着行李逃走了，并且一逃就是几十年。

你知道理发师为什么要逃走吗?

答案：因为无论怎样他都会受到伤害。根据命令上的规定，自己不能给自己理头发，否则就要被砍掉双手，那么理发师为了不被砍掉双手，就不能自己给自己理头发；而超过6个月不理头发的人就要被砍头，所以如果不理头发他就要被砍头。这样看来无论怎样他都会受到伤害或者死亡的，于是他只好逃走了。

躲债的夫妻

这年春天，林福海飞往罗城躲债，随行的是他结婚五年的妻子。“屋漏偏逢连夜雨”，没过几天，林福海居然被当地的一群流氓绑架了。劫匪要求用一百万美元交换人质，否则会杀死林福海。聪明的林太太以身上没有太多现金为由，要求去银行提款，从而拖延时间。

罗城的小镇上只有一间银行，等林太太到了银行才发现这里布满了匪徒的眼线，甚至有匪徒扮成办理业务的客户，紧紧地跟在她身后。她没有任何求助的机会，取款的时候，她不断向办理业务的职员递眼神，但是职员丝毫不理会，还是麻利地帮她将一百万美元取了出来。她的手机铃声骤然响起，有一个低沉的男声讲道：“出门左转，将钱扔进垃圾箱。”

半个小时后，匪徒通知她说，林福海在十千米外的一个海岛上。找到丈夫，二人立即报警，谁知警方第一时间派人在垃圾箱内找回了所有的钱。为什么匪徒抢到钱，却没有去拿赃款呢？聪明的林太太很快就想明白了。你知道其中奥秘吗?

答案：世界上怎么会有这么无聊的匪徒呢？抢到钱还不去拿。仔细推敲不难发现：匪徒是不可能收买银行工作人员的，联想到林福海的债务问题，便能得到结论：这是林先生自导自演的一出闹剧，目的是为了弄清楚太太的财政状况。

狡猾的老农夫

住在国境线上的两国居民，常常会有一些来往，大家都在附近的集市上买一些生活用品。但是也有一些不法之徒趁机干一些走私的勾当，所以，边境线上负责侦查的老王在30余年的工作过程中积攒了大量的工作经验，大家都说他有一双火眼金睛。

最近，老王发现了一个奇怪的现象，隔三差五地，一个邻国的老农夫就会过来一次，每次过来都推着一捆稻草，等到傍晚的时候再空手回去。凭借职业敏感，老王知道这个人一定有问题，但是，具体有什么问题却说不上来。每次老农经过的时候，他都要仔细检查老农的稻草，以防里边藏着什么走私品。

这天，老王远远地就看见老农夫朝着检查站走过来了，还是像往常一样，推着自己的自行车，上面放了点稻草，正准备检查的时候，老农却说："您每次都要看看，我真的不是走私的，我就是一个卖稻草的。"老王里里外外、仔仔细细地检查了一遍，还是什么都没有发现。只好放行了，老农走过边防检查站，还回头狡猾地笑了笑。老王脑海里灵光一闪：我怎么前几次没想到呢？那不就是走私品吗？老王想到了什么？

答案：自行车。

相信的原因

摩尔斯警探接到报案，报案者声称自己刚刚驾驶汽车经过一座庭院，那院子正亮着灯，他不经意地向院子里望了一眼，忽然看到有个人用匕首刺中一名男子，于是便赶紧报案。

摩尔斯警探便带着助手前往报案人所说的那个庭院，正要推门，助手忽然停了下来，因为他发现院子朝向公路那面是一道竹篱笆，篱笆的间隔不过一厘米，不贴在篱笆上，根本无法看清院子内的情形。于是他回过头来看了自己的上司一眼，指着竹篱笆问："警长，公路上应该看不到院子的情形吧？""不，那报案人说的应该是真的。"摩尔斯警探为什么相信报案人所说呢？

答案：摩尔斯警探知道报案人所说是基于视觉暂留现象，在车速飞快的情况下，从篱笆外往里看就像看电影一样，一幕一幕地呈现出来。

导弹部队的警卫

两国交界的地方，是一片非常迷人的海岸。那里驻扎着一支导弹部队。这支部队刚刚研发出了新式武器，邻国常常有间谍在附近偷窥。但是，很无奈的是整个导弹部队周围被10米高的围墙和电网深深的包围了起来，营房周围有24小时值班的警卫。这天，一个带着旅游帽，拿着单反相机的老头出现在警卫的视线里，警卫立刻礼貌地上前劝阻，告诉他这里不能拍照。但是，不管警卫说英文还是德文甚至是西班牙语，老人都是一副听不懂的神情。警卫只好对老人说："你可以走了。"

就在老人刚刚转身的瞬间，警卫突然反应过来，这是一个间谍。警卫根据什么判断的呢？

答案：既然老头表示听不懂他的话，听到"可以走了"，应该没有反应，可是老头真的转身就走，说明他是假装听不懂，实际上是间谍。

间谍与特工的对决

被特工部门视为超级间谍的科尔里奇为了搜集一份重要情报，巧妙地混入了J国举行的一个外交聚会。伪装成记者的科尔里奇带着伪造的证件，携带一个高级的记者专用照相机步入会场。

"不好意思，麻烦您出示一下证件。"

"好的，没问题。"科尔里奇拿出了自己伪造的证件。

那位所谓的工作人员其实是J国的特工，他一眼就识穿了科尔里奇的假证件，他的枪不知何时已经拿了出来。

科尔里奇从对方那灼灼逼人的目光里知道自己遇上了J国特工，必须立即逃走，幸好他站的地方离大门十分近。但他立刻想到，如果此刻转身逃跑，J国特工扣动扳机，自己一定会被击中。科尔里奇不愧是一个久经沙场的间谍，他在这样紧急的瞬间还是想出了一个非常巧妙的办法脱险了。你能猜出是什么办法吗？

答案：科尔里奇用闪光灯向J国特工的眼睛闪了一下，使对方暂时失明，趁此瞬间迅速逃离会场。

奇怪的车号

一辆汽车肇事后逃跑了，警长维克接到报案立即赶到了出事地点。有知情群众提供了一条匿名线索："当时我正开着车，在我后方的一辆车突然超车，以很快的速度拐向了一条很少有人走的小路。我很生气就记下了车牌号码：IN98160。维克认为这辆车很可疑，于是下令去找。交通部回馈信息称这个车牌目前还是空号但是找出了相似的车牌号码，分别是：IN98161、IN98106、09186NI 和 IN98610。维克环顾了所有的车号，终于从四辆车中找出了那辆肇事车。请问他是如何判断的呢？

答案：虽然证人说的车牌号不正确，但是，肯定和这个有所关联。于是，他埋头苦想，终于想到了是 09186NI 车车主所犯的事情。因为从后视镜中看到的正好和实际的车牌号相反，左右顺序也应该换一下。

搭车的小伙子

酷暑难耐，每个人都像被装在面包炉里，莱克警长驾驶着警车，在大街上巡逻。再过几分钟，他就要下班了。他在琢磨着下班后给女儿买一个什么样的蛋糕好，今天女儿过生日，这个，他可忘不了。想到可爱的女儿，他的脸上露出幸福的微笑。

忽然，桌上的电话响了："莱克警长！莱克警长，市银行发生重大抢劫事故，歹徒驾驶一辆红色轿车往西方逃窜，尾号为 1305，请求支援。"

莱克立即拉响警报，朝西方追了过去。

警车很快驶向西方。公路上的车辆不多，但是就是发现不了 1305 车号的红色轿车。突然，他遇到了一个岔路口，不知道往左走还是往右走。这时候，前方有个年轻人招手，他停下车让年轻人搭车。莱克询问年轻人是否有看见尾号是 1305 的红色轿车。小伙子拿出一块巧克力吃起来，边吃边回答说："我在太阳下走了半天了，也没看见什么车，后来，来了一辆红色轿车，我赶紧伸手去拦，谁知那车停也不停，甚至都没有减速，直接往右边去了……"谁知，莱克看了他一眼，就掉头说："不用找了，嫌犯之一可就在我车里。"

请问莱克是如何识破的呢？

答案：在烈日下待了半个小时，巧克力却还没有融化，说明小伙子在撒谎，故意等在岔路口，把警车引向错误的方向。

不欢而散的聚会

冬天将要过去的时候，人们的心情随着温度的升高变得越来越好。这个时候，很多居住在明尼苏达州蒙特班市的人就喜欢在家里开派对，著名富商扎克的太太就非常热衷于此。那天宾客云集，正在大家玩兴正酣的时候，扎克太太发现自己家客厅的一个中国明代的小花瓶不见了。已经有不少宾客离开了，这个案子该怎么查呢？

警察到来之前，在场的宾客暂时不能离开，扎克太太简直像一头发怒的狮子，逮谁就想咬谁，警察搜查了所有宾客的车，未发现失踪的花瓶。而花瓶之前就被摆在大门入口处。随后，警察询问了在场的宾客。

阿曼达拎着自己的外套说："期间我也是和大家一起喝酒唱歌，中间的时候我想抽烟，但是看到屋里有很多女士，于是披上外套，去了二楼的阳台。"说完，披上外套走了。

扎克太太的好朋友阿德莱德说："像这聚会，我们都会玩得非常尽兴，自己做了些什么都不一定记得住，更别提注意到身边人了。我是最早到的一批客人，不过我没有出去过，我一直在房间里喝酒，吃桌子上的美食。"说完，她从门口挂满了衣服的衣架上端拿上自己的外套也离开了。

最后接受询问的是与阿曼达一起来的一个刚结婚的年轻人，他的新婚妻子，总是催促他尽快挣钱，她可不想过穷日子。年轻人说："聚会到中间的时候，妻子打电话催他回家，屋子里太吵，我就拿着外套到院子里接了半个小时的电话。"

眼看没有问出来什么线索，扎克太太有些气急败坏。警察这时慢悠悠地说："甭着急，夫人，我已经找到了一个嫌疑人。"

请问嫌疑人是谁，为什么？

答案：是阿德莱德。第一批到达的客人，照理来说大衣应该放在衣架的最里面。阿德莱德是第一批到来的，她自称自来了以后从未出去过，但是她的大衣却是放在衣架的最外边，所以她的话可信度非常低。

名画的失落

卡斯帕热衷于收藏世界名画。前不久，他又收集到一幅荷兰画家玛多的一幅肖像画。他的朋友，画家克里斯对此画也是爱不释手。克里斯笑嘻嘻地对卡斯帕说道："你不怕被人偷去吗？""我已经买了保险。"卡斯帕拍拍胸脯。

夜晚，卡斯帕的卧室里似乎有人在谈话，声音很小，分辨不出是什么人。

几天后的一个晚上，探长戈迪从卡斯帕家门口经过。这时，一辆小车悄悄停到卡斯帕家的后门。穿着非常整洁，包得严严实实的一个人，突然跑出来，塞给司机一个长筒形的东西。小车迅速开走。这前后不到一分钟的交接，看来是预先有所安排的。

"不好。"戈迪探长快走几步来到门口，刚敲了一下门，卡斯帕在里面问道："谁呀?"随后听说是戈迪探长，便说："请进，探长。"戈迪推门而入，发现卡斯帕站在床边上，右脚在裤腿里，左脚在外面，一副惊慌的样子。

"怎么了?"

"你们家丢什么东西没?"卡斯帕光着脚跟戈迪冲下楼查看，那幅玛多的名画被偷走了。

卡斯帕万分沮丧，"我要把它找回来。"

戈迪望着这位朋友，若有所思地说："这画是你自己拿出去的吧。"

"你瞎说什么呀!"

"不，我一点也没有瞎说。"戈迪探长说道。

戈迪探长说的是真的吗?

答案：是真的。通常人们习惯用右手脱左腿上的裤子，而戈迪探长看到的是他的右腿在裤筒里，而左腿还在外面，说明他当时正在脱裤子，而不是在穿裤子。

深夜枪击案

这星期正是美国著名金融巨头——海星，召开董事会的时间。各大董事齐聚一堂，一时间，海星的办公大楼下名车云集，人来人往好不热闹。开完会后，董事会成员之一的瑞德坐上自己的私家车，随后驶进旧金山的一处高级别墅群。

回到家后，仆人尽量蹑手蹑脚不敢打扰瑞德休息。晚上，听到门铃声，仆人从门洞里看清来人是钟点工。钟点工走之后，一切正常，仆人稍后就休息了。谁知深夜两点多的时候，仆人却听到了"嘭"的一声枪响，他一个激灵坐了起来，赶紧跑去客厅，这时才发现，主人瑞德已经倒地。被吓傻的仆人半天才反应过来要去报警。警察赶到现场时发现，除了一具死尸之外，屋子里没有被撬、被翻箱倒柜的痕迹，没有丢失任何物品，甚至连凶手的指纹、气味甚至是脚印都没有留下……

你知道歹徒是如何作案的吗?

答案：凶手将手枪的圆孔放在门孔里，然后按响门铃，当罗德先生想要通过猫眼往外看时，凶手就扣下扳机，一枪要了罗德先生的命。

枪杀议员的凶手

某议员在农场演讲，忽然一声枪响，议员倒在血泊中。警察立即在现场进行搜捕，搜查出一只老式步枪，还抓捕了几名嫌疑人。当时议员在农场的讲台上面朝南，而凶手则是躲在其西面一个草垛后面开的枪，讲台东面的保安人员说，当时他们看到草垛右边伸出黑洞洞的枪口，却没有看到凶手的样子。奉命赶来的摩尔斯警探让几个嫌疑人一字排开坐下写口供，就在这个时候，其中的两个嫌疑犯突然起了争执，还动起手来。摩尔斯警探根据自己的观察，立刻把后动手的那个人逮捕了。摩尔斯警探有什么证据逮捕他呢?

答案：从保安的叙述中知道，凶手一方面隐蔽自己的身体一方面从草垛右边（即凶手左边）射击，说明凶手是左撇子。凶手在写口供时与人争执，是用左手写字和旁边的人有磕碰引起的。

赌徒的诡计

阿纳托利是一个十足的市井无赖，常常在喝得烂醉之后去赌博，他也因此而欠下了不少赌债。为躲赌债他搬到了一个秘密住所，可还是被债主叶戈尔发觉了。晚上十点钟，阿纳托利正在客厅里看电视，叶戈尔找上门来，他嚼着口香糖，提出索还债款。

阿纳托利央求他宽限几天的时间，但是叶戈尔就是不同意。无计可施阿纳托利动了邪念，他给叶戈尔拿了一瓶啤酒出来趁着叶戈尔低头喝酒的空当，抄起酒瓶砸在他头上。叶戈尔受到突如其来的一击，一声也没吭便晕倒了。阿纳托利一不做，二不休，干脆砸死了叶戈尔。稍后，趁着夜色，他把尸体装进行李箱，开着车把尸体抛进了市郊的一个池塘里。凌晨两点他才回到家，他认真仔细地把房间里里外外打扫了一遍，把所有叶戈尔可能接触到的地方仔仔细细地擦了又擦。直到他觉得不可能有痕迹留下才停下来。

神经过分紧张的阿纳托利吃过安眠药沉沉睡去，直到第二天傍晚才被一阵急促的敲门声吵醒。极度不耐烦的阿纳托利走过去打开门一看，有两个刑警站在那里。“昨晚有个叫叶戈尔的到你这儿来过吗？今天早晨，他的尸体在市郊的池塘被发现，他上衣口袋里的火柴盒背面写着你家的地址。”“不，昨天晚上没有任何人来我家。我和叶戈尔先生已经有很长时间没见面了。”阿纳托利故作镇静地回答。然而，细心的刑警们很是疑问：“今天上午我们来的时候，敲了很久的门没有人开，我们正打算回去，却在门前地面上捡到了一个东西，它正是被害人掉下的。”刑警从衣袋里掏出一个文件袋，让阿纳托利看里边装的东西。阿纳托利见罪行已被揭露，只好从实招供。

你知道到底是件什么东西吗？

答案：文件袋里装的是一个口香糖残渣，根据上面的唾液和齿形可以判断那是叶戈尔的。并且口香糖残渣上并没落上灰尘，这证明了阿纳托利在灭迹时疏忽了叶戈尔来时是嚼着口香糖的。

瞬间破案

摩尔斯警探一天去表弟的公司，正好公司里发生这样一件事：一个叫汤姆的小职员受经理指派，到银行去取10万美金，回来的路上小偷用刀片将皮包划破，将里面的钱偷走了。

探长仔细检查了皮包，发现包上有一个大约6厘米长的口子，他问汤姆：“钱都是多大的面值？如何摆放的？”“全部都是100元的面值，横着排放的。”汤姆回答。摩尔斯警探面色阴沉地对汤姆说：“你把钱藏哪了？现在咱们就去取钱吧。”

你能猜出接下来摩尔斯警探是怎样破案的？

答案：摩尔斯警探当场做了一个实验：把一沓面值100美元的现金放在皮包里，然后从那个6厘米长的口子向外取钱，结果由于口子太小，钱根本就拿不出来。汤姆只好如实交代了犯罪的经过，他是见钱眼开，想占为己有，就制造了小偷割包取钱的假象。

瞬间杀戮

《优雅》杂志社的资深编辑玛丽莎昨晚像往常一样，下班后就按时回家，进屋后发现灯居然不亮了，于是她就搬了一把椅子上去检查灯泡。原来是灯泡有些接触不良。然而她万万没想到就在她把灯弄好的瞬间会有一颗子弹从窗外飞来，射入她的身体。听到枪声后邻居迅速报了警，福尔玛探长到达案发现场后进行了严密的排查并发现了真相。您认为福尔玛探长的结果是什么？凶手又是如何执行此次行动的？

答案：凶手在玛丽莎还没进入屋子之前就已经对屋内的灯泡做了手脚，然后以灯亮为信号，只要灯亮起，迅速展开射杀行动。

情侣的死因

警方在郊外公路旁草地上的一辆汽车内发现了两具尸体，一男一女。初步估计死亡时间为昨晚午夜，二人光着身子躺在后背椅上。车内没有发现任何打斗痕迹，车窗紧闭，车内的空调还开着。经过一系列调查，福尔玛警探得知这二人是一对情侣，昨晚是偷偷跑出来的，因为双方家长反对他们交往，所以他们只好这样偷偷约会。根据现场的情况来看，二人不像是被人所害，那么凶手到底是谁呢？正当侦破进入死胡同之际，法医的验尸报告令探长恍然大悟。你知道杀害他们的凶手是谁吗？

答案：他们是自杀，发动机燃油后的产物是一氧化碳。死者生前在汽车发动的情况下将车的窗户紧闭，这样车内的一氧化碳越积越多，最后达到一定量，将二人毒死。有车一族不可能不知道这一点，所以，他们是因爱而死。

滑雪场惨案

随着一声惨叫，一个滑雪爱好者从缆车上掉了下来。他后面坐着的正是大名鼎鼎的福尔玛警探，但是因为天刮着大风，夹杂着雪，他也没看清楚是怎么回事。到达目的地后，福尔玛警探又滑着雪返回了案发地，尸体还倒在地上，胸部有被利器刺伤的伤口，但凶器没有找到。

福尔玛警探来到缆车管理员那里了解情况，管理员介绍：“当时死者前面还坐着一个人，因为天气状况不佳，我也没看清楚他的脸。缆车上的座位和座位之间相隔四米左右。”听完管理员介绍的情况后，福尔玛警探已经知道凶手是谁了，脸上露出笑容。福尔玛警探是如何识破凶手的作案计划的？

答案：凶手正是利用当时的坏天气实施作案，他用绳子拴在滑雪杆的一头上，另一头握在手里，然后将滑雪杆扔出去，将后面的人刺死，然后再将滑雪杆拉回。

森林里的杀人案

某县以龙卷风和雷雨而闻名，经常有人和动物遭到雷击。一天，当地居民在山上的树林里发现一具尸体，死在一棵大树下的帐篷里。他们立刻报案。经过检查，发现死因是中毒，警方怀疑死者可能是吃了山上有毒的野菜。但后来经调查发现，死者是一个学生，是学校野外露营社的社长，经常出来露营。

“如果是误食含有毒素的野菜而死，那就说明他根本就不是个露营方面的老手，没经验。”警长在查看了现场之后，下了如此断言，理由何在？

答案：帐篷的位置不对，这里经常打雷，经常发生人和动物遭遇雷击事件，在树下露营显然是很危险的做法。他是野外露营社的社长，怎么会不知道这个基本常识呢？所以只有一种可能，他是先被人毒死，又移尸到这里的。

下意识的动作

这天，两个男人争吵着走进警察局，要摩尔斯警探为他们评理，摩尔斯警探叫两人说出争吵的缘故。杰克抢先说：“我刚刚经过罗伯特的家，忽然被罗伯特抛出的一块砖头砸中了右胳膊，胳膊受了重伤，疼痛难忍。”罗伯特很气恼地反驳：“他胡说！当时我正在整理我家的院墙，将一块不用的砖头扔出围墙，不小心碰到了他，其实他只受了点轻伤，却向我索要一万元赔偿费。这完全是敲诈！”

摩尔斯警探听完想了想，对杰克说：“你的手现在能举多高？”杰克小心翼翼地把手臂举到齐肩处，看起来痛苦得很，眉头紧皱，似乎伤得不轻。摩尔斯警探待杰克放下手臂后问了一句话，于是杰克马上露出了破绽。摩尔斯警探到底问了一句什么话呢？

答案：摩尔斯警探问：“你受伤前右手能举多高？”于是杰克下意识地把手臂举过了头顶。这下意识的动作让杰克露出破绽，令敲诈破产了。

毒贩的血迹

在追剿毒贩的战斗中，大毒枭独自一人逃脱，进入了公路边的密林中，于是摩尔斯警探带着自己的助手深入密林追捕毒贩。进入密林后，他们沿着毒贩受伤掉在地上的点点血迹一路搜捕。就在这个时候，从不远处传来沉闷的猎枪射击声和动物奔跑声。似乎那只动物已经受了伤。果然，摩尔斯警探和助手追赶到一块较宽敞的三岔路口时，一行血迹竟变成了两行近似交叉的血迹左右分道而去。看来毒贩和动物不在同一条道上逃命。到底哪一行是逃犯的血迹？摩尔斯警探只是皱皱眉，很快就用一个简单的方法，鉴别出毒贩血迹的去向，最终将其擒获。

摩尔斯警探是用何法鉴别出毒贩血迹的呢？

答案：他仅仅用舌头品味了一下两行血迹就辨认出来了。因为人体血液中盐的含量远远超过动物血液中盐的含量，因此人血比动物血要咸。

不打自招

福尔玛警探接到报案，说街心花园别墅发生了一起凶杀案。他赶到案发现场后发现死者是一名男子，经过调查，福尔玛警探打电话给死者妻子的弟弟。“是艾伊先生吗？我是纽约警察局的福尔玛警探，告诉你一个不幸的消息——你姐夫被杀了！”“哦，天啊！”电话另一端传来惊叫声，接着对方说道，“昨天我还见过我姐夫大卫，真不敢相信这是真的！你肯定被杀害的是他吗？”福尔玛警探听完艾伊先生的话愣了愣，然后说道：“是的，经过鉴定，确实是他。艾伊先生，我想请你来警察局，看能不能提供一些线索。”

大约一个小时以后，艾伊先生赶到了警察局，福尔玛先生对艾伊先生说：“谢谢艾伊先生对我们工作的支持，现在我们开始吧。”艾伊点点头，坐下来便说：“我知道，我姐夫有仇人。他在公司与自己的一个同事工作有矛盾，两人发生过激烈争吵，还差点打起来了。此外，我大姐夫怀特怀疑大卫与大姐有暧昧关系，两人也发生过矛盾，而且已经不来往了。还有……”艾伊还想说什么，但是福尔玛警探打断了他的话了：“好了，艾伊先生。现在请你告诉我你为什么要杀害自己的姐夫呢？”

福尔玛警探是怎样推断出艾伊先生就是凶手呢？

答案：福尔玛警探打电话时就说了一句：“告诉你一个不幸的消息——你姐夫被杀了。”艾伊先生却在听到这个消息后回答道：“我昨天还见过我的姐夫大卫，真不敢相信这是真的，你肯定被杀害的是他吗？”艾伊先生怎么知道福尔玛先生说的是哪个姐夫？他至少有两个姐夫。福尔玛警探只是将砖头抛出去，而艾伊先生便不打自招了。

谁是凶手

一天中午，福尔玛警探接到报案：在一个公园的广场上发现一具尸体。福尔玛警探赶紧赶到现场，发现死者是附近一个珠宝店的老板，是被钝器所杀，身上的现金和手机都被凶手掠走。根据调查，有了几个怀疑目标，他们分别是：当时正在公园里修理厕所的瓦工；当天正在公园里跑步的一个人；还有一个牵着自己的法国狗仔散步的夫人。探长认为凶手一定是利用自己身边的东西作的案，作案后迅速逃离了现场。

根据上面提供的线索你知道凶手是谁吗？

答案：凶手就是当时正在修厕所的瓦工，他发现死者是个有钱人，就起了歹意，利用锤子之类的工具将其杀害，并掠走死者身上的现金和手机。

蚊子的价值

初夏的一个夜晚，一名小偷潜入某银行老总家里，想要窃取保险柜里的200万现金。看见家里的灯还亮着，他只好待在门外等。后来屋里的灯关了，屋里的人似乎已经睡了。于是小偷翻过大门，悄悄地打开客厅的窗户，跳进屋内，来到二楼卧室旁边的密室，打开保险柜，200万就放在小偷眼前。“这下我可发财了。”他一边在心里说，一边将钱往自己的包里装。

一只蚊子嗡嗡地在小偷身边叫个不停，不一会儿就停在他的脖子上，小偷下意识地拍了一下被叮咬处。小偷还想拿些密室里的葡萄酒，突然听见卧室里有声音，受惊的小偷带着钱迅速从密室中跑出来，沿原路逃走。第二天，小偷便看见电视报道了有人夜里潜入某银行老总家盗取200万现金，更令小偷惊奇的是，报道中还说小偷是O型血。

“怎么会知道我是什么血型呢？那晚我也没受伤啊，别说流血了。”小偷很不解。小偷的疏忽在哪里呢？

答案：被拍死的蚊子掉在密室内。蚊子刚刚吸过人类的血，血液的抗原尚未被破坏，可以检验出被吸者的血型。

指纹哪去了

某天傍晚，福尔玛警探来到酒吧喝酒，他的目光很快被一个漂亮女子吸引，女子大约二十岁，打扮入时，化了很浓的妆，手指甲上涂了透明的指甲油，在独自喝酒。福尔玛警探觉得这个女人似曾相识，但又记不起是谁。直至那个女人离开座位，福尔玛警探才突然记起她是被警方悬赏通缉的杀夫犯。福尔玛警探立即起身追出去，但那女人已无踪影。回到酒吧后福尔玛警探把女子喝酒的酒杯加以检验，上面竟然没有留下指纹。女人没有戴手套，也没有做其他抹去指纹的事情，怎么就没有留下指纹呢？

答案：女人的指甲涂了透明的指甲油，如果女人用透明指甲油涂抹指肚，也是可以防止留下指纹的。

特工被杀

第二次世界大战期间，两个英国情报员正在一家酒店里窃听两个德国军官的谈话。后来其中一个情报员被杀了，据另一个情报员交代，当时他去厕所，虽然酒店房间和走廊都铺了很厚的地毯，他还是听见从案发现场传出来的声响："我听见两声枪响，弹壳掉在地上的声音，还有屋内重重的脚步声，我立即跑回房间，但进屋后发现他已经死了。"

你认为他的话可信吗？

答案：地毯具有隔音的作用。他在房间之外，如果说听见枪声还能让人接受，但他说听见弹壳落地的声音，就未免太过夸张了。这一句话就足以证明他在说谎。

谁是凶手

福尔玛警探接到报案，得克萨斯州的一个农场主罗伯特先生被人勒死在了床上，于是福尔玛警探带着自己的助手前往农场调查案件。根据调查得知，罗伯特先生原本是一位成功的地产商人，中年时候赚取的财富足够他生活几辈子了，成功之后他便在得克萨斯州买了一个大农场，做起农场主来了。他从小就是孤儿，没有亲人，没有娶妻子，也没有任何后代。罗伯特先生不善言谈，也不喜欢热闹，所以他也没有几个朋友。罗伯特先生在一次外出的时候出了车祸，失去了双腿，落下了半身不遂，后半生只能在床上或者轮椅上度过。从小就生活在社会底层的罗伯特先生有着顽强的意志，尽管遇到了如此大的挫折和不幸，罗伯特依然自信乐观地生活，已经五十岁的他看起来仍然还可以活几十年。

然而，祸不单行，不幸的事情再次发生了，躺在自己床上的罗伯特先生被人勒死。尸体检验得出其死亡时间是午夜时分。当时房间里的佣人们没有听到任何声音，而福尔玛警探和自己的助手也没有找到作案工具。农场很大，罗伯特先生的别墅也很大。农场里面住着很多人有罗伯特的司机、保镖、马夫、秘书、园丁、厨师、佣人，还有农场的几个工人。案发当天，罗伯特的私人医生前来为罗伯特看病，他的私人律师也前来为他处理一些事情。根据调查，他们和罗伯特都没有仇。

这时，福尔玛忽然看到了罗伯特在遇害前就立下的遗嘱，遗嘱上说将他的财产分给所有为他工作的人，因此每个人都能从罗伯特先生的死亡中获益，这样就更加难以找出凶手了，福尔玛警探陷入了沉思。仔细将农场里面的人想了一遍后，福尔玛发现了一条线索，按照线索追下去，很快就抓住了凶手。凶手到底是谁呢？

答案：凶手是马夫，因为罗伯特先生出车祸，失去了双腿，不能再骑马了，马夫担心自己会丢掉工作而得不到遗产，于是就杀害了罗伯特先生。

女歌手之死

福尔玛警探接到报案，说住在曼哈顿一个别墅区的一名女歌手被人杀死在自己的房间里。福尔玛警探赶到现场，发现女歌手身着睡衣躺在地上，浑身是血。经过调查得出结论，死者是胸口被刺身亡。根据伤口推断，死者是昨晚10点左右遇害的。福尔玛警探随即又问询了左邻右舍以及别墅区的管理员，知道在昨晚10点左右，有两个男子来拜访过女歌手，一个是女歌手的情人，一个是女歌手签约的娱乐公司的经纪人，据说和女歌手最近正闹矛盾。但这两个夜访者都说先后按了门铃，不见回音，于是就离开了。

福尔玛警探详细地观察了周围，然后目光停在了门上的猫眼上，接着他很快就指出了凶手。福尔玛警探是怎样判断谁是凶手的呢？

答案：死者是穿着睡衣被人在胸口刺伤而亡，说明当时女歌手已经睡下了或者正准备睡觉。晚上主人关着门准备睡觉，忽然有人来访，可以通过猫眼来分辨来访者。如果是公司的经纪人，女歌手应该会换上整齐的衣服见客；但是，如果来访者是自己的情人，女歌手则不在意穿着睡衣开门迎客，因此凶手应该是女歌手的情人。

杀人后的谎言

某天黄昏，杰克驾驶着自己的汽车到麦克家，到达麦克家的庄园时，因为需要接一个电话，于是他将车停在道上，并没有直接下车。十分钟后，他接完电话便下车了。然而当他关车门时，发现自己车子的前轮正好压在花园的胶皮水管上，而水管的另一头通到屋后的车库。于是杰克只好又上车，把自己的汽车往后倒了几米，然后开进了麦克家空着的车库。杰克下车却发现麦克的太太倒在不远的地上，身下一大片血，杰克大惊，走过去一看，麦克太太已经死了，于是杰克大叫起来，不一会儿麦克先生便跑过来了。

接到报案，福尔玛警探连忙赶来，开始调查。福尔玛警探让杰克把那天的事情经过详细地说了一遍。一开始，福尔玛警探还有点怀疑杰克，后来进行了测谎，证明杰克说的都是真话。于是福尔玛警探又询问麦克先生：“麦克先生，当时你在干什么？”麦克答道：“当时我一个人在后花园里浇水，我用胶皮水管经花坛和树篱浇了半个小时的水，我看见杰克的车进入我的庄园，然后开进车库。不一会儿，我听到他的呼喊声，我就放下水管，奔了过去。”“浇水时，你发现什么异常的情况吗？”“没发现什么异常的情况，我拿着水管一直浇了半个小时的水。”

听完麦克的话，福尔玛警探冷冷地看着麦克，说道：“麦克先生，不要再说谎了，你一定参与了杀害你妻子的事！”为什么福尔玛警探这样说呢？

答案：杰克在车上打电话的时候，他的车压住了水管，水应该会受到阻碍而通不过去，但麦克却说一直没有发生异常，这是很明显的破绽。

不是实话

某天一条街道发生大火灾，消防人员努力扑灭了火。事后警方经过调查发现失火是从杰克家开始的，于是摩尔斯警探前去杰克家查明。当问到起火原因时，杰克的太太孟菲斯哭诉说：“当时我在做饭，油锅着火，于是我马上熄掉煤气。糟糕的是在慌忙中我错把旁边的一桶油当作水泼上去，于是大火火势一发不可收拾……”“亲爱的孟菲斯太太，你的证词不实在。”摩尔斯警探笑了笑说，“如不说实话，我会把你当纵火犯提诉的。”

摩尔斯警探为什么认为孟菲斯说的不是实话？

答案：按照孟菲斯所说，失火的油在锅里，着火面积有限，而把大量的油（一桶）泼上去，火焰与氧气隔绝，火反倒会熄灭，因此孟菲斯是在说谎。

郁金香的秘密

一天晚上，彼得在道路上打劫了一辆车，便赶回自己的住所，然而他刚刚松了口气，门铃就响了。“彼得先生，你好，我是福尔玛警探。”彼得把福尔玛警探引到书房，桌子上摆着个插满红色郁金香的花瓶，所有的花瓣都是闭合的。“彼得先生，今晚你在哪里，干了什么？”“你来之前，我一直在书房看书。”福尔玛警探看了看摆着的郁金香，抽出一枝嗅了一下说：“先生，我想你还是老实交代吧。”福尔玛警探如何知道彼得在说谎呢？

答案：郁金香在光线充足的条件下会开，开放后会散发出香味！然而福尔玛警探进来看到郁金香都是闭着的，闻着也没有香气，难道彼得一直关着灯看书不成？因此彼得说谎了。

空中谋杀案

一架从洛杉矶飞往伦敦的大型客机正在湛蓝的天空中平稳地飞行着，突然机舱中响起一声惊叫，原来空中小姐在巡视机舱时，竟然发现一名青年男子在自己的座位上死去了。飞机很快在附近的一个机场着陆了，机长迅速通知了警方。

费斯警官接到报案后，立刻带着法医赶到了现场，法医验尸后确认死者是中了一种剧毒身亡的，但是，毒从何来呢？费斯警官调查后得知，死者名叫威尔逊，是洛杉矶一个纺织厂的大老板，他这次出门是为了洽谈生意。当时在飞机上坐在威尔逊先生身后的是一位女子，名叫尤兰达，是一位有名的职业杀手。在所有的乘客中，她也是最可疑的嫌疑人。但是，她周围的乘客都证明，死者死前，尤兰达一直坐在自己的位置上，用吸管喝汽水，并没有靠近过或者接触过他。费斯警官搜查了尤兰达的行李和衣服，只在她手袋中发现一根有线的缝衣针，并没有其他武器。那么她是否是凶手？如果是的话，她又是怎样杀人的呢？

答案：尤兰达正是凶手。她在那根缝衣针上涂毒，在用吸管喝汽水时，偷偷把毒针吹向死者的头发处，刺中他的表皮，使死者中毒，然后又拉过针上的线取回毒针。

寻找凶手作案手法

这是在法国发生的一起连环杀人案，法国政府将福尔玛警探请来，希望他能尽快破案。探长刚到法国的第二天，凶手又杀害了一名无辜的人，探长知道此事后立即赶往现场。人已经死了，她的头部插着一根钢条，身上没有留下任何指纹，而且在死者周围的二十米内没有发现凶手的足迹。探长感到很奇怪，今天刚下过雨，地上的泥土十分松软，但地上只留下了死者的鞋印，没有第二者的任何足迹。探长从来没遇到过这样棘手的案子，线索就此中断。后来一个中国朋友给他讲了关于中国古代战场的故事，提醒了他，探长终于抓到了凶手。你能猜到凶手是怎样作案的吗？

答案：探长的朋友在故事中提到了弓箭这种武器，这使他联想到凶手一定是用这样的武器作案。凶手用钢条做箭，在远处用弓射杀。

弄巧成拙的杀手

富翁的年轻妻子与黑社会密谋，决定请杀手谋杀富翁，并伪造富翁自杀假象，伪造富翁的遗嘱，将全部财产交由妻子处理。密谋之后，富翁的妻子密取了留有富翁亲笔签名的空白信笺，交给自己找来的杀手，嘱咐杀手在杀死富翁后，用富翁的打字机打印遗嘱。杀手受雇后，觅得机会，在富翁的办公室用装了消音器的手枪，贴着富翁的左侧太阳穴开枪打死了富翁。然后将手枪放在富翁的右手中，造成富翁自杀的假象。接着，杀手坐在富翁的写字台前，戴着橡胶手套用打字机打出了一份遗嘱，内容当然是富翁妻子早就抄给他的。

富翁自杀消息传出后，警方介入调查。经过调查，警方确认富翁是被他人谋杀的。当警察抓捕了富翁的妻子时，妻子怎么也想不明白自己哪里露出了破绽。警察告诉她破绽在什么地方，富翁妻子才恍然大悟，方知是自己弄巧成拙、欲盖弥彰了。杀手的失误究竟在哪里呢？

答案：第一，失误在富翁办公室的打字机按键上。如果富翁是自杀，那么其打遗嘱时打字机按键上应该有富翁本人的指纹，可惜杀手戴着橡胶手套用打字机打遗嘱，不仅没有留下指纹，反而将以往按键上留存的指纹也擦去了，因此警方推断富翁是被他人谋杀的。第二，失误是在手枪上装了消音器。如果富翁真的要自杀，没有必要在手枪上装上消音器。第三，失误是把手枪放错了位置。杀手朝富翁的左侧太阳穴开枪，却将手枪放在富翁的右手中，怎么能用右手拿枪打自己的左侧太阳穴呢？

张居正巧断案

明朝宰相张居正曾经断过一起杀人案，死者名叫吴安，是一名布商。家中只有一个妻子，膝下无子。经调查，涉案的共有三名嫌疑人。

第一个被审讯的嫌疑人是一个眉清目秀的小伙子，他说："小人名叫刘海，平日里做布匹生意，养家糊口，因此结识了吴安。案发前一天，我们租了王三的船，约好第二天早上一起去邻县贩卖布匹，但是已经过了中午还不见人来，我就唤艄公王三去家中找他。谁知，吴家娘子说吴安一早就离家走了。我们在附近找了三天也没找着他。"

皮肤黝黑、身体健硕的艄公王三说："小人王三，祖辈都是艄公，靠摆渡为生。正如刘海说那天，刘海和吴安租了我的船，刘海不见吴安来，于是，唤小人去找。我在吴家门口连唤了好几声吴家娘子，吴氏才磨磨蹭蹭地开了门。她说，吴安很早就出去了。"

长相出众的吴氏说："那天清晨，我家官人带足了三百两银子就出门去了。等到王三来找的时候，我才知他已经不知去向。我们一连寻了三天仍不见他的踪迹。盼望官老爷做主。"

听完三人的答话，张居正拍了一下惊堂木，大喝一声："王三，请将你是如何杀死吴安谋得三百两银子的过程仔细讲讲。"王三自是百般抵赖，但是，张居正命人去王三家中搜查，果然找出了三百两银子。张居正是如何断定王三就是凶犯的呢？

答案：因为刘海是让王三去叫吴安，而王三来到吴家敲门时却直唤"吴家娘子"。张居正由此推断，此时，王三一定已经知道吴安被人杀死了，不然，他是不会不唤吴家娘子开门的，因为这不合常理。

到底有几个强盗

有一天，有个叫林怀德的瓷器商贩到一家小店投宿。店主领他走进一个房间，只见炕上已经躺着两个布商，炕头堆放着五六匹布。林怀德脱鞋上炕，很快便进入了梦乡。过不多久，他被人拽起来，睁眼一看是一黑脸醉汉。"快起来，老子要买碗！"林怀德从没碰到过这样的主顾，没好气地说："深更半夜的，不卖！""不卖？"醉汉操起一根扁担就往瓷器担子上砸。林怀德死命抱住了醉汉。"尊兄，兄弟我性子暴，望多包涵。"黑脸醉汉的同伴客气地劝道，"我看您还是换个房间为好。"这时，店主人闻声赶来，醉汉的同伴指挥四个人抬进来一口大黑柜，并对店主人说："我们弟兄六个人都住这屋。"林怀德想想也对，跟醉汉能争出个什么。店主人把林怀德安排在另一个房间。

林怀德生了顿闷气，躺在炕上辗转难眠。不知过了多久，他听见隔壁房间传来了醉汉的声音："杀死他俩了吗……"听到这儿，林怀德悄悄来到店主人房里。店主人听他一说，忙叫起店里十几个伙计，暗藏利器，守住了店门。

天亮时，醉汉等六人抬着大柜走出房门，两个布商紧跟在后。店主人傻眼了，只听醉汉喊他："店家算账！"林怀德更是疑惑万分，他盯着那口大黑柜，忽然眼睛一亮，大喊一声："拿下强盗！"大家立即冲出，将六名强盗捆了个结实，并将布商的尸体从柜子里搜了出来。

林怀德是怎样破的案呢？

答案：原来，那两个带巨资的布商早就被这六个强盗盯上了。他们将自己的两个同伴装进柜子内，抬进客栈。半夜杀死布商，再用两具死尸，换两名活的。

医生的口供

琼斯医生在警局录口供，他牵涉到一名富商被杀的案件。

负责审讯的杰西警长问："你最后一次去死者家里是什么时候？"

琼斯医生："昨天中午。"

"也就是说案发前你曾去给死者看过病？"

"可以这么说。"

"他为什么在洗澡的时候死了呢，还洗得整个天花板都湿透了？

"是……是的，他洗澡的时候中风了。"

"哦……浴室内的针和药是你的吗？"

"没错，是我带来的！"

"那温度计呢，是怎么碎的？"

"是，不小心摔碎了。"

"琼斯医生，病人究竟是什么病让你来的呢？"

"心脏病！"

"可是，你说他是中风而死啊？"

"是……是中风……导致心脏病突发！"

"琼斯医生，我认为你有杀人的嫌疑！"

探员发现了什么证据吗？

答案：医生的回答前后矛盾，这是其一。其二就是湿透的天花板。医生是趁患者突发心脏病的时候，把室内的温度升高到一个连常人都没办法承受的限度，所以，心脏病突发者肯定也受不了而死亡。

"失踪"了的肇事者

深夜，103国道上发生了一起重大交通事故。三死一重伤，肇事者逃逸。重伤者在警察赶到后，说出肇事车的车牌号码后就昏迷了。交通各部门立即派出车辆向肇事车逃逸方向追赶，可是追了将近20千米仍未看见肇事车的影子，这20千米中间并没有岔路口，也没有能够提供躲藏的地方，肇事车难道插翅飞了？你知道这中间出现了什么问题吗？

答案：肇事车掉头走向了来时的路，警察根据常理判断肇事车继续前行，谁知肇事车主非常狡猾，他反其道而行之，警察果然上当了。

是正当防卫还是蓄意谋杀

检察官格雷斯一走进汉萨的办公室，哈维就迎上前说："除了桌子上的电话，我什么也没碰过，我立即就给你打了电话。"

汉萨的尸体倒在办公桌后面的地毯上，右手旁边有一支法国造手枪。

"讲述一下过程吧。"检察官按惯例询问。

"汉萨叫我来一下，"哈维说，"我来后他立即破口大骂他的妻子和我，我想告诉他，他一定是弄错了，但是，他很激动根本很听不进去，拉开抽屉，拿出一把枪就开火了。幸好他很激动，所以没有击中我。情急之下我不得已而自卫，这完全是正当防卫。"

戴着手套的检察官，小心翼翼地拿起枪，打开抽屉放回原处。

当晚，检察官对赫伯特说："哈维是一名私人侦探，他的手枪是经注册备案的。我们在桌子对面的墙上发现了一颗法国造手枪弹头，就是哈维所说的首先射向他的那颗。那支枪上虽留有汉萨的指纹，但他并没有持枪执照，我们无法检查出枪的来历。"

"可以立案指控哈维了？"赫伯特问。

你能看出哈维是蓄意谋杀了吗？

答案：哈维说他什么也没碰过，但事实上在那样一种情形下，不管是多么有理智的人也不会冲动地拿出手枪关上抽屉再开枪，但检察官去的时候，抽屉却是关上的。

高明的擒贼技巧

刘明亮和赵朝贤是刚从警校毕业的大学生，他们一起被市公安局录取。俩人非常热爱这份工作，都积极表现自己。在局里举行的模拟擒贼大赛上，俩人刚好碰到了一起。情景是这样的：有一天，俩人在街上散步，突然一个小偷从他们身边跑了过去。刘明亮使劲推了一下小偷，赵朝贤却猛地将小偷拉了回来。两人采取的截然不同的举动，哪个更有效，为什么？

答案：刘明亮的方法比较好。他从背后把犯罪嫌疑人一推，虽然自己奔跑的速度会减慢，但是却可以立刻从跑的姿势改变为抓的姿势。而前面跑的犯罪嫌疑人，由于后面突然加上一个推力，他会因为重心不稳而摔倒，那样就更利于抓捕。赵朝贤把犯罪嫌疑人往后拉，犯罪嫌疑人的速度虽然降低了，重心反倒比较稳定，他完全可能掏出凶器刺赵朝贤。

岔路口的痕迹

在城乡结合处的某部，一名男青年手捂着血流不止的腹部，痛苦地躺在地上呻吟。恰好此时，市公安局的吴队长下乡调查一个案件路过此地。男青年称，五分钟以前，有一个青年捅伤自己，抢走了自己的手机，然后骑着自行车跑了。

吴队长根据青年指的方向追过去，根据地上的痕迹一直追到了一个岔路口。左右两个方向都有相似的车辙印，吴队长蹲在地上仔细观察了一下发现，这个岔路口的两条路，都是上坡路，而且不是很陡。在左边那条路上，车胎的痕迹相对均匀，而在右边的路上，自行车的轮胎痕迹则是前深后浅。

看到这些情况后，吴队长立即有了定论：凶手是从左边逃跑的。他立即追了上去，果然看到了凶手。请问，吴队长是根据什么推断的呢?

答案：自行车座相对靠后，一个人坐上去之后重心落在后半部分。自行车在平地上的时候，重心依然靠后，车印表现为前浅后深。但是当爬坡的时候，人的身体前倾，重心会前移，车印反而会显得前后大约一致。吴队长就是根据这个常识，推断出来从左边的路上跑了。

吹牛的侦探

有一个私人侦探，小有名气，但却总喜欢用谎言来吹嘘自己。“某一天的下午，我在钓鱼的时候，有一个人拿着匕首想要刺我。但是，我从水里看到了他的影子。直接把鱼钩甩了过去，那家伙逃走了。”他的朋友微微一笑，说：“这不可能。”这是为什么?

答案：钓鱼的池塘水面是平的，钓鱼者能看到在自己前方人的人影，除非用镜子的角度，否则身后的人影不可能出现在池塘中。

“恩将仇报”的埃尔维斯

埃尔维斯是一位德高望重的生物学家，尽管他的研究成果在国际上拿了大奖，但是，他为人谦虚低调，常常免费为附近的大学讲课。这天，他开着车在郊区的一所大学讲完课后，学生们非常热情，等到返程的时候已经是晚上的11点。他驾驶着车往家赶，不想在半道上，车“啪”的一声猛地一歪，就在埃尔维斯下车查看的时候，一个黑衣人抢光了埃尔维斯的钱。

黑夜的公路上空无一人，万般无奈之下，他步行了很远才发现前方的小店亮着灯光。他进去找老板说明了情况，老板是一个非常热情的中年人，他不仅帮埃尔维斯报了警，还帮他打电话找到了修车店，警察到来的时候，修车店的工作人员也拿着轮胎赶过来了。但是，埃尔维斯却对警察说，修车工人与小店老板是一伙儿的，他们合伙抢走了自己的钱。埃尔维斯为什么这么说？

答案：店主打电话的时候，埃尔维斯并没有说明具体的型号，但修车工人却拿对了轮胎，这就证明两人狼狈为奸，打劫了埃尔维斯，这才能提前知道轮胎的型号。

她就是冒牌新娘

新婚不久的荷兰商人贝利来美国洽谈生意，不料遇上了车祸，不幸身亡。贝利的生意伙伴，给他的新婚妻子发了一份电报，请她速来处理后事。几天后，同时来了两个新娘，她们俩都说自己是贝利的新娘。这使贝利的朋友十分为难，他没有见过贝利的新娘，只知道新娘是荷兰人，天主教徒，是个钢琴师。无奈，他只得请来私人侦探罗利来辨别真假。

罗利来后询问得知，贝利拥有一大笔财产。法律规定，妻子是第一继承人，那么贝利的巨额财产是会留给妻子的。其中的一个一定是骗财产的。两位女士一个满头金发，另一个身材高挑。罗利看着她们，沉思片刻说：“两位女士能为我弹一首曲子吗？”

身材高挑女士坐下弹奏了一曲世界名曲，罗利注意到她的右手戴了一枚钻戒。随后，满头金发的女子也弹奏了一曲，琴声同样悦耳动听，罗利看到她只有左手上戴了一枚钻石婚戒。罗利立即下令，抓住那个身材高挑的女士，她是骗子。你知道罗利说了什么理由吗？

答案：贝利和新娘都是荷兰人，并且信奉天主教。按照教义，天主教徒的戒指应该戴在左手上。

鬼楼传说

某市的一个小镇上，最近几个月，鬼楼传说闹得沸沸扬扬。事情的起源是某一天晚上，一个小区顶楼传来了诡异哭声，声音是从一个顶楼上一个没有住户的房间里传来的，听起来像是一个女子凄厉的哭声。因为严重影响了睡眠，所以一些胆大的无神论者结伴上去查看，奇怪的是，他们发现屋里根本没有半个人影，除了角落里有凌乱的鞋盒之外，并没有其他的家具，很明显那里根本藏不了人。几个人正疑惑的时候，哭声再次响起！突兀的哭声把几个胆大的人吓得夺门而逃。自此以后，再也没有人敢到那个楼上来了。并且，随着谣言的流传，那栋楼的居民因为受不了惊吓，几乎都搬走了。这可急坏了业主，即便是以很低的价格出租或者转让，也没有人愿意租赁。

楼层上真的有鬼吗?

答案：其实整个鬼楼事件都是人为操控的，并不是真正的有鬼。幕后人是这样做的：他在那个空房间里废弃的鞋盒中放下了一个电量充足的手机，手机的铃声就是女鬼的哭声。每当夜深人静的时候，他就拨打那个手机号，这样人们就会听到女鬼的哭声。他的目的就是逼走楼上的住户，让楼主降低房价，然后自己低价购买。等到时机成熟了，他再想法公布这个真相。

不翼而飞的几百万

一家重点扶持的民营企业发生了盗窃案，损失高达百万元。相关领导非常重视，专门成立了侦查小组，组内集结了市内的优秀警探，著名的侦探罗特任组长。罗特带领几名警察赶到事发地点调查情况，与此同时，几名警察已经开始做笔录。财务科的钢筋被钳断，玻璃碎得满地都是。看样子，窃贼就是从这里进去的。更离奇的是，摄像头不知道什么时候被泥巴糊上了。看来这是一次有预谋的盗窃案。

晚上，案情还是没有进展，罗特队长带领大家在会议室开会。翻看笔录的时候，突然罗长面露喜色，大家相互看看知道罗队长一定有了新发现。当晚值班的保安说："当天夜里 12 点的时候，我们是有一次巡逻的，那时候这里还是好好的。"警察追问道："你不会记错吧?"保安："当然不会，我们的有严格的规定，每天晚上都有工作记录的，当时看到那里的窗帘没拉上，还是我给拉上的呢。"警察看着满地的碎玻璃，和被扭断的铝合金窗户接着问道："这么大的动静，难道你们就没有发现?"保安答道："离这里不远的地方就是铁路，火车经过的时候，我们什么都听不到，有可能就是那个时候作案的吧?"罗特猛地一拍桌子，喊了一声："连夜抓捕所有的保安，不管案发当天有没有值班。"

看着大家不解的样子，老罗给出了一个合情合理的解释。他是怎么解释的呢?

答案：如果在玻璃打碎之前窗帘已经被拉上了，那么打碎玻璃的时候，玻璃碴就会回溅的到处都是，但事实并非如此，很明显这个人在说谎。并且，如此大的一笔钱一个人不能单独完成，很可能有预谋的团伙。

谋杀亲弟弟

一对住在古堡里的亲兄弟为了一些事情而反目成仇，他们都想杀死对方以泄私愤。一天，大哥有事外出，接到警察的通知称弟弟摔死了。

哥哥立即放下酒杯从酒吧赶了回来，他哭着对警察说："虽然我们平日里总说想要杀死对方，可是我们在心里还是很亲的。"警察注意到弟弟房间的阳台没有护栏，地上铺着石板，一不小心就会摔下去。在阳台发现了一个干净的篮子。警察立即做出判断："你弟弟正是被你杀死的吧?"

"怎么可能，我当时正在小镇上最繁忙的酒吧喝酒呢，我有不在场的证据。"

"不在场不代表人就不是你杀的。"

警察为什么这么说呢?

答案：哥哥在篮子里装上冰块，放在弟弟房间里，冰块化后变成水流在石板上，弟弟一不小心滑了一跤后摔死了。

诡异的枪声

夏天傍晚，逛商场回来的夫妇，还没走进家门就听到了儿子房间传出一声巨大的枪响。他们扔下手中买的东西急忙跑了过去，只见儿子趴在桌子上，左手举着一冒着烟的枪，太阳穴处的鲜血已经凝固，脸部也有一弹孔。桌子上放着儿子的遗书。夫妻俩立即报警。法医鉴定说死者死于六小时以前，可是夫妇俩人坚决声称自己不到一个小时前听到枪响。警察根据现场的情况判断死者系感情受挫自杀，但是，怎么也解释不了傍晚的枪声。你知道这是为什么吗?

答案：死者是在炎热的夏季自杀身亡的，人死后，肌肉在缩水的状态下会发生收缩甚至抽搐。死者手部肌肉收缩，在没意识的情况下又开了一枪。

离奇的爆炸

秋天是一个干燥的季节。中午时分，伦敦一条环境优美的街区发生火灾。起火的是第十三街区的房子，所幸在事发不到20分钟，警察和消防员赶到现场，大火已经被扑灭。经过仔细勘察发现，此次火灾是由煤气爆炸引起的。在案发现场发现了一名死者，死亡的位置是在卧室。经过法医鉴定，死者生前身体状况良好，胃内有没有完全消化的安眠药成分。

卧室中的煤气管道存在漏气的现象，但是，警方未找到引起爆炸的火花。更令人匪夷所思的是，在爆炸发生的时候，该地区断电，因漏电引起火灾这一可能性几乎没有。对死者长期来往的人进行调查后发现，死者的外甥有重大作案嫌疑。死者拥有一大笔遗产，没有直系亲属，遗产的直接受益人就是他的外甥。而在这段时间内，死者的外甥却因投资失败欠下大笔债务，有充分的作案动机。但是，案发当时，死者的外甥却在距离现场10千米远的一个度假村休息。这一消息后来从度假村的服务员处得到验证，但是，服务员说："这个人非常奇怪，来了以后也不说话，总是坐在大厅的沙发上打电话。"

警方邀请了几位精通电子信息的专家请来破案，介绍完案情后，一位专家站起来说："嫌疑人有很大的作案可能性——利用他手里的电话！"为什么这么说呢？

答案：嫌疑犯事先已经在死者的电话上安装了一个能够引起电话短路的装备，然后想法让死者吃下一些安眠药。等死者睡着之后，他悄悄将死者家中的煤气打开。等这一切都准备好之后，他便离开死者家中，到了度假村。等他估计家中室内充满煤气的时候，他就打电话给死者，由于电话短路，会溅出火花，虽然是很小的火花，遇上大量的煤气，也会发生爆炸。

奇怪的脚印

星期天的清晨，晨报上的头条新闻让大家希欷歔不已："身价过亿的年轻银行家查理被发现死在离家不远的街心花园内。"离这个街心花园不到十米的地方有一个网球场，经法医鉴定，他是被利刃刺入心脏致死，街心花园应该就是案发第一现场，经尸检，将死亡时间定在星期六晚上七八点左右。案发的第二天清晨，也就是星期天早晨刚下过一场春雨，地面潮湿。尸体周围除了死者自己的脚印外，还有一个高跟鞋的足迹，非常明显，这双高跟鞋的主人极有可能就是凶手。但让人捉摸不透的是，这两个足迹并不是并行的，除了被害者的足迹，高跟鞋只有离开现场的痕迹。

在受到广泛关注的同时，警方不孚众望地抓获了两名嫌疑犯。俩人都跟查理过从甚密，并且具备作案动机、作案时间。一个是查理的现任女朋友露莎小姐，也就是查理的秘书。另外一个是查理的前任女友凯勒，她是芭蕾舞团的首席舞蹈师。他们三人之间存在感情纠葛。在死者卧房的备忘录中，警方发现上面记着：下午 8 点和凯勒小姐在网球场会面。经调查，露莎小姐案发时具备不在场的证据。警方迅速将目光转移到凯勒身上，经审讯，凯勒招供，但是，拒不讲述如何能够只在现场留下离开的脚印。自此，案件陷入僵局。

警探安迪思考了一会，恍然大悟，他对凯勒说了一番话，凯勒就瘫坐在椅子上默认了。请问安迪发现了什么？

答案：由于凯勒是芭蕾舞教师，因此案发当日，她是穿着芭蕾舞鞋，利用脚尖走路的方法来到网球场，杀死死者后，她换上高跟鞋，沿着芭蕾舞的鞋印走回去。

长跑冠军的秘密

奈尔博士在澳大利亚度假时，来到一个土著村庄，正赶上这里的人们在过一个传统节日，下一个节目就是这个节日的压轴戏——30 千米长跑。长跑冠军将得到 2000 澳元的奖金。然而这里的年轻人好像并不怎么高兴，一个个都愁眉苦脸的。于是博士走到一个裁判跟前问："30 千米长跑的奖金很有吸引力，可怎么年轻人都愁眉苦脸的？"裁判说："我们这个村子每年都要举行 30 千米的长跑比赛，这也是我们祖先立下的规矩。可是每年这 2000 澳元的奖金都让我们村长拿了。参赛选手不是一起出发，我们按照年龄、老弱、男女等不同的条件确定出发的先后顺序，我们认为这样也很公平。我们是单程 15 千米，从这里出发，最后再折回到出发地，那一头的裁判是他儿子。按常理，我们村长虽说不是村里跑得最慢的，可冠军也绝不会是他。大家都怀疑，他是跑了一段后就藏在沿路的树林里，然后再原路折回。可是村里的人不敢揭发他，也不知道该怎样揭发他。"奈尔博士说："今天我就帮你们揭发他，我只要一根细绳，足以揭穿他的诡计。"

奈尔博士是怎样揭发村长的呢？

答案：奈尔博士在村长出发前先量一下他小腿的周长，到达终点后再量一下。如果他真的跑完了全程，那么他小腿的肌肉一定会膨胀，原来的那根细绳肯定不能将其小腿围起来，细绳会明显显得短。如果他没跑完就折返，那根细绳肯定还能将其小腿包起来。一般人如果跑了 30 千米的路程，跑完后小腿周长会增加大约 1 英寸。

被绑架的富家千金

住在郊区的富商查理有一个非常漂亮的女儿，令人遗憾的是，小女孩从小双目失明，不过，小女孩非常聪明伶俐。夏日里富商跟妻子外出没多久就接到保姆的电话说是小女孩不见了。不等夫妻二人赶回家，就有陌生人打来电话要他们准备好300万美金作为赎金。很明显，小女孩被绑架。

爱女心切的夫妻二人赶紧准备好300万美金交给绑匪，小女孩三天后在富商家的后花园被发现。她的手脚都被捆绑起来，嘴里被堵上东西。尽管只有短短三天，但是对小女孩的父母而言，这三天简直要比三年还要漫长。家庭医生诊断后说，小女孩被劫匪打了镇静剂暂时睡着了，除了精神紧张，其他并无大碍。回过神来的富翁夫妇赶紧报了警。听到惊魂未定的小女孩断断续续的叙述，警察们总结出来几个可能性：歹徒是一对30~40岁的年轻夫妻，绑架的地点有可能是在海边的小房子里。在那件房子里能听到海浪的声音，房子还有一个阁楼，到了晚上能够感受到海风。

经过排查，警察们在海边找到了两间非常相似的带阁楼的房子。区别就是，阁楼上的小窗户一个朝北，一个朝南。但是，这两间房子都非常干净，找不出任何有价值的线索。警察们还观察到，那里海的方向是南面，北面对着丘陵。小女孩被关在哪一个房间里？

答案：窗户朝北的房间里。因为这个房间面对丘陵，每到夜晚，由于陆地降温比较快，海洋降温比较慢，所以清凉的空气就会从丘陵吹向大海。反之，白天由于陆地升温快，海上升温慢，风就能从海洋上吹来，而在早晚气温相同的时候，海岸上就处于无风状态了。

密室毒杀案

哈里森先生的尸体今早在其公寓内被发现，死者身上没有任何伤痕。后经法医鉴定，死者是中毒而死，在其呼吸道内发现少量毒气，死亡时间为昨晚午夜。福尔玛警探检查了室内的物品，没有发现任何有毒物质，屋内有一扇大窗户，下面是暖气管。据邻居反映，死者平日里不怎么喜欢与人交往，天天下班后就一直在屋内练功，坐在窗户前面，对着月光，盘腿打坐，静心养气。探长问：“最近有没有什么人来过？”邻居说：“昨天他的表弟来过，还给他带来了一些水果，之后就走了。”探长带走了桌子上的水果，经过检验也没有发现内含有毒物质。

探长一直不解的是，他到案发现场时，门是内锁着的，也就是说死者是死在一个密室中，凶手是怎样作案的呢？探长百思不得其解。于是探长又回到了案发现场，按照死者生前练功的方式，盘腿而坐，面向窗户。他看了看眼前的暖气，顿时面生喜色，他终于知道凶手的作案手段了。你能猜到凶手的作案手段吗？

答案：凶手来到死者家里，将毒涂在暖气上，死者回来练功时，打开暖气，于是毒开始蒸发，死者吸入体内而毒发身亡。

炸弹谋杀案

保罗是一个大商人，喜欢打高尔夫球。这天他约了几个朋友前去一个高尔夫球场打球。保罗刚击球，忽然一声爆炸，便被炸死了。倒在地上的保罗浑身是血，高尔夫球杆也折断了，除此之外似乎没有任何其他线索。赶到现场的福尔玛警探仔细查探之后，便知道这爆炸是怎么回事了。这究竟是怎么回事呢？

答案：凶手将炸药放在了保罗的高尔夫球中，当保罗打球的时候，高尔夫球被保罗的球杆击中，顿时引起高尔夫球里面的炸弹爆炸。

一个陌生女人的来信

今天亨利警长接到了一封陌生人寄来的信，信件内容如下：

时隔十年，如果我不写这封信，你根本不会知道自己曾经断过错案，我的良心也无法得到安宁。因为，那个人是我亲手杀的。

事情，还要从我年轻时候说起，那个时候我是一个漂亮而又迷人的女人，很多男人追求我，可是我偏偏看上了沉默寡言的克鲁斯。但是，让我没有想到的是，我们仅仅交往了不到一个月，他就被别的女人抢走了。她叫露西，她的人就像她的名字一样乏味，没有生趣，可是，就是这样的一个相貌平平的女人，唧唧喳喳，浅薄没有内涵的女人，夺走了我心爱的人。我从来没有这么失败过。

我要报复，一定要报复。但是，我不能做得太明显。我很沉得住气，现在我都很佩服自己的镇定。我假装一点儿也不在意，还努力和露西成为朋友。终于在我们都工作两年后，我找到了机会，那是一个冬天，很寒冷的冬天。露西失业了，她跑到我家抱着我痛哭，然后，我就有了主意。我借口帮她排解郁闷，找来几个同学来到我家中开派对。天气那么冷，我一提议吃火锅，大家都同意了。

我安排露西坐在吊灯下，那里是长桌的正中间，露西那个傻帽，还自以为在我的心目中很重要。我在厨房里洗好菜，让露西帮忙摆好碗筷。我坐在离她很远的地方，不时夹菜大伙儿都吃得很开心，这个时候，这个傻女人，七窍流血，死在了我面前……”

警察，很快就找上门了。当然，那个警察就是你。你们说谁也没有发现我杀死了她，连同学们都说，她是因为失业想不开，所以自杀了。我自然没有任何嫌疑，晚上我开香槟，自己喝得烂醉。不要以为我那是因为愧疚，我是太开心了，我终于了了自己的心愿。现在我已经快死了，我也不在乎你到底要把我怎么样。

看完整封信，亨利惊诧于这个女人的阴险外，仔仔细细把信看了三遍终于找出她是如何谋杀露西的，你看出来了吗？

答案：她特别强调要把露西安排在吊灯下，是因为她事先在吊灯上放好了凝结状态的毒液。等到火锅的雾气蒸腾上去，刚好滴进露西的碗里，露西因此中毒身亡。

公园尸体真相

一天早上，公园管理员在公园里面发现一个男子的尸体，该男子斜靠在公园的长石椅上，死状恐怖。死者前额中央的子弹伤口依稀可见，血迹延伸到他的右脸，形成了一条血线，已经干硬。血迹染上他的衣领和领带，死者身边还有一把手枪。赶到现场的福尔玛警探经过检查，得出死者死亡的时间是在午夜和凌晨一点钟之间，经过调查，得知死者叫杰克，于是传唤了杰克的朋友们。

“昨晚我们和杰克在公园附近一个朋友的别墅中举行派对，然而天气突然转冷，开始下起暴风雨，一直到黎明才停止。晚上大概十二点他说有事就出去了，后来他一直没有回来，我们还以为他回家了，后来我们也纷纷回家了，那时候是凌晨四点左右。”

另外一个朋友说：“想不到他居然在这里自杀了，真是没想到他会这样结束自己的生命。”

“他并不是自杀的。”福尔玛警探摇摇头说道。福尔玛警探怎么知道死者不是自杀的呢？

答案：昨晚暴雨到黎明才停，那死者头上不可能有一条干的血迹。死者应该是在雨停之后或是下雨之前死的，而福尔玛警探经过检查推出死者死亡时间是在午夜和今晨一点钟之间，那就说明死者是在下雨之前死的。而死者头上有血迹，说明是雨停之后被人移尸到这里的，所以不可能是自杀。如果死者是在暴风雨期间自杀，那么伤口的血迹不会在脸上“形成一条血线，已经干硬”，风会使满脸都有血迹，并且溅在他的衣服上。

凶手的领带

身为海洋馆馆长的邵来华是一名资深的海洋动物爱好者，他在自己的办公室内养了一大缸观赏鱼。工作之余，他最大的兴趣就是侍弄这些鱼，他在鱼缸底下铺上一层精心挑选的小石子儿，还装上了假山、水草，希望能为自己的鱼创造一个良好的环境。

一天，距下班时间已经过去很久，馆长仍没有离开的意思，保安便想上楼提醒馆长，谁知发现馆长被人杀死在办公室内，惊慌失措的保安立即报了案。很快法医就拿出了尸检报告：死者死于颅内出血，系被人用棍棒类的坚硬物猛击所致。死亡时间确定在保安报案前两个小时，警方调取了案发前的监控录像，很快锁定了凶手，最后，警察发现凶手就是海洋馆内的一名工作人员，有人证实，案发后，他并没有离开现场，而是在后场一起打扫。

可是，他拒绝说出他使用的凶器，找遍整个海洋馆也没有找到与死者伤痕吻合的凶器。这时候，探长看到凶手脖子上皱巴巴的领带，心里就有了想法，他立即指出："我知道凶器是什么了。"请问，探长想到了凶器是什么？

答案：凶手把鱼缸里的小石子装在领带内，头尾打结，呈一棍状，杀死馆长后，把小石子放回了原处，结好领带离去。

谁是抢劫犯

每月月底，快餐店的老板都要把这个月的收入存入银行。因为第二天要去幼儿园参加家长会，这个月他提前一天将本月的钱存入银行，这件事他只告诉了妻子。没想到在去银行的路上，途经一条小巷子时，他被人用棒子打昏，要存的钱被抢走了。醒来后他就报了警。

"你和你妻子说这件事时，还有谁在场？"摩尔斯警探问。"当时有四个人在场：一个厨师，不过他正在厨房里忙；一个服务员，是个聋哑人；还有我和我妻子。"老板回答。摩尔斯警探非常认真地说："如果你提供的情况都是真的，那我现在就可以把劫匪找出来。"

你知道劫匪是谁吗？

答案：劫匪就是那个又聋又哑的服务员。厨师在厨房里忙，所以不可能听到他们的谈话；而服务员虽然听不见他们说什么，但可以通过口型判断出他们的说话内容。

甲级通缉犯

纽约市花园酒店的经理迈尔斯先生接到摩尔斯警探的电话，说一个国际甲级通缉犯目前已抵达本市，入住他的酒店。迈尔斯思索了一下，认为目前酒店入住的客人中，有三人符合这名通缉犯的体态特征：一个是来自东京的九野太郎；一个是从南非来的珠宝商洛克斯；第三个是从以色列来的牧师比迪亚可。

第二天上午，酒店经理迈尔斯先生在一边观察这几个人的一举一动。九野太郎去麦迪逊花园看球赛去了；洛克斯一直在酒店的娱乐中心玩牌，中间去了一次厕所。后来九野太郎和洛克斯发现自己放在房间里的现金不见了，就报了警。摩尔斯警探赶到时，发现比迪亚可在认真地从左向右阅读一本用希伯来语写成的书，探长二话没说就把他带回了警局。摩尔斯警探是怎样看出破绽的呢？

答案：希伯来语从来都是从右往左写的，比迪亚可根本就不懂希伯来语，还假装认真地从左向右读。

真假新娘

一个美国商人去丹麦洽谈生意，不料遭遇不幸，被歹徒打死了。丹麦当局拍电报给商人的新婚妻子，叫她来丹麦料理后事。然而几天后，居然来了两个女人，她们俩都说自己是商人的新娘。这使丹麦当局为难，因为没有人见过商人的新娘，仅仅知道新娘是美国人，而且是钢琴师。无奈，当局只得请来一名侦探帮忙辨别真假。

侦探来后得知，商人在美国拥有一家大公司。按当时的法律规定，商人的妻子将继承那巨额的遗产，显然，现在两位女人中有一个是想来骗取商人遗产的。侦探看着两个漂亮的女人，沉思片刻说："两位女士能为我弹一首曲子吗？"两个女士马上弹起了世界名曲，双手在琴键上灵巧地舞动，琴音都很优美。侦探发现，一个女人左手戴着一枚宝石戒指和一枚钻石婚戒，而另外一个女人只是右手上戴了一枚钻石婚戒。侦探听完演奏，指着那位戒指戴在右手上的女人说："女士，我看你还是离开吧，不然等警察来了就不好了。"

侦探为什么这样说呢？

答案：结婚戒指戴在左手是美国的风俗，而戴在右手是丹麦的风俗。侦探让两个女人弹琴，一是看她们的琴技，二是为了看清两人是如何戴结婚戒指的。

失策的防盗措施

纽约博物馆刚刚从南非买进一颗价值连城的钻石，下午才运抵博物馆，准备在次日的珠宝展中展出。为了保护钻石不被盗窃，博物馆的人还专门制造了一个大大的钢化玻璃房间存放钻石，同时监控系统也一秒不停地监视着。但是夜里，依然有一个盗贼钻进了博物馆。小偷的行为被博物馆的监控系统拍摄了下来，于是博物馆的保安启动了防盗系统，该系统将小偷及钻石一同关在钢化玻璃房间内，随后大家连忙朝那房间赶去。赶到时却发现盗贼和钻石都没了踪影。

你知道钻石和盗贼是如何脱逃的吗?

答案：钻石是由天然的金刚石制成的，金刚石的硬度很强，很多钻头都是用金刚石做成的。盗贼知道这个原理，于是将钻石当做钻头来用，划开了钢化防弹玻璃，然后逃走。

引蛇出洞

今天，纽约市立医院的太平间里又多了一具女尸，死者叫莫妮卡，是在一家旅馆被杀的，在背后被人插了一刀而亡。福尔玛警探向局长汇报说，莫妮卡上周刚与丈夫别克结婚，不过上周别克出差去了迈阿密。“现在知道凶手是谁吗?”局长问。“还不知道，我怀疑是别克的情敌怀特，死者在结婚前一直与怀特交好。我现在就去拜访一下这个怀特。”说着福尔玛警探就走出了警局。

怀特正好在家，探长刚进屋就问：“莫妮卡出事了，你不知道吗?”“真的吗? 什么时候的事情? 我真的不知道啊。”怀特摇摇头说道。探长打开包，说：“糟了，我的案件记录落在事发现场了。你能帮我去取一下吗? 明天去警局交给我就行了。”“好的，警官。”怀特回答。

第二天，怀特刚到警局把东西交给福尔玛警探，就被逮捕了，怀特为什么被逮捕呢?

答案：怀特在福尔玛警探面前说自己不知道莫妮卡被杀的事情，那么他应该不知道案发地点，但后来他却帮探长到案发地取回了案件记录，说明他是知道杀人现场的，所以说他就是凶手。

做伪证

某天下午，杰克和一个不熟悉水性的朋友哈维一起出海钓鱼，而杰克的另外一个朋友彼得则留在海边的别墅内。几个小时之后，杰克载着哈维的尸体回来了，说哈维在船舷探出身子钓鱼，因风浪大船颠簸，失去重心而落水，当自己下海捞起时，哈维已经淹死了。福尔玛警探受理此案件，询问彼得，彼得说他当时正坐在别墅内无聊地用望远镜看着天空，发现了一只漂亮的海鸟，于是用望远镜观察那只海鸟在高大的棕榈树上筑巢，不过他的望远镜无意中对准了海面，只见杰克与哈维在小船上扭打成一团，杰克猛地把哈维的头按入水中。

"彼得先生，我想你现在正在做伪证，需要负责任的！"福尔玛警探很严肃地说道。福尔玛警探为什么这样说呢？

答案：棕榈树上没有树丫，鸟是无法筑巢的。彼得说自己看海鸟在棕榈树上筑巢，显然是撒谎。

收藏家之死

摩尔斯警探接到老朋友维斯特的电话，说有一枚价值连城的古代金币，希望他下午能过来看一下。摩尔斯警探下午按时赶到，没想到呈现在眼前的竟是老朋友的尸体。他是被人用刀刺死的，已经死了一个小时。探长在维斯特的尸体上找到了那枚古金币，维斯特把它藏在自己的扣子下面。探长又将金币放回原处，将尸体放回原来的样子，心有所思地望着死者裤子上外翻的兜。

这时维斯特的外甥海克走了进来，看见舅舅的尸体惊叫道："这是怎么了，到底出什么事了？"摩尔斯警探从橱柜里取出一个装扣子的铁盒，打开盖子，递给海克，说："今早你舅舅给我打电话说，他有一枚古代的金币，价值连城，要我过来看看，我过来时就发现他已经死了，很显然，凶手抢先了一步，还把你舅舅的尸体翻了个遍，发现金币不在他身上就离开了。"探长说："你帮我把它拿过来，它就藏在扣子下面。"海克放下手中的盒子，不一会儿，就从他舅舅身上找到了金币。探长严肃地质问海克："你居然亲手杀了你的舅舅。"

摩尔斯警探为什么会认为海克就是杀害维斯特的凶手？

答案：如果他跟本案无关，探长说的"它就藏在扣子下面"，他会理解为藏在铁盒里的扣子下面，不会联想到尸体上的扣子。

背后射来的冷箭

在体育局运动员的宿舍楼的正门外，一具尸体背朝上倒在地上，背部垂直射进一支羽箭，从尸体头朝门、脚朝大道的姿势看，显然死在外出归来正要开门的时候。经查询，死者名叫哈利。摩尔斯警探翻动了一下尸体，发现尸体下面有一枚一元的硬币。根据调查得知，哈利平时有收集硬币的习惯。

摩尔斯警探问宿舍楼管理员："这幢楼里有多少运动员居住？"管理员说："最近体育局组织了一次旅游活动，大部分人旅游去了。不过最近要举行一次射箭比赛，所以楼里住着哈利和茨威格两人，他俩都是射箭选手，都在准备下周进行比赛。"管理员说完，抬头指着对着正门的三楼房间介绍说："那就是茨威格的房间。不过，今天晚饭后茨威格一直没有从三楼下来过。"摩尔斯警探来到茨威格房间里，叫醒了他。

茨威格吃惊地说："你们怀疑我吗？请别开玩笑。哈利是正要开门的时候，背后中箭死的嘛！就算我想杀死他，我从窗口里也只能看到他的头顶，无法射到他的背部啊！"摩尔斯警探走到窗口，探身望了望，转身取出那枚一元硬币，对茨威格说："这是你的吧，也许上面还有你的指纹呢。"茨威格一看，结结巴巴地说："可能是我傍晚回来，不小心从兜里掉下来的。"摩尔斯警探摇摇头说："不，是你用它为哈利设下了陷阱！你知道哈利有收集硬币的习惯。"

那么住在三楼的茨威格是怎样谋害哈利的呢？

答案：茨威格知道哈利喜欢收集硬币，于是事先在门口放置硬币，哈利回来时见到硬币，便弯腰拾取，而这时住在三楼的茨威格就可以轻松瞄准哈利的背部将他射死了。

消失的弹头

费斯警官接到一个酒店经理报案说，在其酒店房间里，发现了一具尸体。费斯警官立刻前往现场，展开了调查。死者是一个名叫阿尔曼的青年男子，费斯警官发现死者胸口处有一个深达10厘米的伤口，像是被子弹射伤的。

法医随即对尸体进行了解剖，却发现，伤口内并没有子弹。可是，这怎么可能呢？伤口明明是子弹造成的，而死者伤口里却没发现子弹，子弹到底到哪里去了呢？在随后的调查中，费斯警官发现，该凶手很有可能是一位"经验丰富"的职业杀手，他杀人之后，不想在现场留下任何可能被追踪的线索，故而选择了一种非常特别的子弹。

你知道凶手使用了什么特制的子弹，才能让子弹头消失呢？

答案：凶手所用的特制弹头是用和死者同血型的血液制成的，弹头经过冷冻后，变成固体，做成弹头也有很大的杀伤力。而子弹射进人体后，被体温融化，就消失不见了。

风流女之死

蛋糕店老板布朗的女儿是个风流成性的女人，她虽然和酒吧的调酒师唐克早有婚约，但还和其他人有染。一天警方在郊区的一条河边发现了她的尸体，裸着身子，胸口插着一根银簪。摩尔斯警探戴着手套将那根银簪用纸轻轻擦干净，发现一段呈黑色。蛋糕店老板说这根银簪是女儿的，是死者的未婚夫唐克的祖传之物，作为信物送给了死者。于是探长把唐克找来问话，发现他的手指泛黄，很干燥。

“你的手怎么了？”探长关切地问。“得了皮肤病，上了点硫黄药。”唐克回答道，说完好像很紧张似的，把手缩了回去。探长沉思了一会儿，指着那根银簪说：“那就是你杀人的证据，你还是老实交代吧。”

摩尔斯警探根据什么断定凶手就是唐克的？

答案：凶器的一段呈黑色，是因为唐克的手上抹了硫黄药膏。当唐克用银簪作案时，手上的硫黄与银接触，发生化学反应，使银簪的一段变成了黑色。

生日酒会之谜

周一上午，某宾馆服务小姐打算进入 309 号房间打扫卫生时，发现客人詹姆斯先生竟然死在了自己床上。宾馆迅速通知了警方，费斯警官随即赶到了案发现场。法医验尸后，初步认定詹姆斯先生是在睡眠中因心力衰竭而死亡，死前他曾大量饮酒，并且服下安眠药。

服务小姐回忆说，詹姆斯先生最近经常失眠，每天睡前都会服用安眠药。费斯警官又询问了詹姆斯在公司的同事，了解到其死前那天晚上曾说过要赴一位医生朋友的生日酒会，而且据查詹姆斯无心脏病史。

费斯警官随后到该医生家中进行调查，医生卡瑞达坦言自己那天晚上确实和詹姆斯一起在酒店里喝酒，但是并不是什么生日酒会，而是朋友小酌。詹姆斯服用的安眠药也是他提供的。在陈述时，卡瑞达的妻子也在旁边，费斯警官发现她的神情有些异样。随后费斯警官展开秘密侦查，发现医生的妻子是詹姆斯的情人，而医生也已察觉他们之间的暧昧关系。这"生日"酒会有什么阴谋呢？

答案：医生以自己生日开酒会为名将詹姆斯骗来，使其过量饮酒，再加上其睡前服用安眠药，酒精与药物的作用造成其心力衰竭而亡。费斯警官前来询问时，医生否认自己曾以过生日为名开酒会，是因为警方只要一调查就会发现他的生日不是那一天。医生肯定很清楚当安眠药和酒精发生反应时，会造成猝死。因此，他开"生日"酒会的目的不过是为自己制造杀人机会罢了。

不在场的证明

深夜，居民被小区内传来的枪声吓醒。于是有人报警，警察迅速赶来。勘察现场之后发现是三楼的一名男性单身住户被害。发现时死者被绑在床上，头上的一发子弹使其毙命。但是案发现场非常奇怪，致命的手枪被物体固定在床头，扳手处系着一根长绳子，石头被绑在绳子的另一个边，被吊在离门槛六厘米左右的地方。事发现场没有任何挣扎的痕迹，门窗和周围的物品也没有被移动。但是，死者所在的房间根本没有空调，空气中的二氧化碳的含量却严重超标。

经过多方的调查，警方将注意力集中到一名嫌疑人身上，但是奇怪的是，此人有不在场的证明。机场的工作人员证明说：他在死者被杀的前一个小时坐上了飞机飞往另一个城市。那么，谁能猜到他是怎么开的枪？

答案：嫌疑犯主要是利用干冰来达到他伪造不在场证明的目的。嫌疑犯先在门槛上放一个六厘米多高的干冰，将绑着的石头放在上面，随着干冰的挥发，石头便开始向下坠，而此时绑着扳手的绳子的另一端就会拉动扳手，将子弹射出。而等尸体被大家发现时，放在门槛上的干冰已经挥发得一点不剩。又因为室内门窗紧闭，所以尽管没有空调，二氧化碳还是会超标。

中 级

图形·数理

图形逻辑

寻找隐藏的数字

数字 31425 在这个格子中只出现过两次，出现的顺序可能是由前向后，也可能是由后向前，出现的方向可能是横向的，可能是纵向的，也可能是对角线方向的。你能找出它们所在的位置吗？

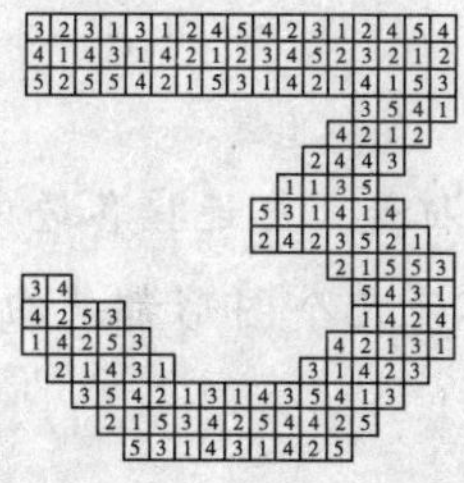

答案：如图。

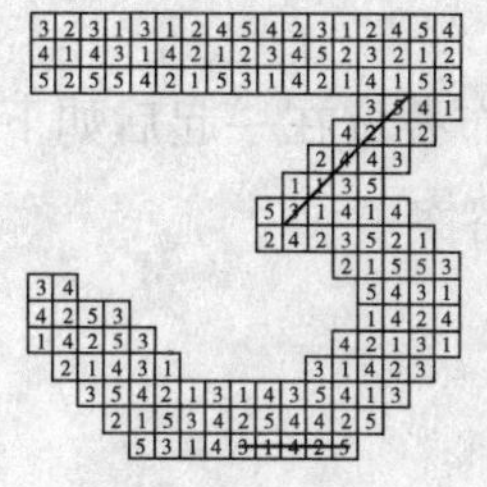

找出相同的

下面有 6 幅图，哪两个图相同？

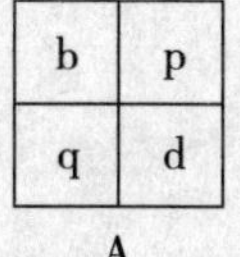

A

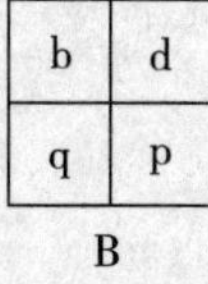

B

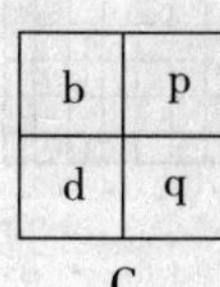

C

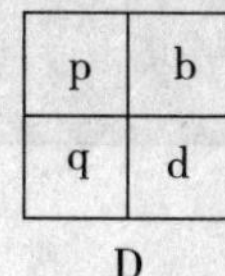

D

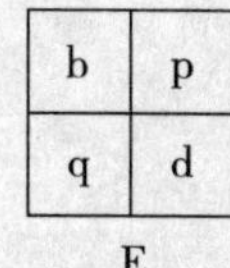

E

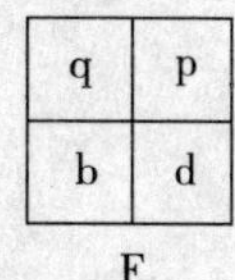

F

答案：此题有一个巧妙的方法。可以先观察每图中第一个字母是否相同，A、B、C、E 这几幅图是第一个字母是相同的；再观察这 4 幅图中第二个字母，只有 A、C、E 这几幅图是第二个字母是相同的；接着观察这 3 幅图中第三个字母，只有 A、E 这两幅图第三个字母是相同的；最后观察这 2 幅图中第四个字母也完全一样，所以只有 A、E 这两幅图是相同的。

找出不一样的图形

下面哪个图形和其他几个不一样，你能找出来吗？

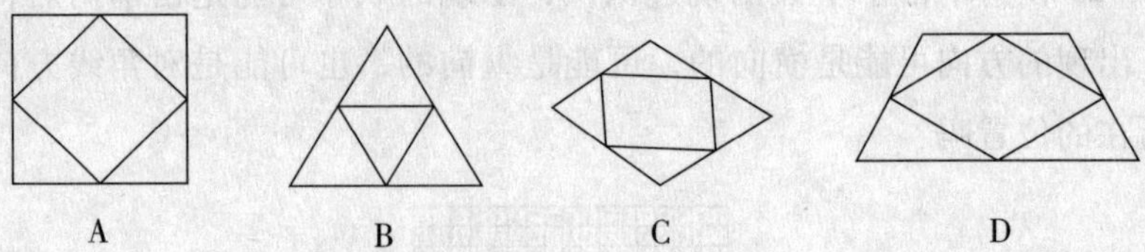

答案：题中几个图形的共同特征是：先连接各边中点，组成一个复合图形。所不同的是，B 图形是一个三角形，而其他几个图形都是四边形，这样，只有 B 与其他几个不一样。

叠放的布

有大小相同的 6 块正方形的布叠放在一起后如下图。请问：这些布由下至上依照什么顺序叠放的呢？选出正确的答案。

A. 3→1→5→4→2→6

B. 4→1→3→5→2→6

C. 1→3→4→5→6→2

D. 1→3→4→5→2→6

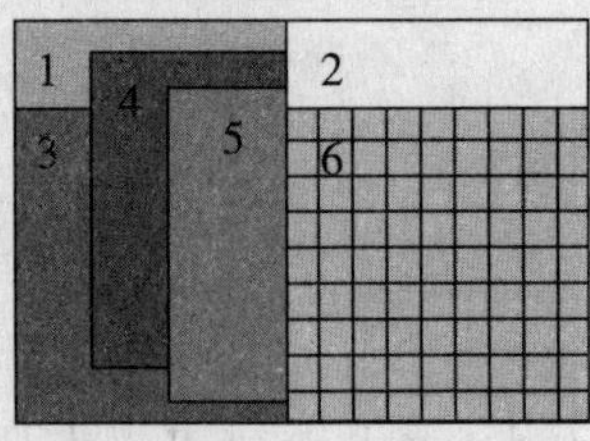

答案：正确的顺序是 D，即 1→3→4→5→2→6。

涂色游戏

格内有三种表情图共 15 个。请用涂红和绿两种颜色的方法，将图形分成形状相同的五份，每份上要有三种不同的表情图。

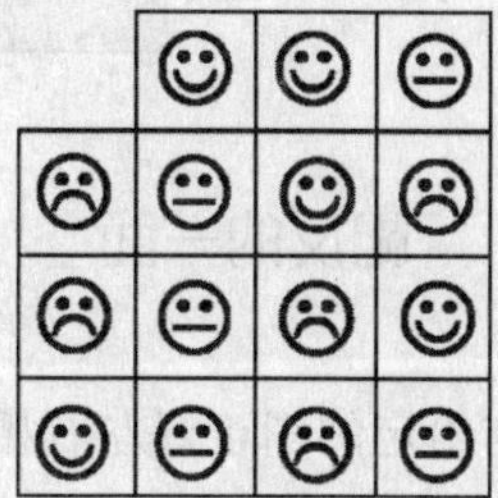

答案：题目的关键在于涂两种颜色，有一种颜色要涂两次，且相同颜色不能相邻。为此，有一个或两个图形不涂色（即白色）即可满足要求。

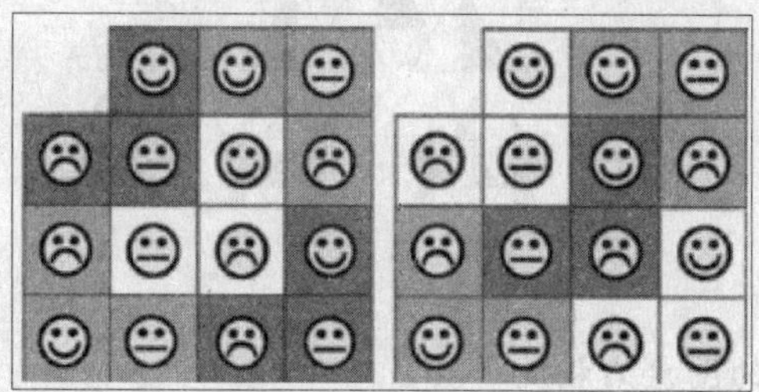

涂色比赛

小明和小强两人玩涂色比赛。游戏的规则是：已经涂过的地方和它相邻的地方都不能再涂。例如：小明涂 a，小强涂 e，那么，小明就没有可涂的地方了，小明就输了。

如果小明先涂并想取胜，应该先涂哪一块？

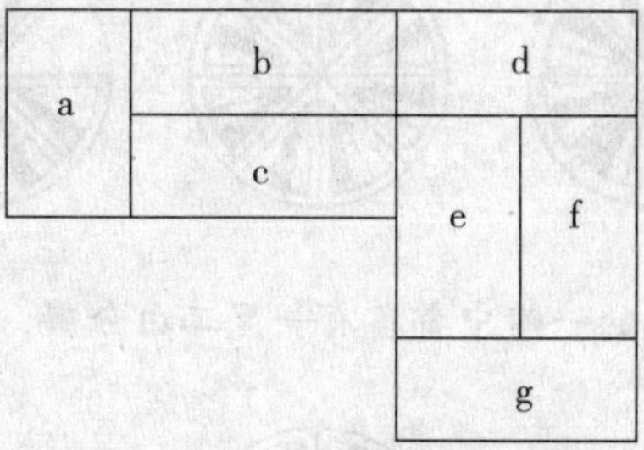

答案：小明应该先涂 d。根据比赛规则，如果小明先涂 d，那么，无论小强涂哪一块，小明还是有地方可涂。

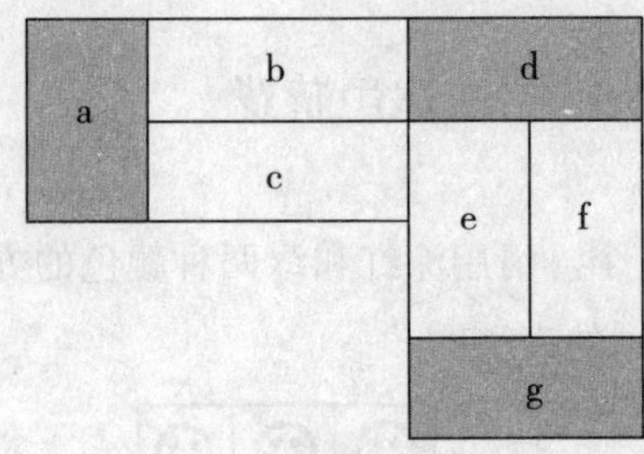

相反的一面

请问下面 A ~ D 中的哪个图与给定的图正好左右相反？

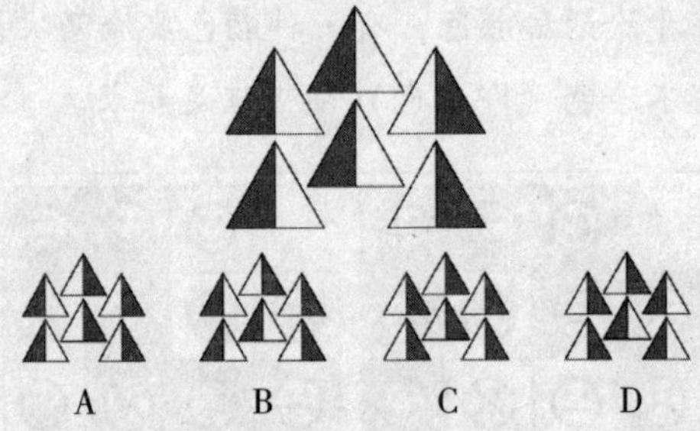

答案：A 图与给定的图左右相反。

缺少一块的轮子

下面图中有 3 个轮子，请仔细寻找其中的规律，然后说出最后一个轮子中缺少的一块图形应该是什么样的？

答案：三个轮子相对应的一瓣中都各有一黑二白分瓣，黑分瓣不同。

巧分三星

请把这个图形划分成形状相同、面积相等的三份，每份上要有一颗星。

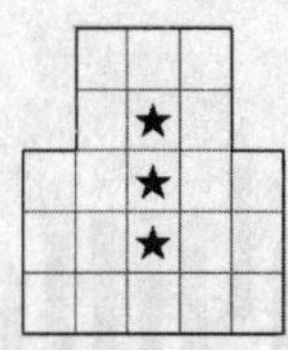

答案：

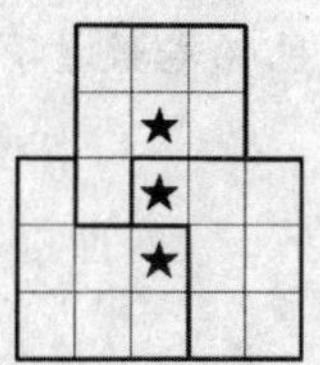

巧分挂表

图中有 10 只挂表，请你利用 3 条直线将方框分成 5 块，并且每一块都有 2 只挂表。

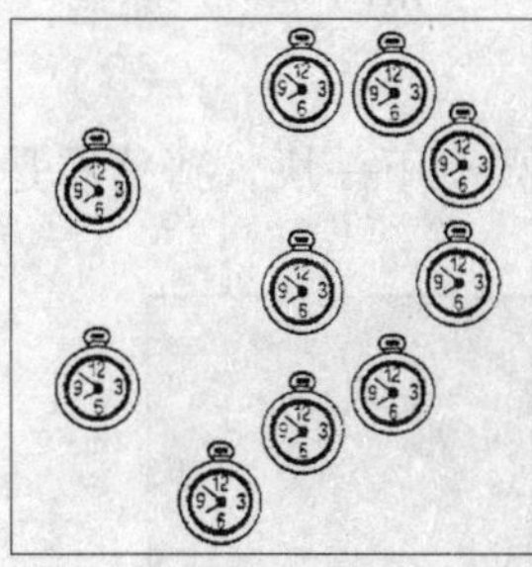

答案：

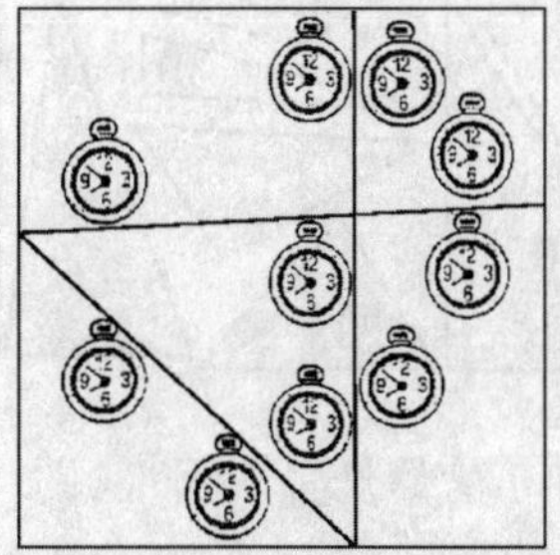

对调铅笔

下图中有6支浅色铅笔，7支深色铅笔。沿虚线将图形剪开，将左下方的部分与右下方的部分对调，结果会怎样？

答案：如图所示，对调后，深浅色铅笔数量有所变动，变成7支浅色铅笔，6支深色铅笔了。

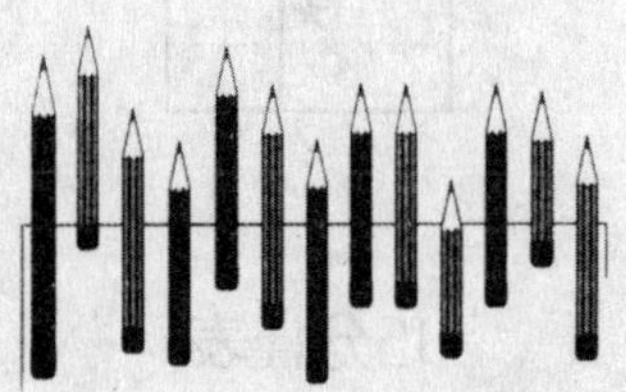

剩下哪一块

八个三角形拼成一个正方形要剩下一块，猜猜看是哪一块？

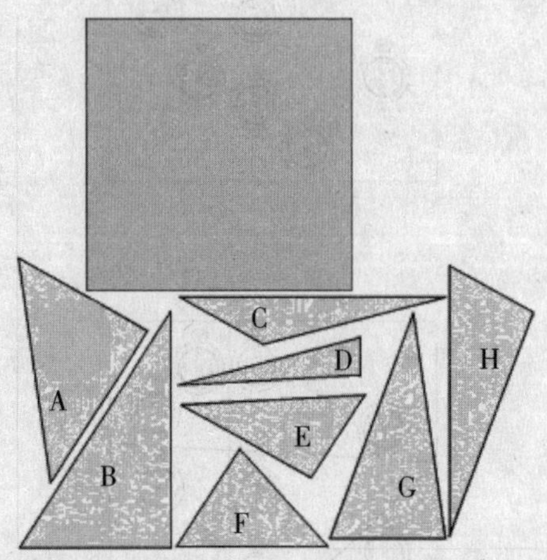

答案：剩下的是“F”。

剪拼成方

请将这个图形剪成形状、大小完全相等的两份，并用来拼成一个正方形。试试看，行吗？

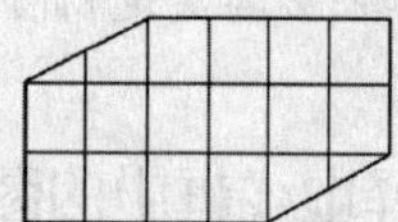

答案：

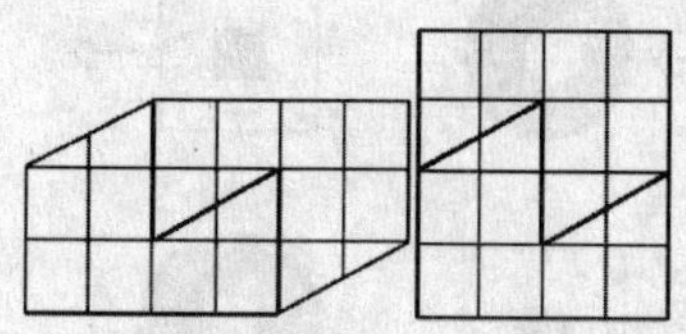

哪一个与众不同

下面四个图形中，哪一个与众不同？

答案：图案C与众不同。其他三个图形中，中间的大图形可以由两部分小图形拼合而成。

选出合适的

根据1、2这两幅图案间的关系，找出A、B、C、D、E中适合图3的一幅。

图1

图2

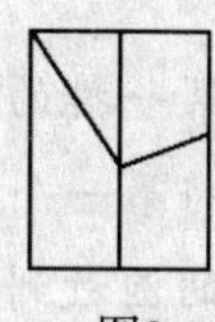
图3

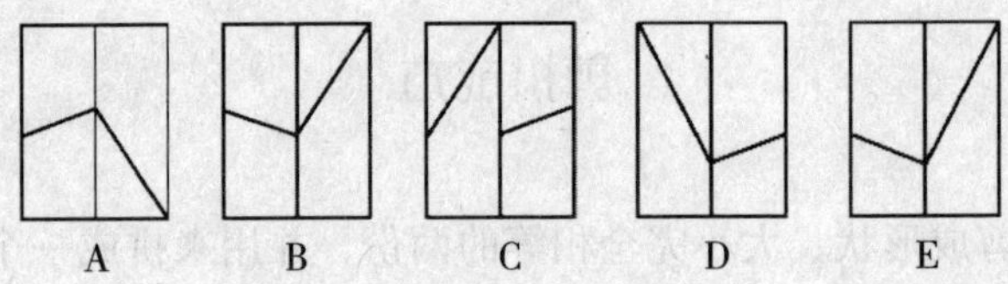

答案：图3和A图相同。图1和图2其实是相同的图形，只是旋转了一个角度而已。

选择虚线框中的图形

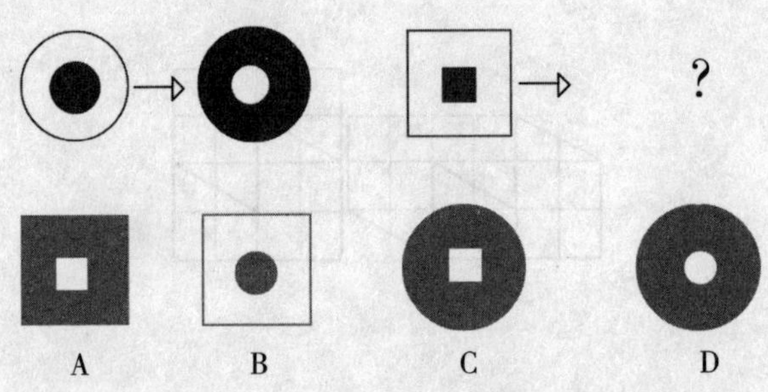

答案：选A。从变形的提示来看，图形形状没有变，只是实心和空心的部分交换了，故选A。

问号处的图形

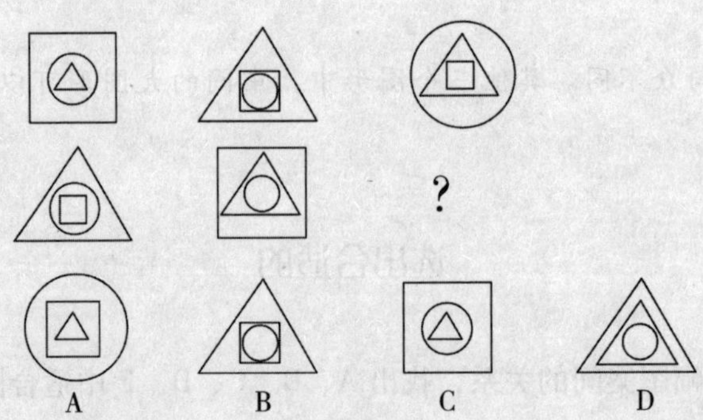

答案：选A。从第一排的图像来看，依次只是将最里面的图形扩展到最外面了。比如，第二个图形是将第一个最里边的三角形放到最外面了，其他没变；第三个是将第二个图形中最里边的圆放到最外面了，其他没变。故问号处最外面的图形为圆，然后是正方形，最里面是三角形。

虚线框中应选哪个图形

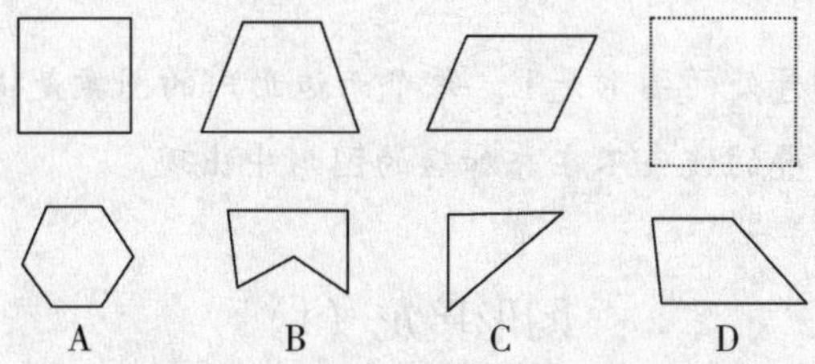

答案：选 D。题中图形都为四边形，选项中只有 D 是四边形。

虚线框内的图形

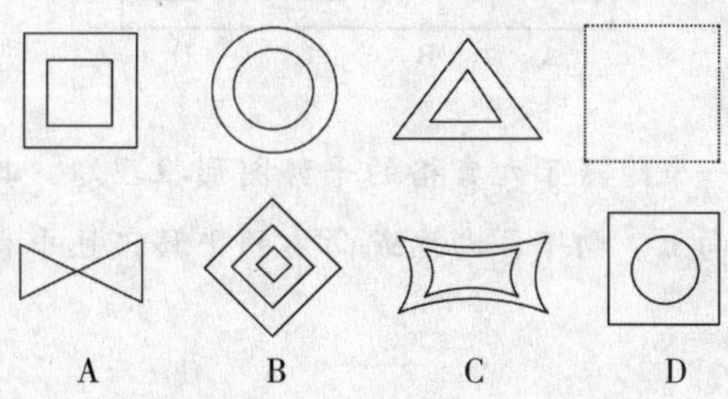

答案：选 C。题中图形都由两个大小不同但形状一样的图形组成，且小图形在大图形里面，根据这一规律应选 C。

奇异金字塔

仔细观察下图中由六边形组成的金字塔图案，寻找其中的规律，然后从左下侧的 A ~ E 中选择符合规律的六边形图案放在金字塔顶部的问号处。请问应该选择哪一个图案呢？

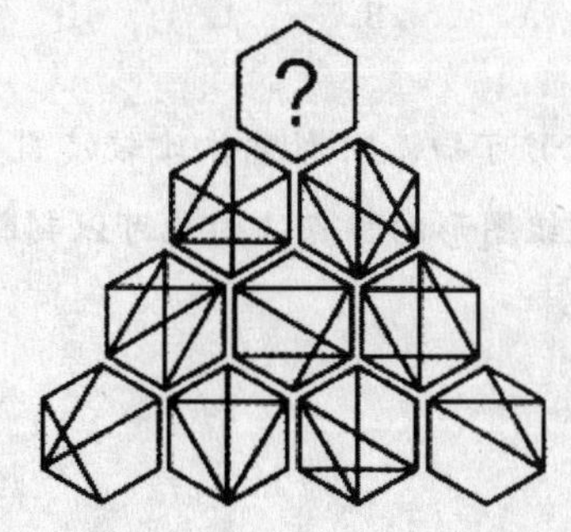

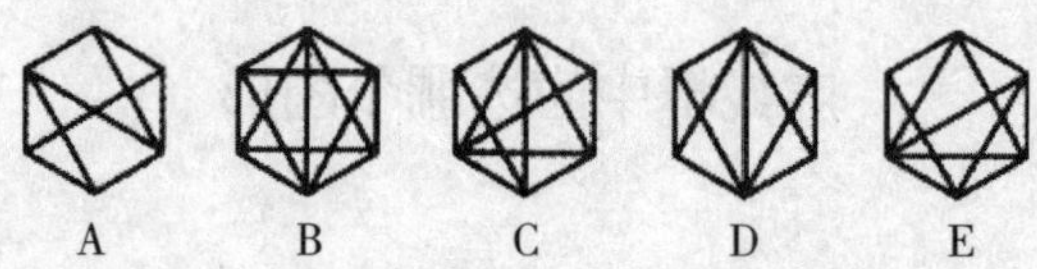

答案：适合放在问号处的图形是E。每个六边形内的图案是由它下面两个六边形内的图案叠加而成，但重叠的线条不在叠加后的图形中出现。

图形接龙（1）

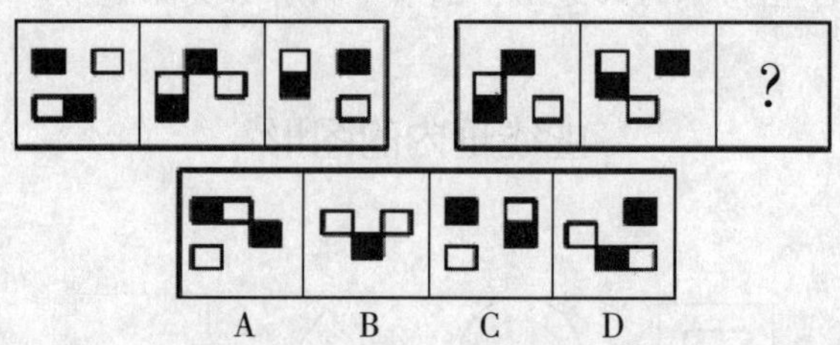

答案：选A。这是一个隐藏了九宫格的平移图形推理题，其中，每个小块围绕九宫格的中心顺时针进行向上、向下、向左或向右的平移，且平移一个格。由此可知正确答案是A。

图形接龙（2）

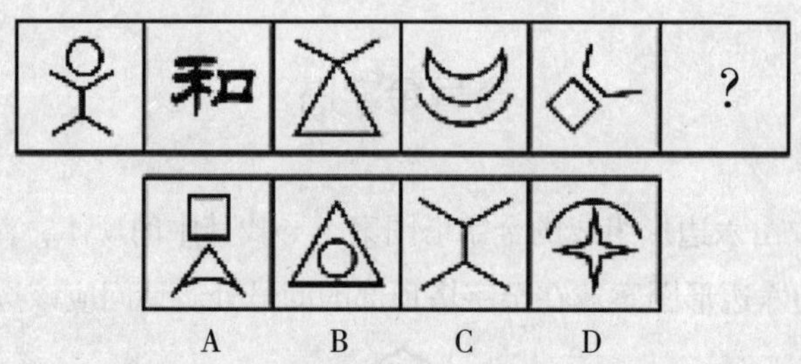

答案：选D。观察该组图形可知，图形整体比较凌乱，但是每个图形都含有一个共同的封闭面。那么这就是该组图形的特点，由此可以判断，正确答案应该是D。

图形接龙（3）

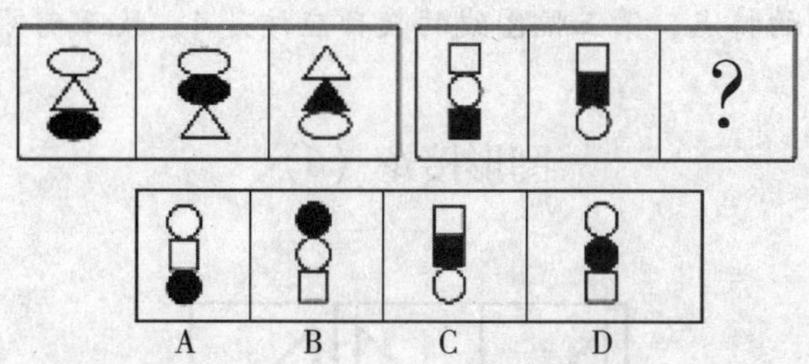

答案：选 D。观察可知，第一组图形中，每一幅图形都含有一个黑色部分，且位置分别是在底部、中部、中部，由此第二组也应该满足同样的规律，排除 A、B 选项。又因为，第三幅图黑色部分为第二幅图的底部的图形，选项 D 满足这个规律。

图形接龙（4）

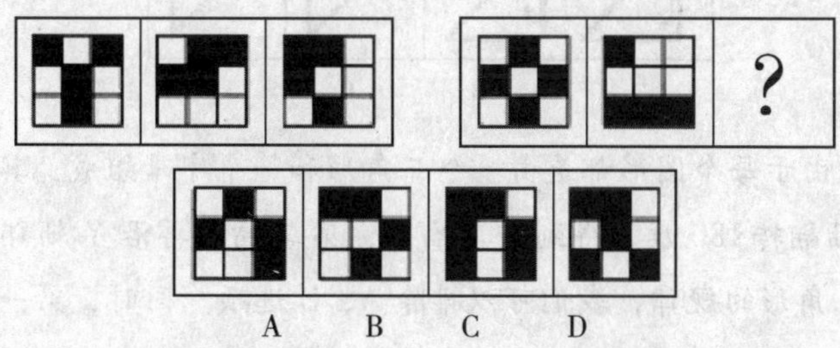

答案：选 C。对于这样的黑白块，有些考生会从平移上来解题，但是从位置出发却得不出正确的答案。由此，建议考生考虑从黑白块相加变色来解题，观察可知，颜色不同的两个图形相加后得到黑块，而颜色相同的两个图形相加后得白色，从而正确答案是 C。

图形接龙（5）

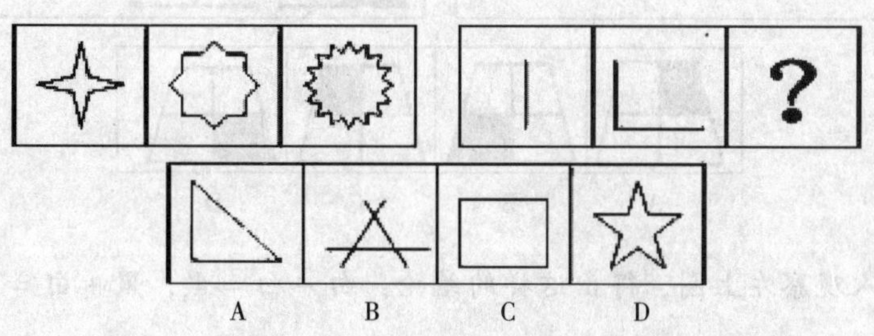

答案：选C。若是从图形的封闭、开放性出发，由于四个备选项都是封闭的，故这个角度无法解题。我们观察到，第一组图形中线的数目分别是8、16、32，数字上呈现等比数列，从而判断应该是从线的数目来解题。那么第二组图形中，线的数目分别是1、2。按照等比数列的特点，第三幅图线的数目应该是4，故正确答案是C。

图形接龙（6）

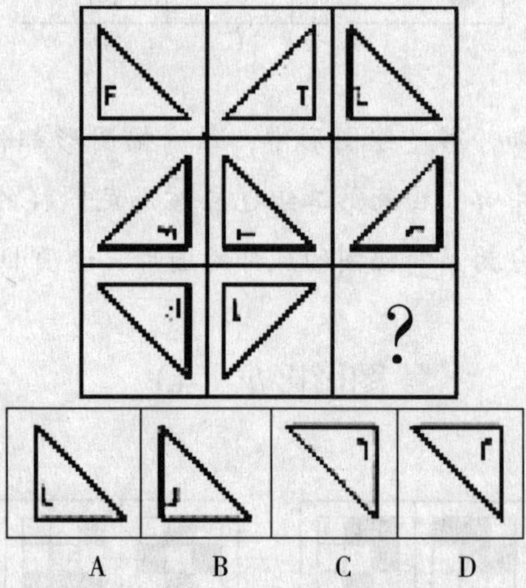

答案：选C。由于每个图形都是由一个三角形和一个字母组成，其中每一行中第一幅图三角形沿Y轴翻转180度，得到第二幅图，第二幅图再沿Y轴翻转180度，得到第三幅图，按照三角形的规律，我们可以排除A、B选项。同时，第一列字母F顺时针旋转90度，第二列字母逆时针旋转90度，第三列顺时针旋转90度，由此可知，正确答案应该为C。

图形接龙（7）

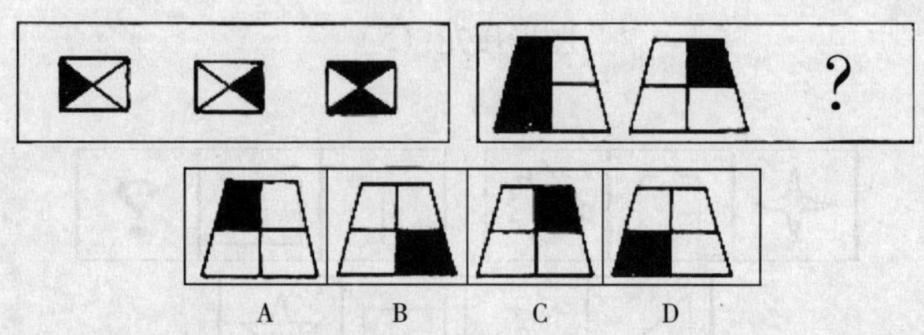

答案：有人观察左上图，得出这样的结论：白+白=黑，黑+白=白，即相同颜

色相加得出的结果是黑色的，不同颜色叠加得出来的结果是白，由此得出答案是B。

其实，我们从最简单的角度即可入手，每一组图三幅图相加得出的整个图形是全黑的，第二组图形也要满足这样的规律，由此得出答案B。

图形接龙（8）

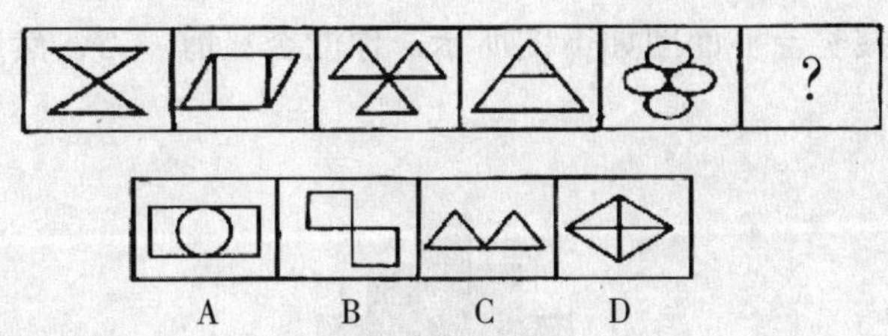

答案：选A。有些人会认为，若是从图形与图形之间的接触关系来考察，那么这五幅图形的接触关系就分别是：点、线、点、线、点，由此可以推出第六幅图就应该是线接触，得出答案是D。

这样的思路就偏离了图形推理的原则——从最直观的思路解题，切忌过分求奇。对于这样的图形，元素组成比较凌乱，应该从数量上考虑。数量类图形推理的种类分别是点、线、角、面、素。这道题应该从元素的种类出发。对于前面这五个图，元素种类分别是：1、2、1、2、1，由此推出元素种类是2，答案是A。

图形接龙（9）

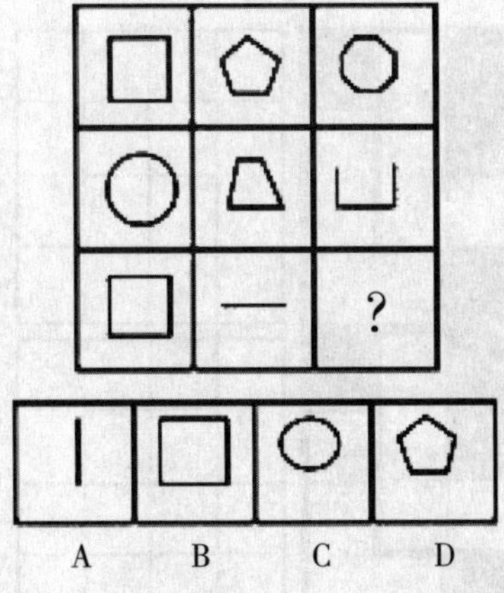

答案：有些人会认为，每一行图形直线段数量满足下面的等式：4+5-8=1，0+4-3=1，4+1-？=1，由此得出答案是B。

经过这么复杂的运算，终于掌握规律，得出答案了，但是这是一个错误答案。这个答案的问题在于，解题思路过于复杂化。一般来说，解决图形的问题时，不必对图形的数量关系进行多次运算。对于该题，可以从竖行来看，4－0＝4，5－4＝1，8－3＝?所以答案是D。这道图形推理题告诉我们，做题时一定不要把问题复杂化。

变形问题

体育运动会的授奖台平面图如下图所示。你能否只剪一刀，然后把它拼成一个正方形？

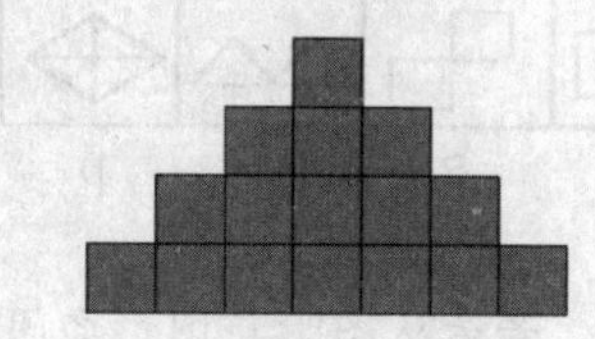

答案：

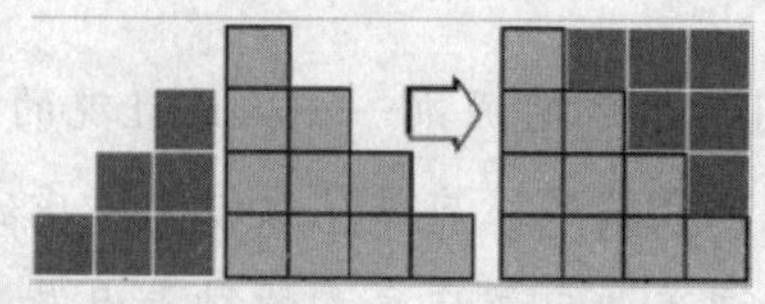

四J拼方

图中左边有四个“J”形纸片。想想看，它们可以拼成右边A、B中的哪个图形？

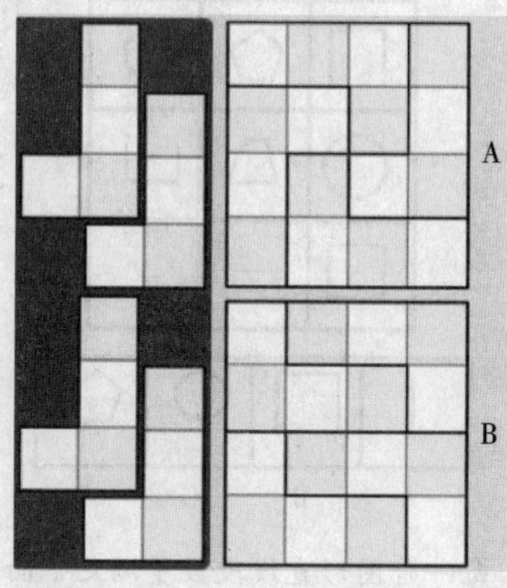

答案：可以拼成B。

不易拿到

某次娱乐活动中有6名选手获得了拿取纪念品的奖励，纪念品都放在6个大小一样的盒子里。其中A盒里的纪念品最贵重，余下的B、C、D、E、F依次递减。

活动规则要求获奖者除了自己想要拿的盒子以外，不能碰到其他的盒子。

获奖者当然都想自己拿到A盒的东西，可是隔了许久，A盒还是没有被人拿到。

其实，这全都是因为主办方在盒子的堆放方式上做了文章。你知道主办方是怎样堆放奖品盒子的吗?

答案：装奖品的盒子堆放方式如下图所示，A盒在B盒下面。

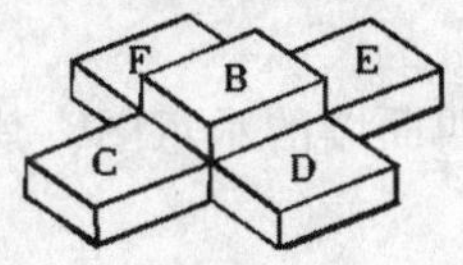

找出另类

下面的图形中，哪一项是与众不同的?

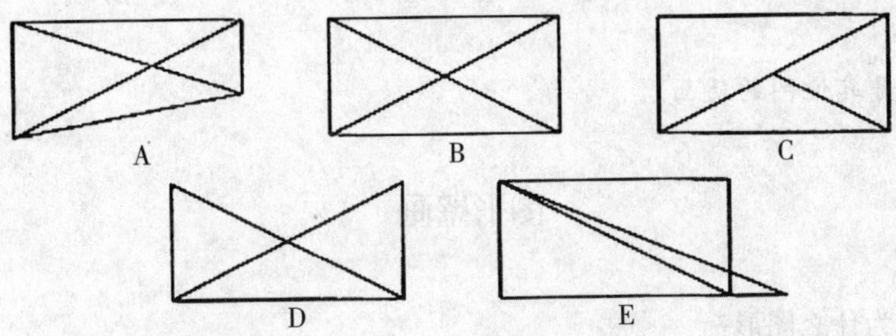

答案：D。其他各项都是6条线。

找出特殊的图

下面五个图中，哪一个图是特殊的?

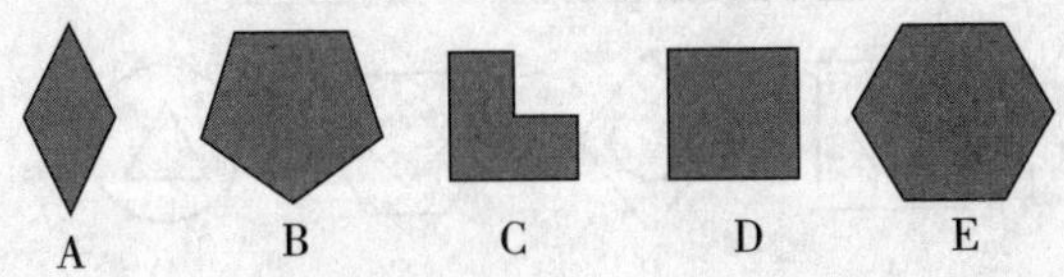

答案：B。五边形中有五个边，是奇数，而其他图形中的边数都是偶数。

不同的正方形组合

请仔细观察下面的5个图，然后找出这些图形中与众不同的那一个图形。

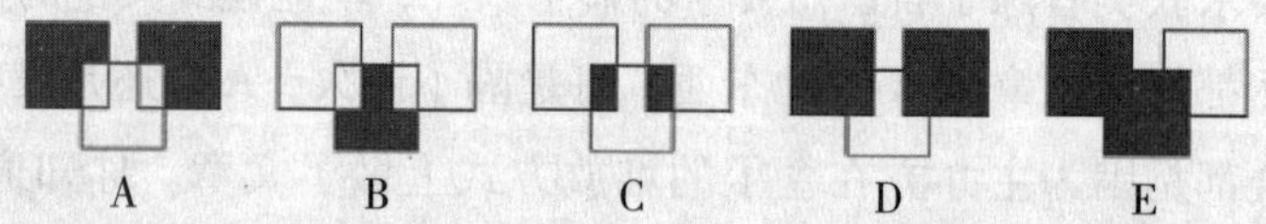

答案：图形E与众不同。这5个图形中只有它左右颜色不对称。

特殊的墙面

下图是一位艺术家房间里的四面墙的示意图，其中有一面墙是特殊的，你能找出来吗？

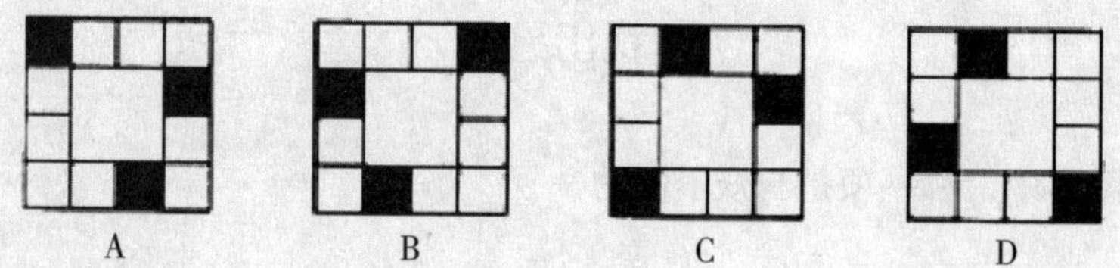

答案：B是其他图的反面。

图形壁画

问号处应为什么图形？

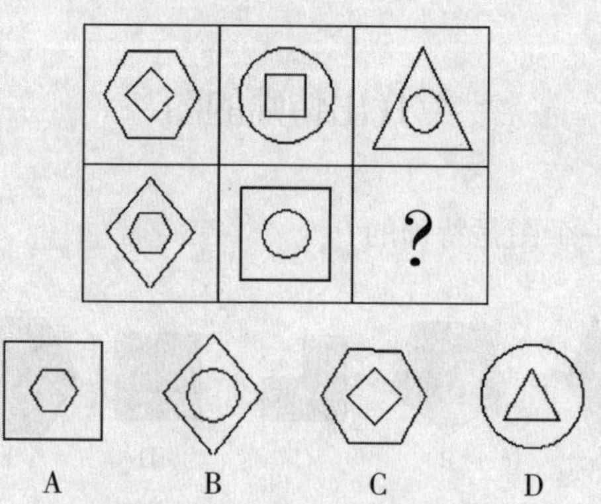

答案：D。每一列图形的种类、大小交替出现。

图形填空

请仔细观察下面的图形，寻找其中的规律，然后找出 A、B、C、D、E、F 中哪一个适合下图中的问号处？

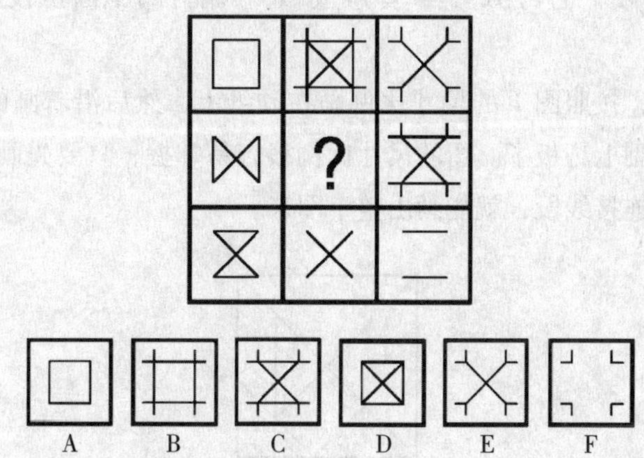

答案：B。按从左至右和从上至下的顺序，每横排与每竖排前两块图形的相同部分不在第三块中出现。

右下角是什么图

请仔细寻找下图中的规律，然后找出下图右下角应该配上哪一个图形？

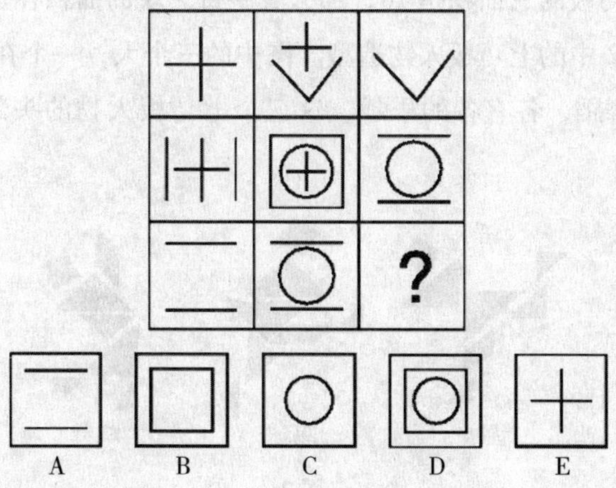

答案：C。它的规律是，每一横排中央的图形减去它左边的图形，就变成它右边的图形。

七巧板

七巧板是中国民间流传的一种拼图游戏，起源于宋代，后来传到欧、美、日本等许多国家，又叫做“七巧图”、“智慧板”、“流行的中国拼板游戏”、“中国解谜”等。

找一张硬纸片，按照图 1 的尺寸比例画在硬纸上，然后沿着画的线剪开，得到七块小板，就做成一副七巧板了。图的尺寸比例很容易掌握，只要先画一个正方形边框，然后反复取中点、连接线段，就能画出整个图来。

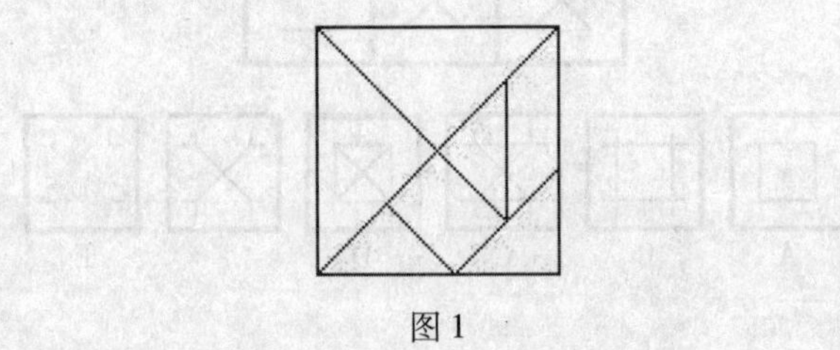

图 1

用一副七巧板可以拼出许许多多各种各样的图形，包括人物、动物、植物、生活用品、建筑、汉字、数字和西文字母等，有记载的图形数目已经超过 1000 个。通常是在拼成图形以后，把外围轮廓描下来，里面全部涂黑，看不出拼接的痕迹，让别人去重新尝试用七巧板拼成这样的图形。所以玩七巧板也像猜谜语一样，需要善于分析，头脑灵活，是一种益智游戏。现在有两个关于七巧板的小计算问题。

1. 如果一副七巧板的总面积是 16，那么其中每一块的面积各是多少？

2. 仔细观察图 2 中的七巧板人物造型。图中的三个人，一个在踢球，一个在溜冰，还有一个在跳藏族舞蹈，各有各的乐趣。这三个七巧板人物的头部面积与全身面积的比各是多少？

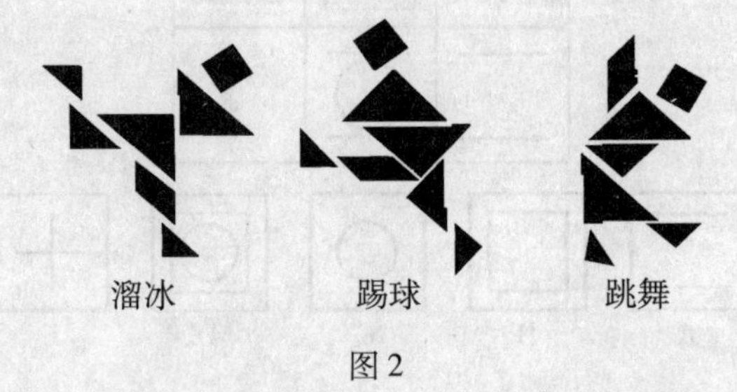

图 2

答案：

1. 七块小板的面积分别是4，4，2，2，2，1，1。

容易看出，用七巧板中两块面积为1的小板可以拼成任何一块面积为2的小板；用其中任何一块面积为2的小板和两块面积为1的小板可以拼成一块面积为4的小板。

2. 因为图中表现人物头部的是一块正方形小板，面积为2；而每个人物图形都是由一副七巧板拼成的，七块小板面积的总和是16。所以在每个人物图中，头部面积与全身面积的比都是1比8。

七巧板拼图

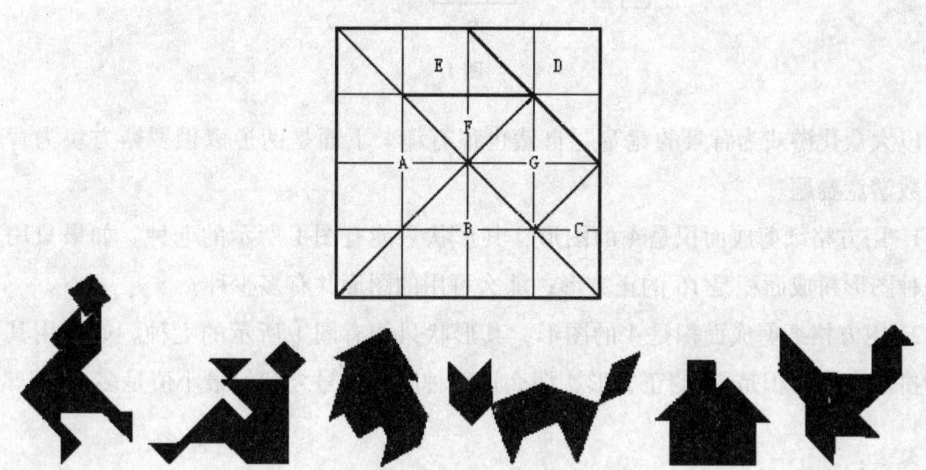

准备一张大小为8cm×8cm的硬纸板。如图所示将纸剪成7块，再将各块组合出下列的形状，注意必须七块都要用。图中的各个图形只是几百种可能图形中的几个。

答案：

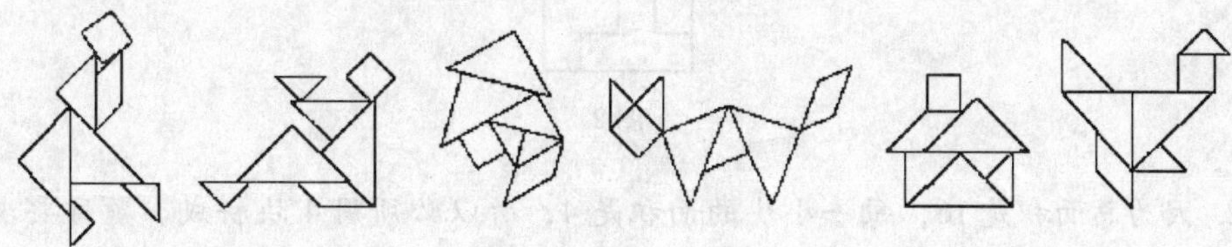

俄罗斯方块

“俄罗斯方块”是一种关于拼图的智力游戏，玩过掌上游戏机或小霸王游戏机的人，大多玩过俄罗斯方块。

玩这种游戏时，从长方形屏幕的顶部，每过一小段时间就自动抛下来一个积木块，形状如图1所示七种中的任意一种，可能事先旋转了90°、180°或270°。玩的人通过按键，在积木块往下掉的过程中将它旋转或左右移动，使得落在屏幕底部的积木块尽可能整整齐齐地排满一行或几行，不留空隙。每当一行排满或几行同时排满，这些行就会自动从屏幕上消失，同时得分也就增加了。

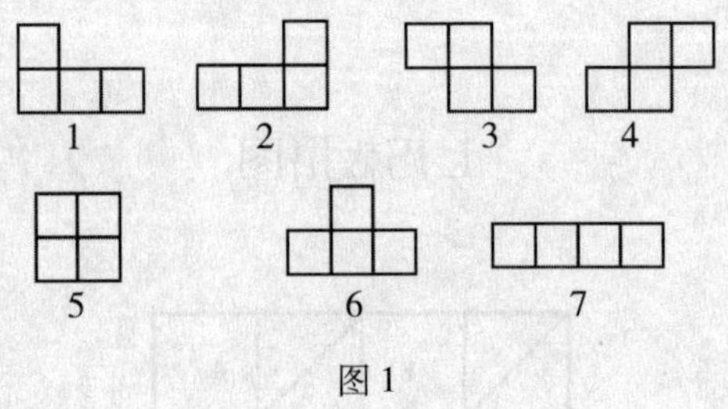

图1

以大众化游戏为背景的竞赛题自然也很有趣。下面是两道以俄罗斯方块为背景的小学数学竞赛题。

1. 用方格纸剪成面积是4的图形，其形状只能有图1所示的七种。如果只用其中的一种图形拼成面积是16的正方形，那么可用的图形共有多少种？

2. 用方格纸剪成面积是4的图形，其形状只能有图1所示的七种。如果用其中的四种拼成一个面积是16的正方形，那么这四种图形编号之和的最小值是多少？

答案：

1. 只有图1中的1号、2号、5号、6号和7号图形满足条件。其中只用6号图形拼成面积为16的正方形的方法见图2，其余几种的拼法都很容易。所以可用的图形共有5种。

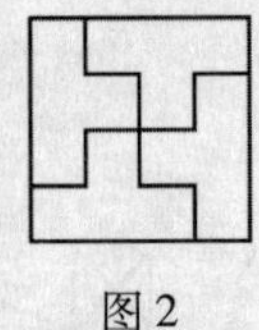
图2

2. 因为总面积是16，每一小块的面积是4，所以必须用4块拼成。题目要求用4种图形，可见每块图形的形状各不相同。只有三种可能的搭配方法，见图3。

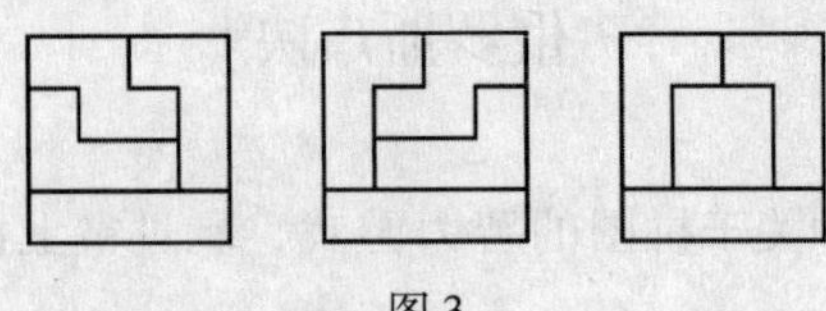
图3

这三种方法所用图形的编号分别是：

1，2，3，7；

1，2，4，7；

1，2，5，7。

所用四种图形编号之和的最小值是 $1+2+3+7=13$。

四橡镇兄弟分家

每个国家都有数字地名，美国的建国历史很短，但数字地名倒也不少，四橡镇就是其中之一。据说四橡镇的得名与一位早期移民有关，此人拥有一大块土地。临终之前，他立下遗嘱，规定要按照四株老橡树的位置分划土地，平分给他的四个儿子，每个儿子所分到的土地当中必须有一棵老橡树，不准将树移植，只能维持现状。若有一棵树死亡，那就将这块土地充公。

老人家去世后，四棵橡树的实际位置给儿子们造成了无法克服的困难。他们无计可施，只好诉诸法律。四个兄弟几乎耗尽了自己所有的财产，问题仍然得不到解决。最终，他们只好把土地卖掉，官司便自动取消了。

美国趣味数学大师山姆先生把这个故事改编成一个智力趣题。设想，老头子的这块地是一个 8×8 的正方形，四棵橡树排列在对边中点连线的左侧，间距相等，各占一格。要求把这块地分成四块面积相等，最好形状也能相似，并且每一块中各有一棵橡树的图形。

答案：

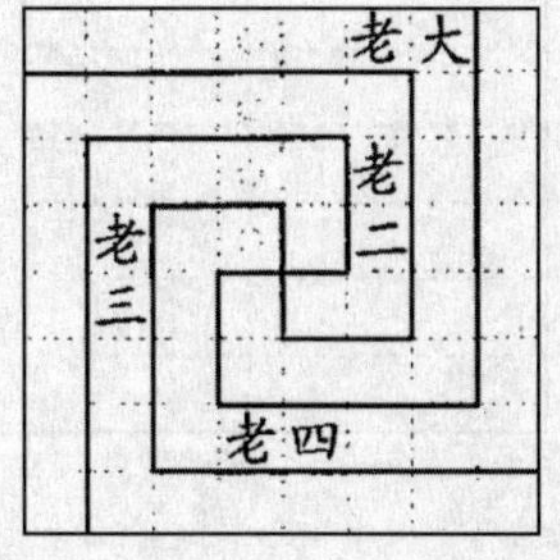

等分图形

沿着线条把这个模板分成四部分，使每一部分都包括一个三角形和一颗星。每一部分的形状和大小必须相同。但三角形和位置可以有所变化。你能做到吗？

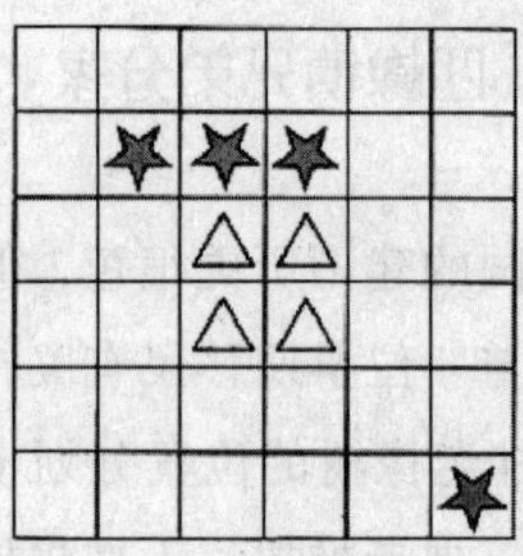

答案：

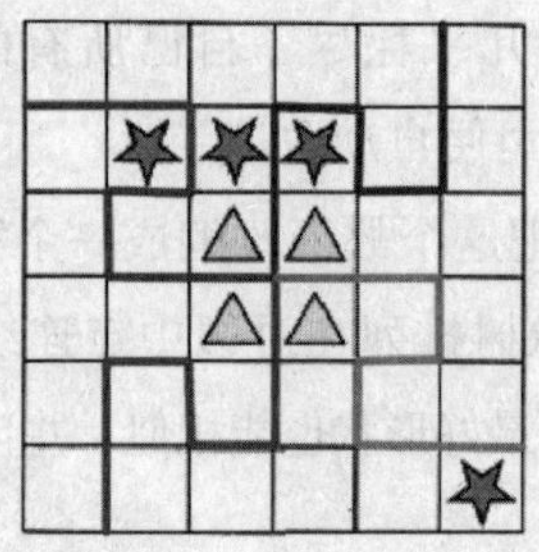

方格涂色

下面是一个7×7的正方形，内有49个方格，至少要涂多少个方格，才能使其中每个4×4的正方形内正好都有5个方格涂色。

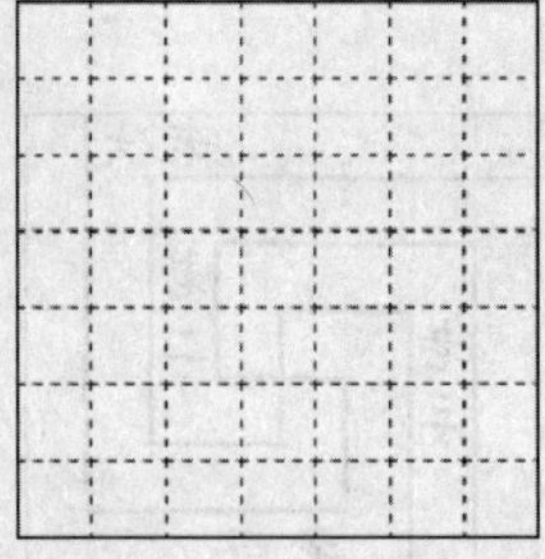

答案：至少要涂9个方格才能使每个4×4的正方形内都有5个黑格，具体如下图所示。

图形匹配

根据图1、图2间的关系，找出A、B、C、D、E中适合图3的一幅。

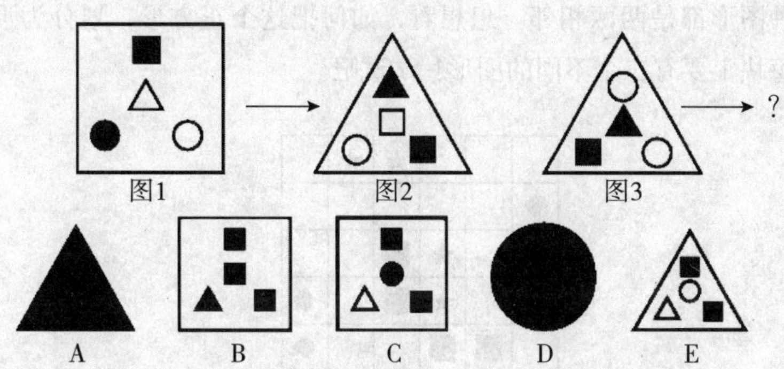

答案：A图。中间图形变成了外部图形。

鸟类分家

动物园的大鸟笼里有3种鸟类，共36只。请你在数字标记处画3条直线，把大鸟笼分成6块，并且每一块要有3种鸟类，每种2只。你能办到吗？

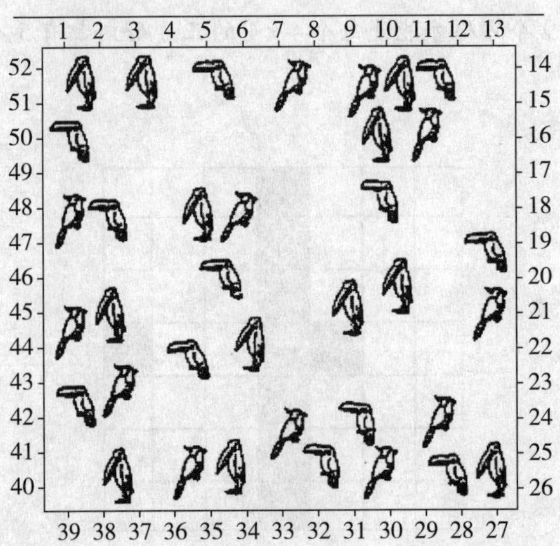

答案：在2和33、8和29、18和43之间画3条直线，就可以将大鸟笼分成6块，并且每一块有3种鸟类，每种2只。

智力拼板

图中的三种图形都是两两相邻。想想看，如何把这个正方形，划分为形状相同的四块。当然，每块上要有三个不同的图形！试试吧。

			★	★	
◆					
◆		★	■		
		★	■		◆
	■	■			◆

答案：

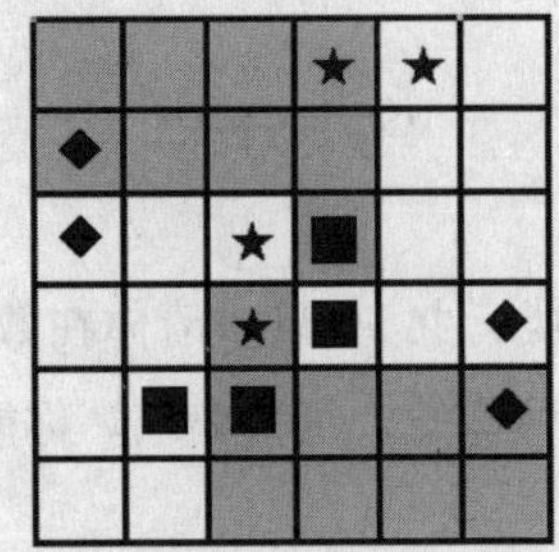

组合矩形

下列图形有两个突出部分，你能否将它分割成两个部分，再重新组合成一个完整的矩形吗？

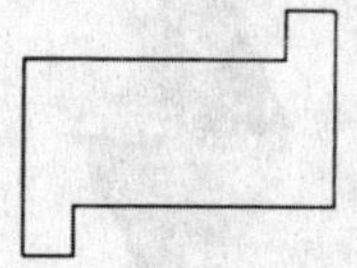

答案：如图所示，将图形分割成 A、B 两部分，然后作适当移动，重新组成一个矩形。

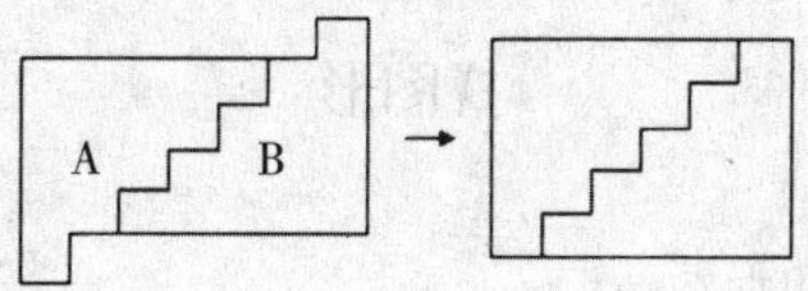

巧修黑板

图中这块黑板的两个角掉了。你能不能不用其他木料，把它拼成一块完整的黑板呢？

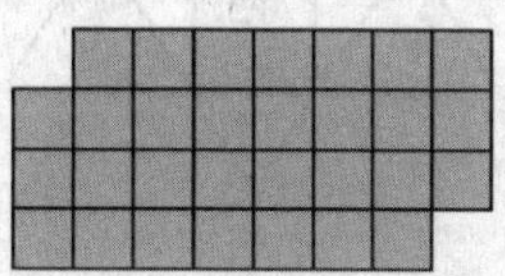

答案：分割与拼合方法如图所示。

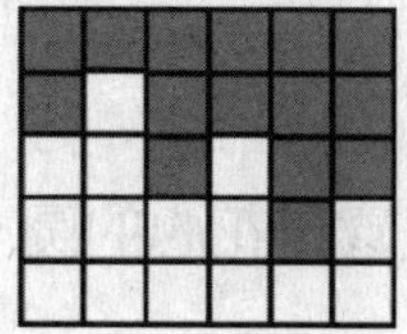

有多少个呢

下图中，一共有多少个三角形呢？看仔细！

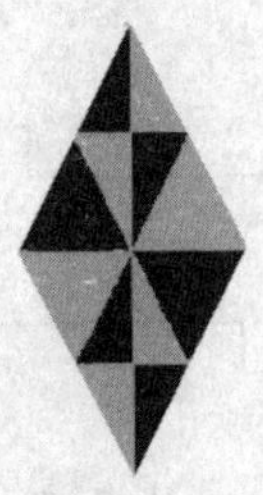

答案：28 个三角形。你答对了吗？

找图形

1. 图表中有多少个三角形？
2. 图表中有多少个长方形？
3. 你能够找到多少个六边形？

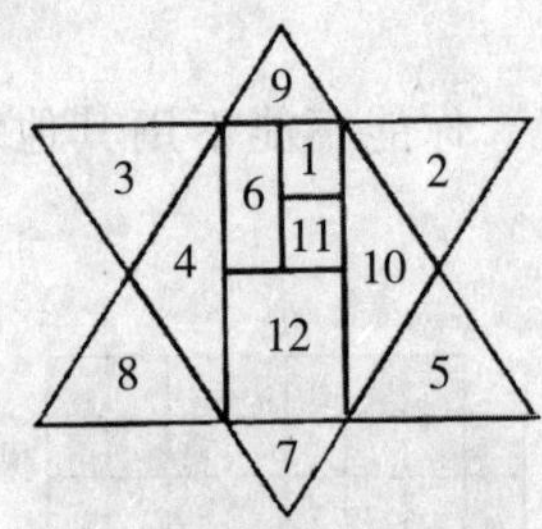

答案：

1. 14 个
2. 7 个
3. 两个（分别由 1、6、7、9、11、12 和 1、4、6、10、12 组成）

穿过花心的圆

请看下面的图，有一个圆刚好通过一个黑色花瓣、一个灰色花瓣和一个白色花瓣的中心。请问，依据这样的条件，并且不超过本版范围的圆，可以画出多少个？

答案：从图中可知，没有3个花瓣在一条直线上，所以，任意选取1个黑花瓣、1个灰花瓣和1个白花瓣，其3个中心可以构成一个三角形，必然可以画出一个圆经过三角形的3个顶点，所以，总共可以有$2\times2\times2=8$个圆。但是，包含最下方的1个黑花瓣、1个灰花瓣，以及左方的白花瓣的圆，半径会变得很大，画出的圆会超出本版面，所以，本题可以画出7个圆。

巧妙分蛋糕

如图所示，4刀可将一个圆形蛋糕笔直切成10片。有没有可能再多切出1片，即将蛋糕切成11片？

你能得出一条通用的规则吗？这条规则找出给定数目的直线最多能将一个平面切成几部分？

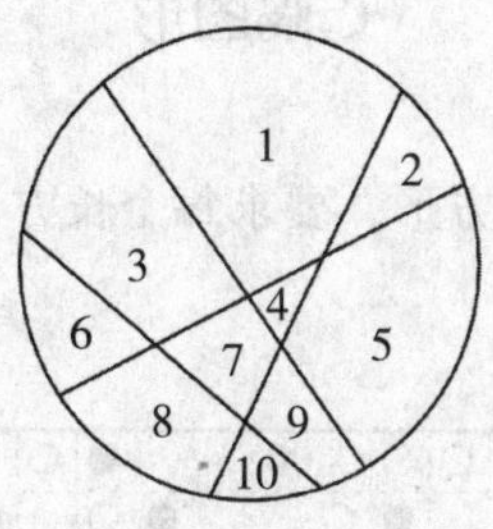

答案：如图可切出11片。

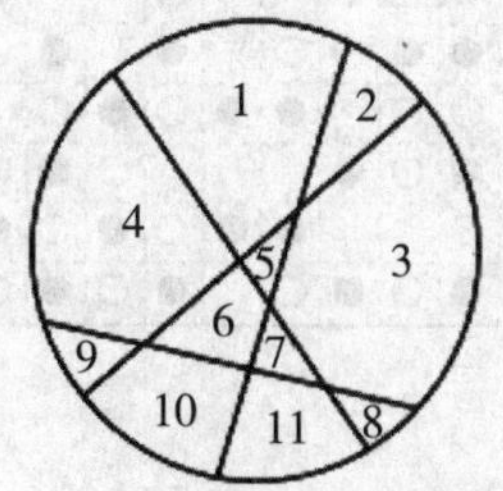

多出一块

图中有一块图形，是 8×8 的方格。现在按照图中黑线分成四个部分，然后按下图所示，拼成一个长方形。

但是现在问题也出现了，原来的 8×8=64 个方格，现在变成 5×13=65 个方格了，为什么会多出一个方格呢？

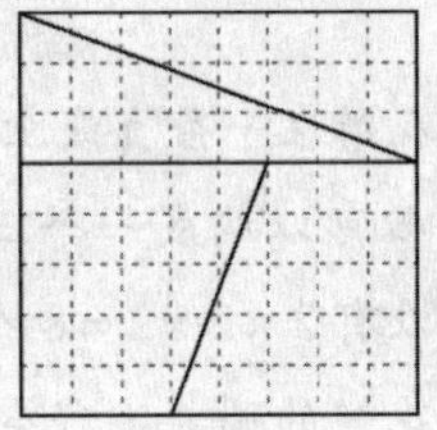

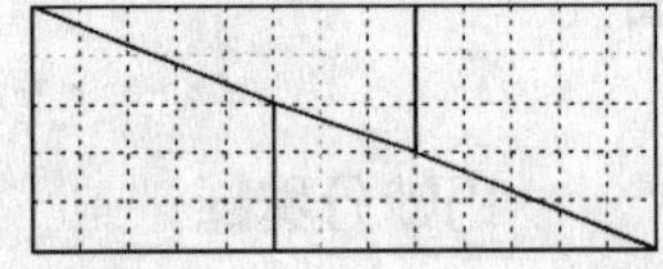

答案：通过相似三角形求比，可以发现小三角形和大三角形的斜边的斜率是不一样的，也就是说长方形中间的那条斜线并不是直线，即有些部分会重叠，有些部分会空缺，这就解释了为什么会多出一块。

巧隔图形

请你将格子图分隔成 35 个长方形，要求每个长方形内都要有 1 个白圈和 1 个黑点。应该怎样分隔呢？

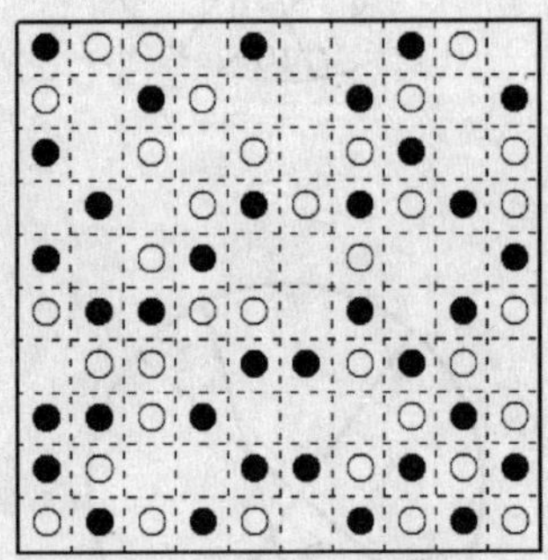

答案：

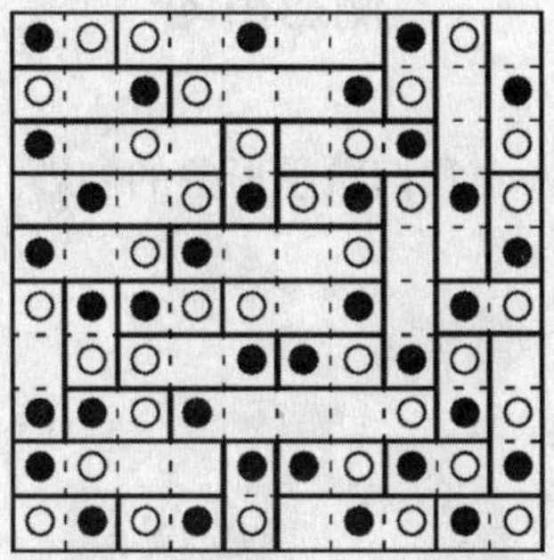

巧隔四格

下图为 17 × 17 的格子纸中有 33 个含有 4 的格子。

请将格子纸的部分格子涂黑，并用连续的黑格将整张格子纸分隔出 33 个 4 格小区，每个小区内必须包含有一个含有数字 4 的格子。

请试试看吧。

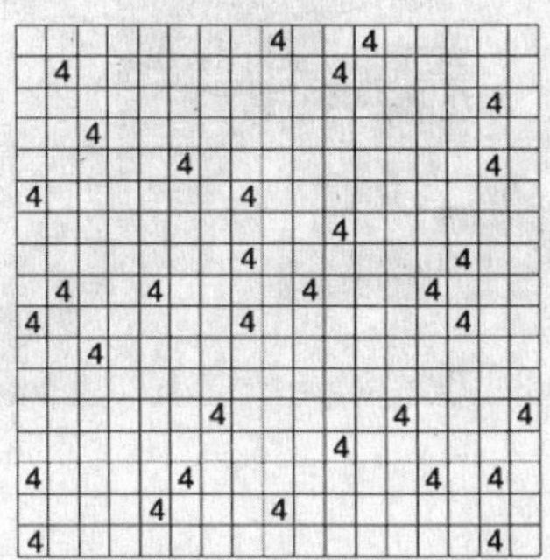

答案：

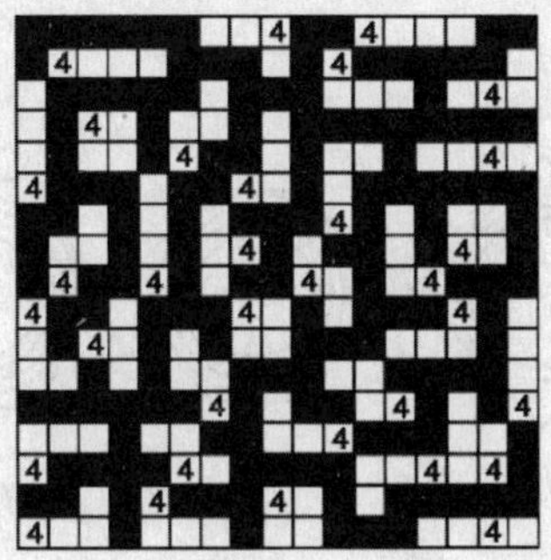

侧影拼图

请用下面的 6 块拼图拼出一个我们熟悉形象的侧影。你知道应该怎么拼吗？

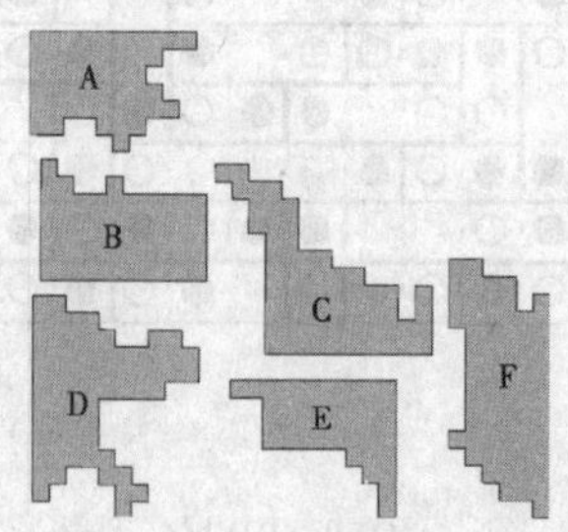

答案：

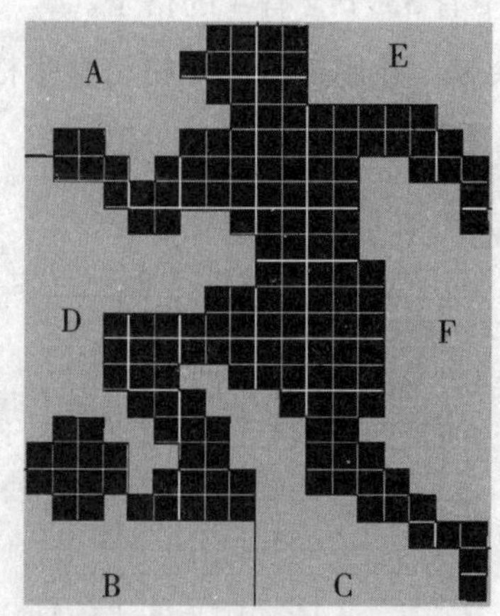

不相称的组合图形

哪个图与其他图不相称？

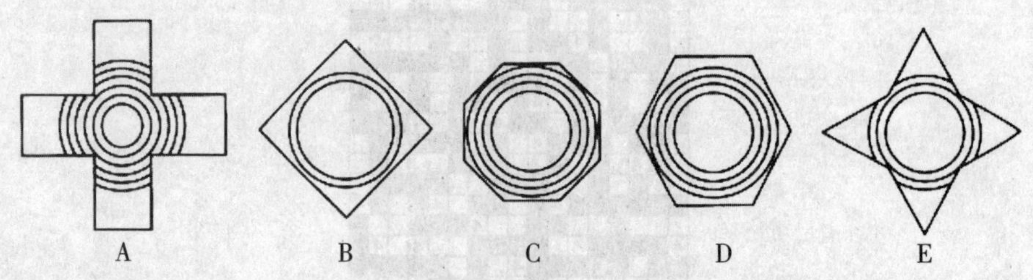

答案：选 D。除 D 之外，其他各图中圆的数目等于相关图形之边的数目的一半。

不相称的三角形组合

下图哪个图与其他图不相称？

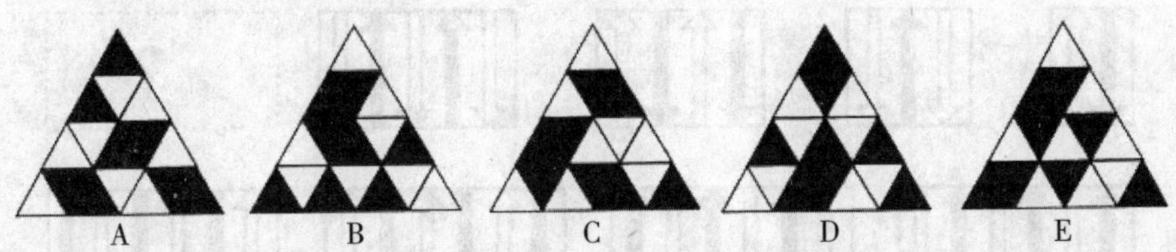

答案：选E。将每一个大三角分成四个相等的中三角——三个角朝上，中心朝下，除了E之外，所有中三角包含两个小黑三角和两个小白三角。

挑出圆中圆

何图有别于其他四图？

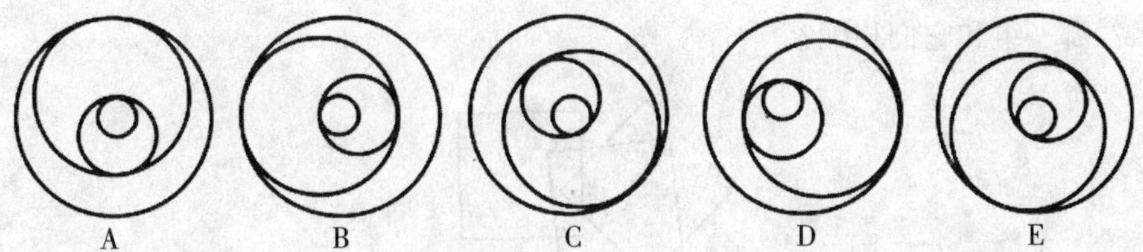

答案：选D。因为其他4图最小的圆与略大于它的圆相连的边均与前两个圆相连之边方向相反。

不相称的圆圈组合

下图哪种圆圈组合与其他组合不相称？

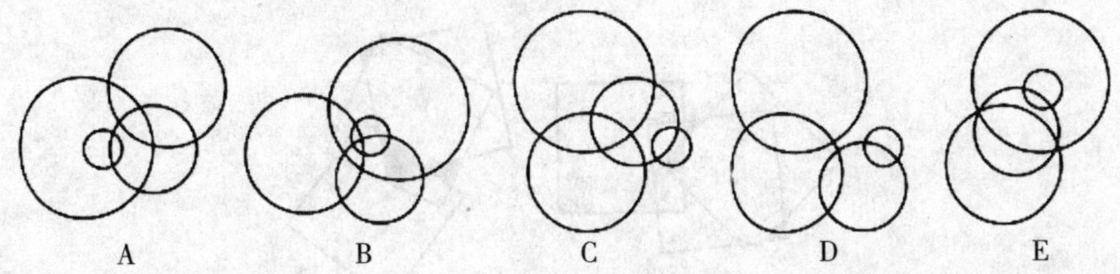

答案：选E。除E之外，每一个圆与略大于它的圆都以较小的部分相交。

取代问号的箭头组合

A、B、C、D 中的哪一个应该取代问号？

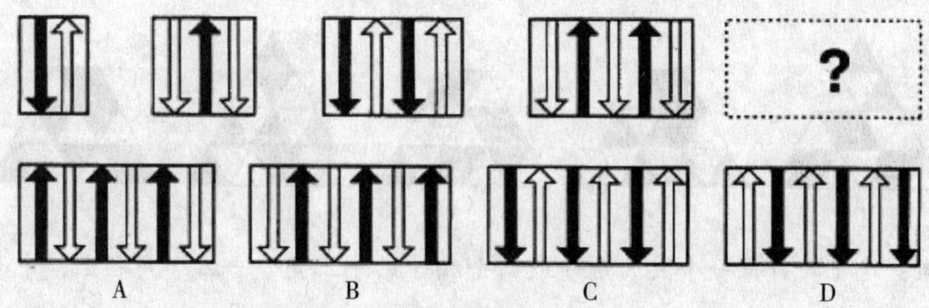

答案：选 C。当黑箭头朝下时，必定以黑箭头带头。

三个正方形

观察 3 个正方形，它们有一个特点，下列只有一组图形具备这一特点。这一特点是什么？哪一组和它们相配？

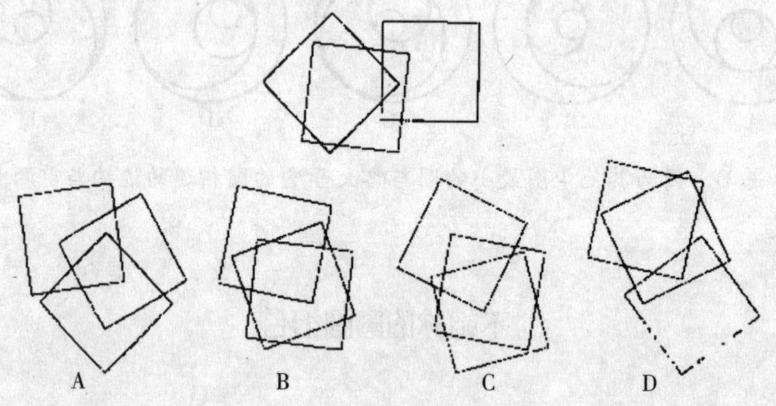

答案：选 D。如图：

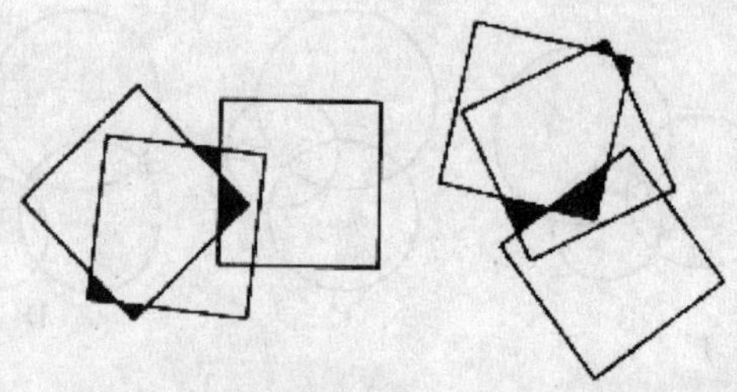

两幅图都是 3 个正方形组成了 4 个三角形。

带锯齿的图形

下图哪个图与其他图不相称？

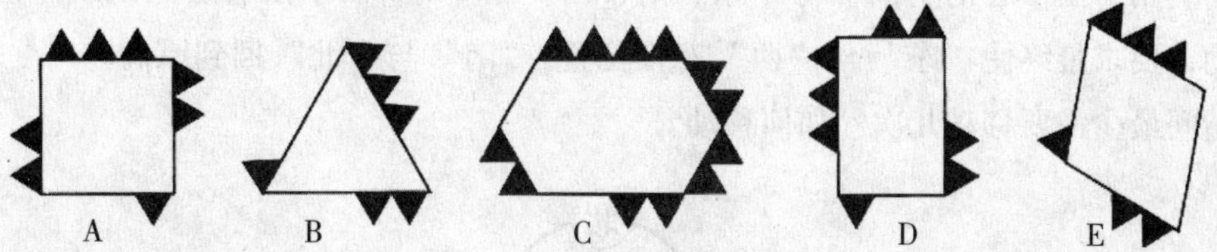

答案：选 E。因为除了 E 之外，所有各图中的小三角形都是它们所围绕的图形之边的倍数。

不相称的积木盒

下图哪一盒积木与其他三盒不相称？

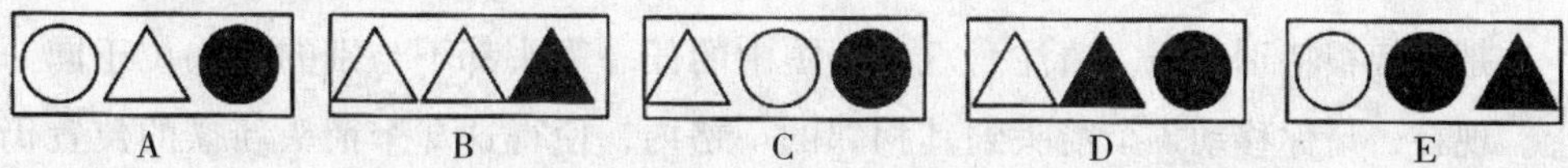

答案：选 D。因为除了 D 之外，黑圆等于 1，黑三角等于 2，黑圆等于 3，黑三角等于 4。左边两个图形的总和等于右边图形的总和。

找钟表店

在钟表店的地图侧面，写着几个时刻。据说这样就能知道钟表店在哪儿了，试着找找其中的规律吧。

那么钟表店是 A 到 J 当中的哪一个呢？

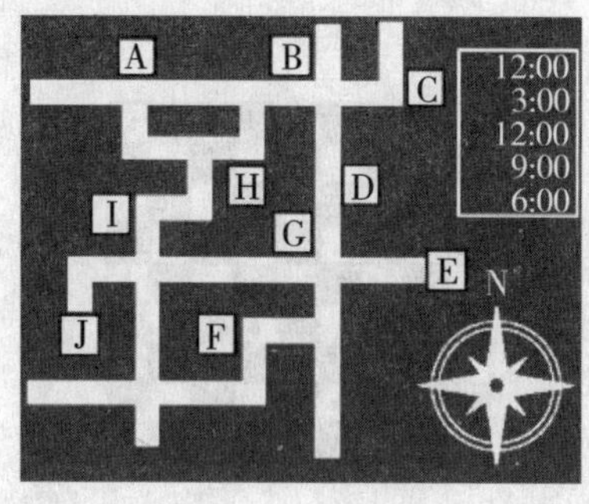

答案：时刻表示行进方向，图中的 H 处就是钟表店。

东西互换

请利用下图中心的空圈，将“东、南、西、北”4 个汉字沿着所画的线一次一个地移动，要求最终使“东”与“西”对换位置，“南”与“北”回到原位。

请问最少需要移动几次？如何移动？

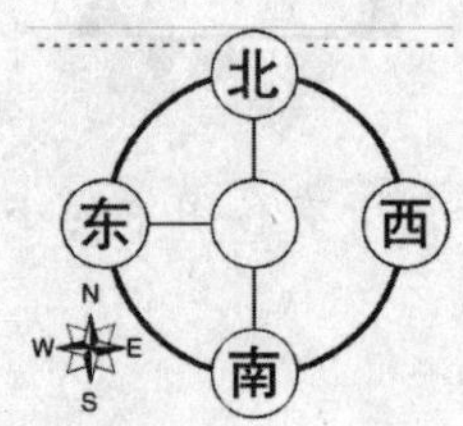

答案：需要移动 9 次。移动方式如下：南、东、北、西、东、南、西、北、西。

巧妙移动

这是一幅很特别的图，请注意观察，图中的任一箭头都不与别的箭头位于同一直线上。现在，请你移动 3 个箭头到其相邻的一格内，使得这 9 个箭头新摆的位置仍然保持没有两个在同一直线上。试试看吧！

（注：所谓“相邻”的格子，是原来格子的上、下、左、右、斜等八个方向的任一邻格。）

答案：

卡片游戏

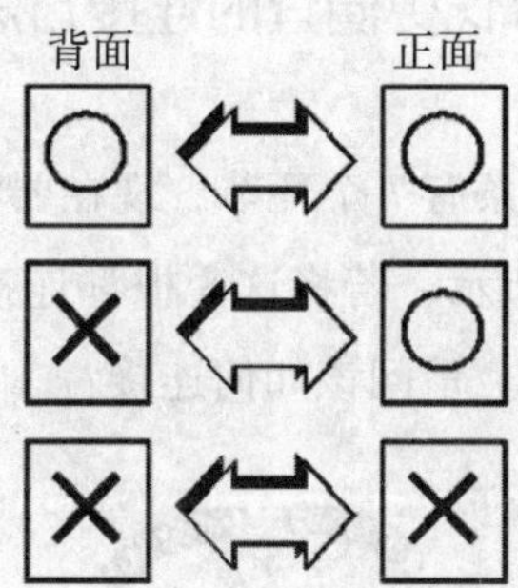

在赌场附近，有个人在路边摆了个小摊，摊上有3张在正面和背面分别印有符号“○”和“×”的卡片，具体如上图所示。

他说：“我把这3张卡片给你，请你背着我选出1张放在桌面上，正面朝上也行，背面朝上也行。然后，把朝上的面给我看，我来猜它朝下的那面是什么符号。如果我猜对了，你付给我10元，如果我猜错了，我付给你11元。”

卡片两面印刷的“○”和“×”数量各半，并且，也没有其他记号，如果参加游戏的人很多，你认为摊主怎么猜才能有把握获利？

答案：摊主照着看见的符号猜，就有三分之二的机会猜中。如果参加的人够多，就有把握获利。

巧移猫位

这里排着1行黑白相间的6只小布猫（如图所示）。移动时，必须相邻的2只一起动，而且不准相互换位，只许移动3次，你能使黑猫、白猫按左右分开排列吗？

当你完成要求之后，再增加黑、白猫各1只，8只猫黑白相间排列，你能按上述要求，移动4次再把它们按黑、白左右分开吗？

答案：第一步把第4、第5只猫平移到第6只猫后面；第二步把第1、第2只猫移到4、5空出的原位置；第三步把左面的2只移到最右面。

寻找更便宜的连接方法

这里共有8根链条，每根链条有7个环节，现在要将这8根链条全部连接起来。每连接1个，需花费40元。如图所示，若将这8根都连接起来，自然要花320元。但实际上，有一种更便宜的连接方法。请问该如何连接？

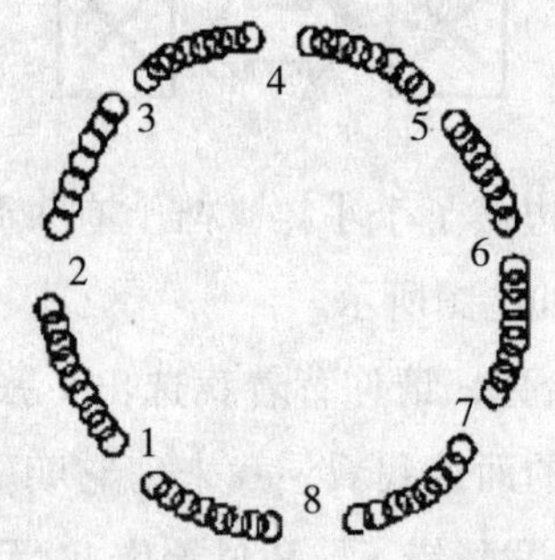

答案：如图所示，将其中1根链条的7个环节全部拆散，再用这7个链环将其余7根链条连接起来。这样，就只需花费280元。

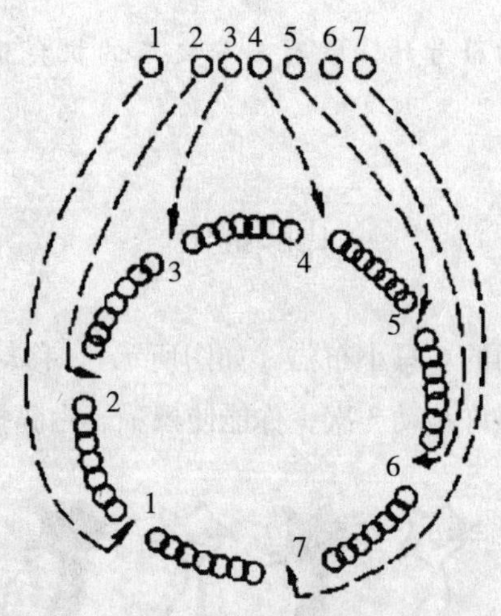

设岗布哨

围绕1个正方形堡垒四壁，需要布设16个哨兵。第一种方案：每一面都安排5个哨兵（如下图所示）；第二种方案：每一面都安排6个哨兵；第三种方案：每一面都安排7个哨兵。请问按后2种方案，应该如何布设哨兵？

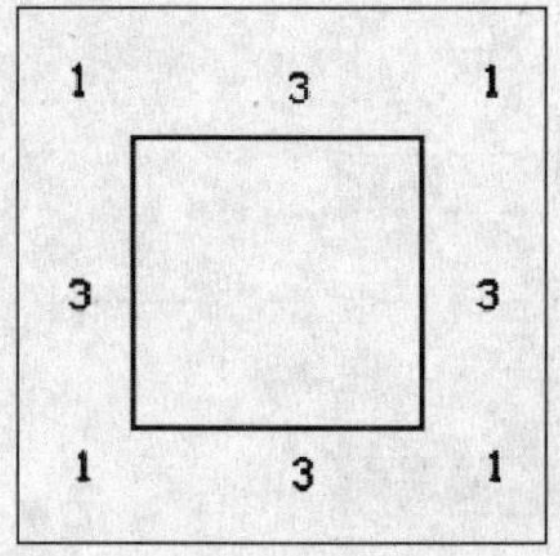

答案：每1面安排6个哨兵（如左图所示），每1面安排7个哨兵（如右图所示）。

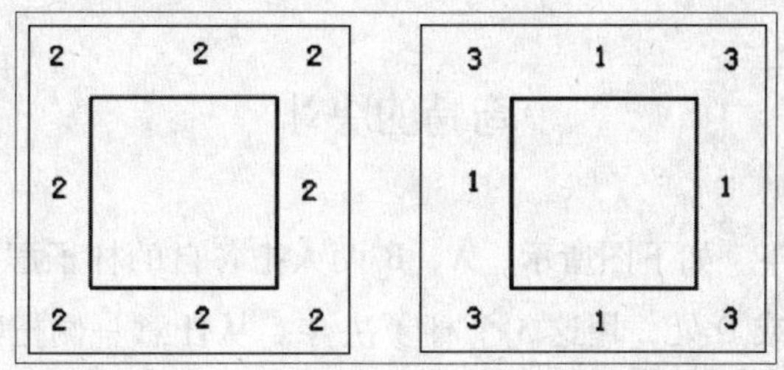

间谍工作

有3个间谍，他们接受了在从A到G这7个房间从事秘密工作的任务。假设每个间谍从进入房间开始工作到结束需要3分钟，并且，一个房间不得同时进入两个以上的间谍。那么，完成7个房间的秘密工作最短需要几分钟？

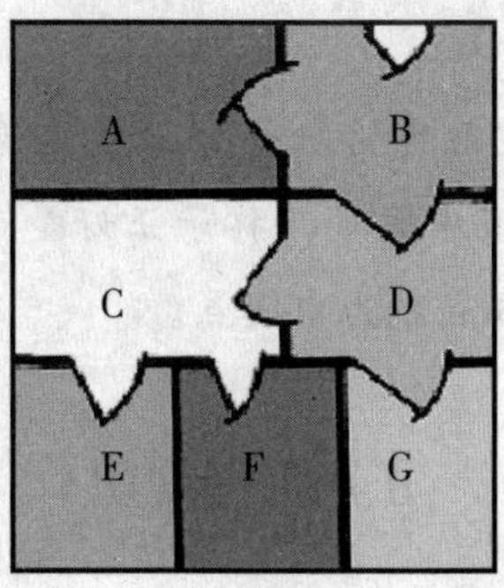

答案：7分钟。将一个房间的工作量分摊在3个间谍身上就可以做到。

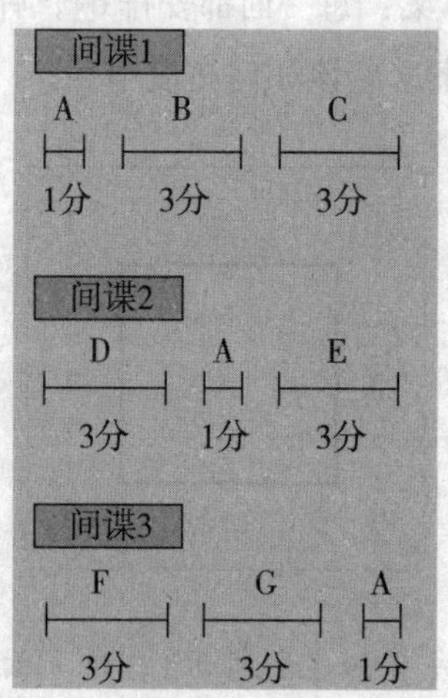

奇特的决斗

有一场奇特的决斗。如下图所示，A、B 两人把各自的杯子摆放好，侍者再把盛有毒药的杯子放在 C 处或 D 处，用这 3 个杯子决斗。从任意一侧把毒药倒到与毒药杯子相邻的杯子里，倒到第 55 次时，自己的杯子被注入毒药的一方必须把毒药喝下去。假如你是侍者，想暗中让 A 取胜，那么该把毒药杯子放在 C 处还是 D 处？

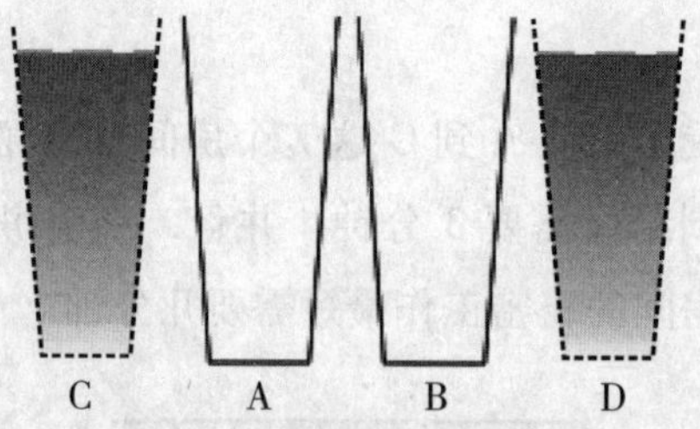

答案：放在 D 处即可。决定胜负的是第 55 次，即奇数次。在 3 个杯子中，不论毒药放在 C 处还是 D 处，肯定只有中间那只杯子正好是奇数次。所以，要想使 A 获胜，可把毒药杯子放在 B 旁边，使 B 点成为中间点。

正方形的规律

仔细观察下面第一排的 3 个正方形，寻找其中的规律。然后根据规律从第二排的 A ~ F中进行选择，看哪一个适合作为下一个图形。

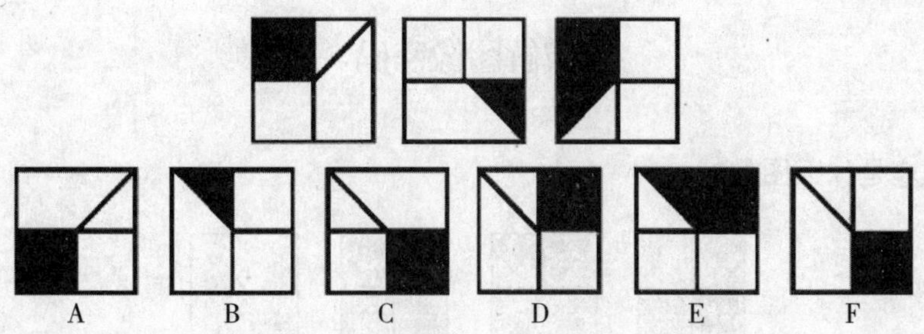

答案：C 适合作为下一个图形。规律为：正方形每一次按顺时针方向转动 90 度，阴影所在部分也随之按顺时针方向转 90 度，并且阴影每次前移一个图形。

应填入什么符号

如图所示，将符号○、△、×填入 25 个空格中，每格 1 个。实际上这是按照某种规律填入的，那么，其中标有“？”的格子应该填入什么符号？

○	×	△	○	○
△	×	△	×	×
×	○	○	△	△
○	△	×	○	○
?	×	○	△	×

答案：应该填入△。其排列规律是从中心向外，按照○、△、×的次序旋转着填充。

复杂图形

请你数一数在下面这个复杂的图形中有多少个正方形？有多少个三角形？

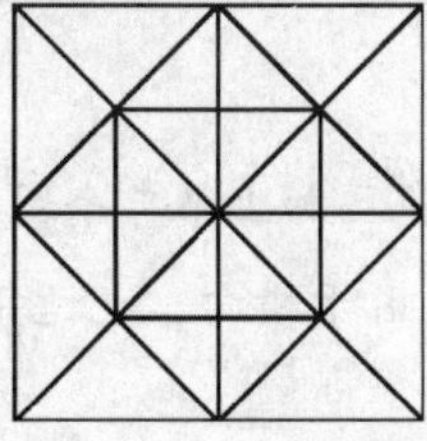

答案：“复杂图形”中有 15 个正方形，有 72 个三角形。

破解图像密码

问号处应是什么图像?

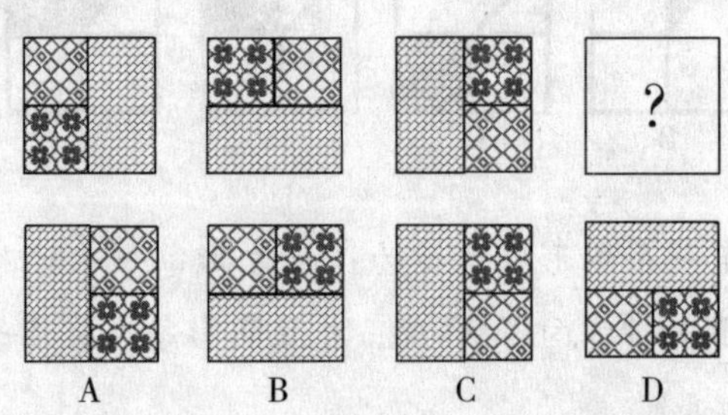

答案：选D。图案照顺时针方向，每次转90度。

找出替代问号的图形

概括图形的排列规律，找出替代问号的图形。

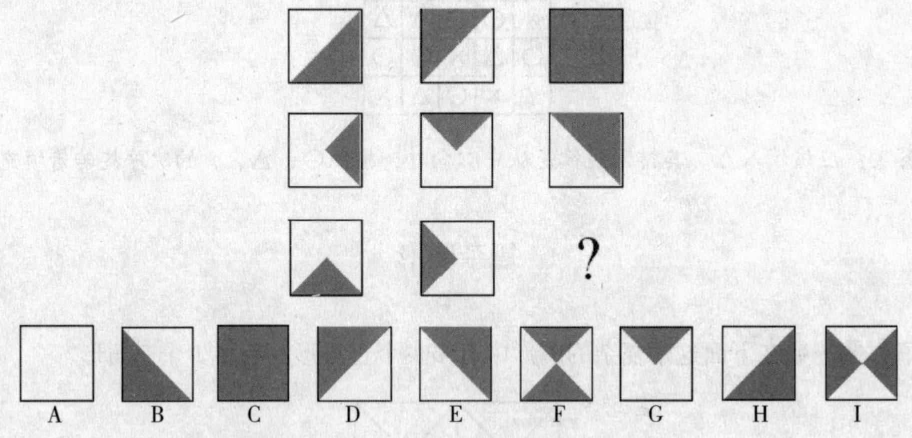

答案：选B。第一个图案的黑色区加上第二个图案的黑色区，也就是黑色区的总和即为第三个图案。这条规律不仅适用于横向，也适用于纵向——这是做这种题的一个重要提示。

推演图像

如果由图1可以推演出图2，那么由图3可以推演出哪个图像?

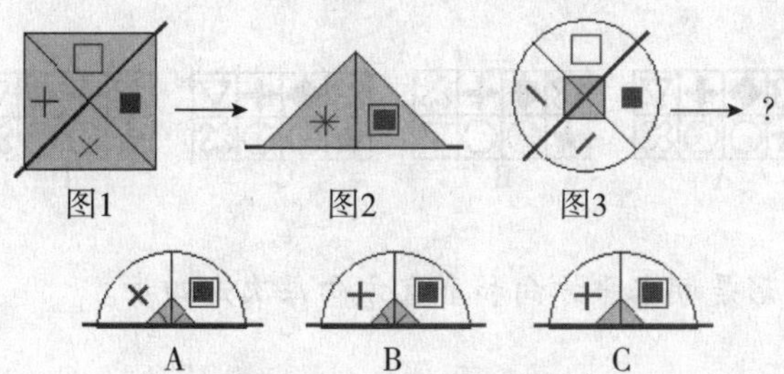

答案：选C。这是一个考查观察、想象、逻辑推理能力的命题。由图1到图2，是一个沿对角线折叠的过程。按照图中标示的对角线将图3折叠，如果不发挥想象能力，将其按照顺时针方向旋转至水平位置，则很难判断出正确答案。

选择靶标

下列靶标中，按照A转化为B，那么C转化为D、E、F、G、H中的哪一个？

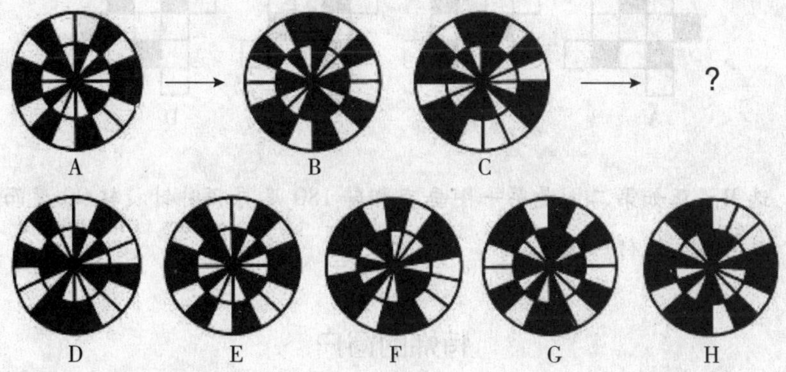

答案：选D。白色部分变成黑色部分，黑色变成白色。图案是横向倒影。

地毯的图案

放入下面的哪一小块才能使地毯的图案一致？

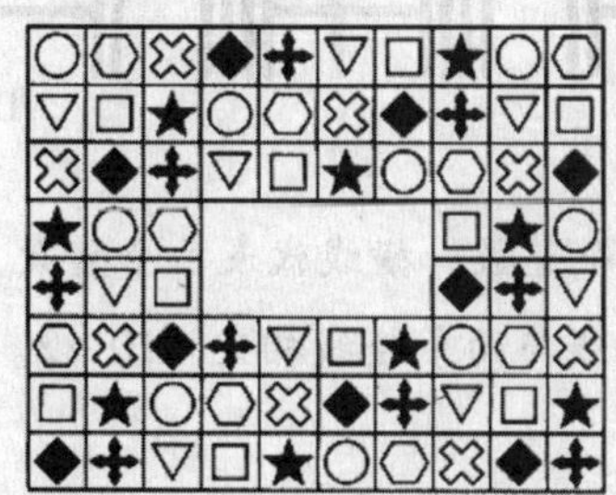

答案：选 A。图形是朝水平方向和垂直方向每次走四步。

取代问号的瓷砖组合

问号的位置应是 A、B、C、D 中的哪一种黑白瓷砖组合？

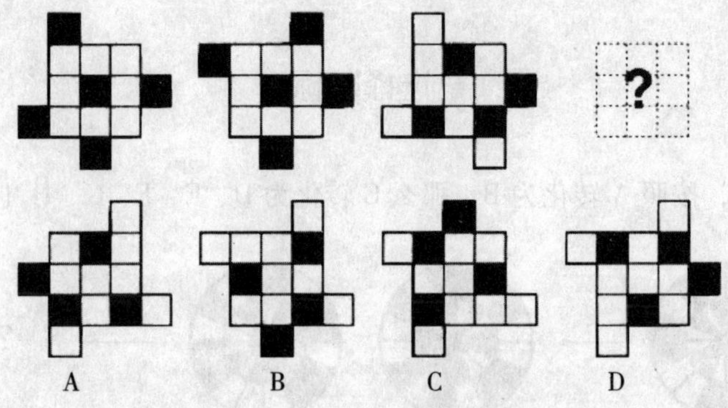

答案：选 B。正如第二图是第一图垂直翻转 180 度再顺时针旋转 90 度而得的一样，B 和第三个图也具有这样的关系。

特殊的窗户

下图是艺术家为自己专门设计的五种别出心裁的窗户，其中哪一种设计与其他四种不相称？

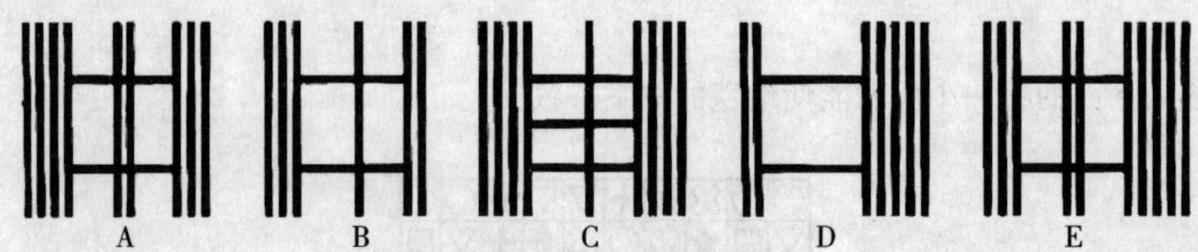

答案：选 E。竖线代表一个整数，横线代表 5 个整数。每一端横竖线数目之积与中间线条的总数相等，即两条横线与两条竖线相交 = 10 + 2。

蝴蝶挂毯

用毛线编织一幅自己家里用的挂毯，打算在上面贴9幅蝴蝶图案。已经贴好6幅，如图1。

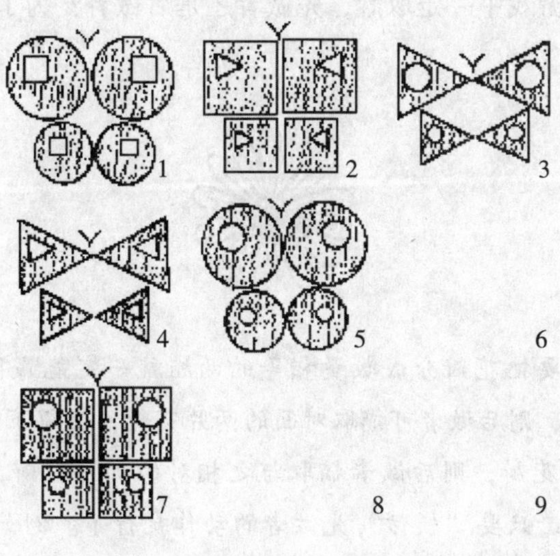

图1

剩下来还没有贴的3幅蝴蝶图案，如图2，编号分别是A、B、C，它们应该各自贴到挂毯上的哪一号位置呢?

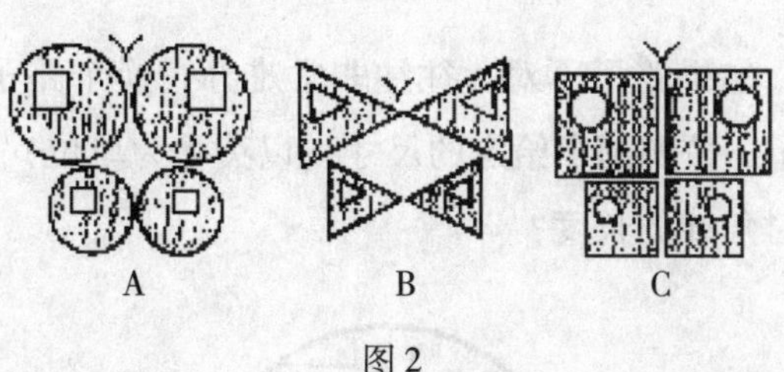

图2

答案：从已贴好的第一行和第一列来看，无论横看或竖看，同一行中3个蝴蝶的翅膀形状各不相同，翅膀上的斑点的形状也各不相同。根据这个规律，剩下的三只蝴蝶图案的贴法应该是：

6号位置贴图案C（方翅方斑）；

8号位置贴图案B（三角翅方斑）；

9号位置贴图案A（圆翅三角斑）。

雏菊游戏

下面的插图中给出了一朵有着13片花瓣的雏菊，两人可以轮流在花瓣上做一点小小的标记，每次可在一片花瓣或相邻的两片花瓣上做记号，谁最后做记号谁就是赢家。你能否说出谁将在这游戏中一定取胜，先做者还是后做者？为了取得胜利他应采取什么样的策略？

答案：后做者只要把花瓣分成数量相等的两组就一定能赢得雏菊游戏。譬如说，若先做者摘一片花瓣，则后做者可摘取对面的两片花瓣，使留下的两组各有五片花瓣；如果先做者摘取两片花瓣，则后做者摘取与之相对的那片花瓣，结果也同上面一样。这样做了之后，后做者只要“模仿”先做者的动作就行了。例如若先做者拿走两片花瓣，在一组中留下2对1这种组合时，则后做者也可以拿走对应的两片花瓣，使另一组中也留下2对1组合。通过这种办法，他肯定能走最后那一步，于是他就赢了。

从角到角

求解一道几何题，如果路子不对，往往非常难办；换个路子，却容易得出奇。这道题目是个典型的例子。按照图中给定的尺寸（以英寸为单位），看你多快就能算出从A角到B角的长方形对角线的长度？

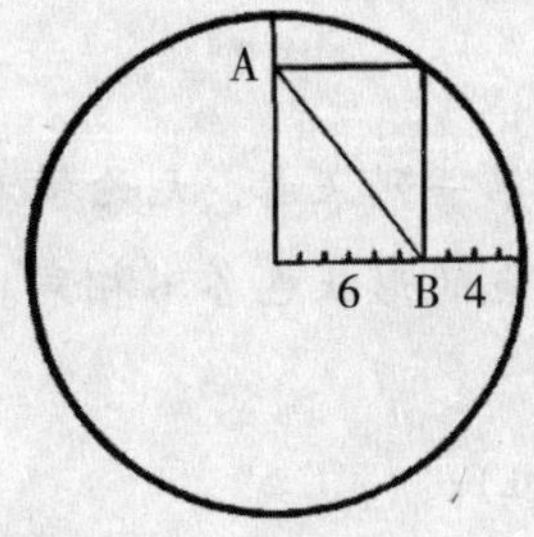

答案：画出长方形的另一条对角线，你立即会看出它是圆的半径。长方形的两条对角线总是相等的，因此从A角到B角的对角线长度等于圆的半径，而这是10英寸！

巧求面积

如下图所示，A、B、C、D、E、F 将圆六等分。圆内接一个正三角形。已知阴影部分的面积是 10 平方厘米，请问圆的面积是多少？

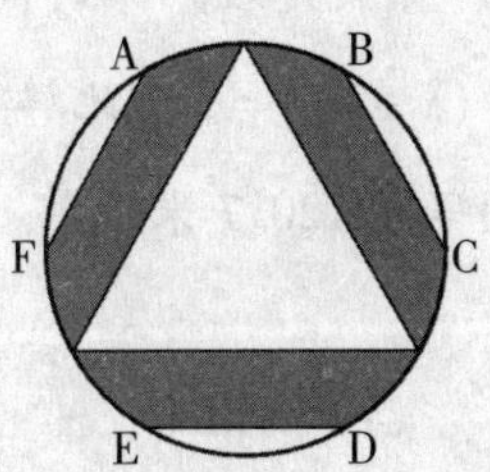

答案：将三角形旋转一定度数后如图所示，观察发现阴影部分的面积就是圆面积的一半，所以圆面积是 $10\times2=20$ 平方厘米。

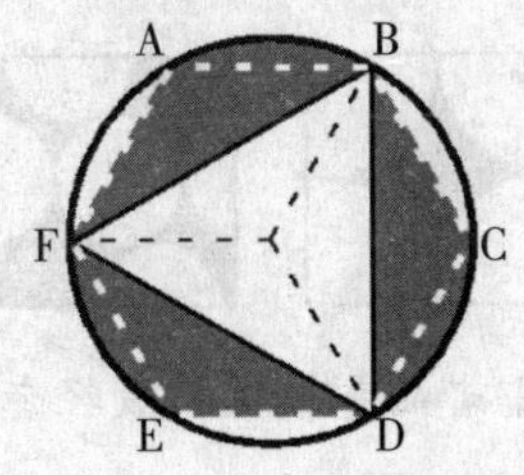

特种兵和他们的警犬

一队特种兵，排成一个 50 米见方队以不变的速度朝前行进。他们的一只警犬，从后排的中心（图中所示的 A 点），向前排的中心（图中所示的 B 点）沿直线小跑，到达 B 点后沿原来的路线返回，当警犬回到 A 点时，特种兵方队正好行进了 50 米。假设警犬小跑的速度保持不变，并且转身时所费的时间忽略不计，那么，它小跑了多长距离？（注意：A、B 两点是随方队移动的动点。）

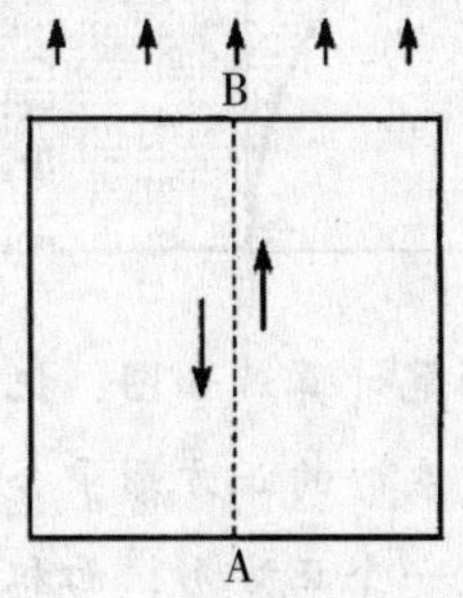

答案：为了简化讨论，我们可以作以下的设定：

令方队的长度即50米为一个长度单位，方队行进一个长度单位所需的时间为一个时间单位。这样，方队行进的速度值也是1。

令x为警犬跑的全部距离。由条件，警犬跑完这段距离正好用了一个时间单位，因此，x也是警犬的速度。在警犬朝前跑时，它相对于方队的速度是$x-1$；在朝回跑时，它相对于方队的速度是$x+1$。警犬是在一个时间单位里跑完来回两程的，因此，下面的等式成立$1/(x-1)+1/(x+1)=1$由此解得x的正值为$1+\sqrt{2}$。因此，它实际跑的距离是$(1+\sqrt{2})\times 50$米约等于120.7米。

比较面积

有4块铁皮，面积和厚度均相同，因做容器，分别被挖掉了一部分（如图所示）。请用最简便的办法，准确地判断哪一块所剩的面积最大、哪一块所剩的面积最小？

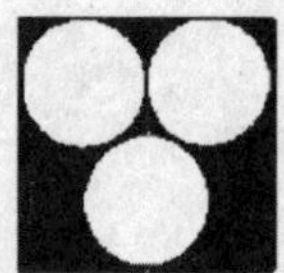
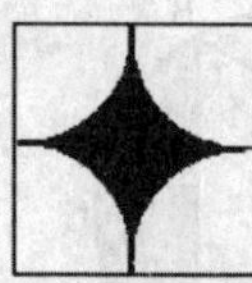
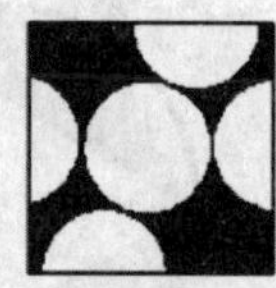

答案：只要称一下重量，最重者面积最大，最轻者面积最小。

弯弯的小河

在如图的长方形地区里，流过一道弯弯的小河。长方形的边长是10米和20米。这段河道的两岸都是圆弧，圆心分别是长方形的一个顶点和一边的中点。在这块地区里，水面的面积和陆地的面积谁大谁小呢？

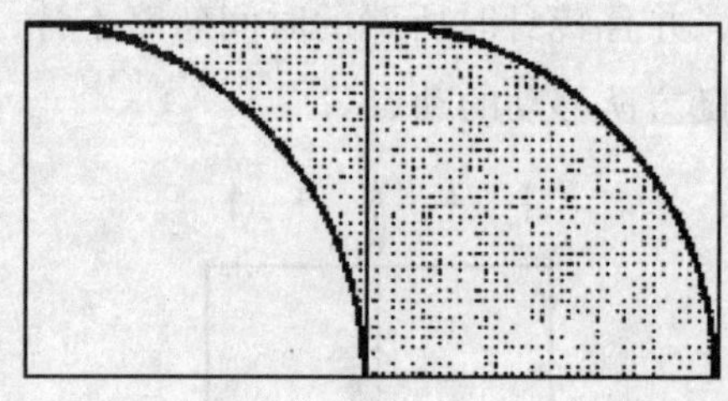

答案：解答这道题，用不着动笔计算。如图，把长方形划分成两个正方形，并且设想把右边的正方形向左移动，与左边的正方形重合，那么右边的一段河岸就和左边的河岸重合。所以两块陆地拼合成一个正方形，面积是整个地区面积的一半。剩下的是水面的面积，也占一半。

结论是：水面的面积和陆地的面积相等。

九色地砖

如图所示为一种九色地砖图样，它是由 9 种不同边长、不同颜色的正方形拼成的长方形图案。

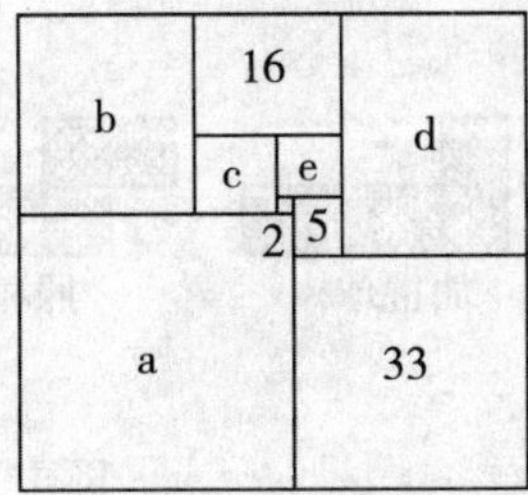

图中每个正方形中间的数字或字母表示这个正方形的边长。最中间一个最小的正方形的边长是 2，由于图形太小，不写进去了。

这些用字母 a、b、c、d、e 表示的正方形边长各是多少呢？

答案：利用正方形的各边相等，从图得到：

$e = 5 + 2 = 7$，

$c = e + 2 = 7 + 2 = 9$，

$b = c + 16 = 9 + 16 = 25$，

$a = 33 + 5 - 2 = 36$，

$d = 33 - 5 = 28$。

只有一些很特殊的长方形才能由若干边长各不相同的正方形不重不漏地拼合而成。这样的长方形叫做完全长方形。图中的长方形是一个边长为 61 和 69 的长方形。

圣诞节礼物

为迎接圣诞节的到来，伦敦一家商店决定将各类礼品装入不同的盒子里，盒子的平面图的例子如下图所示（大小皆等 5 个单位正方形）。要将任意 5 个盒子装入一个底面积为 5×5 的大篮子内，右图的大正方形即为篮子的平面图。下列两排图是 12 种盒子的形状以及盒内的礼品。

露西及菲利浦的父母为他们各买了一篮礼物。已知在露西的篮子内有一个时钟，露西和菲利浦的礼物中没有任何一样重复，每个大篮子中的5个盒子皆不相同。试问两人各得到了什么礼物？

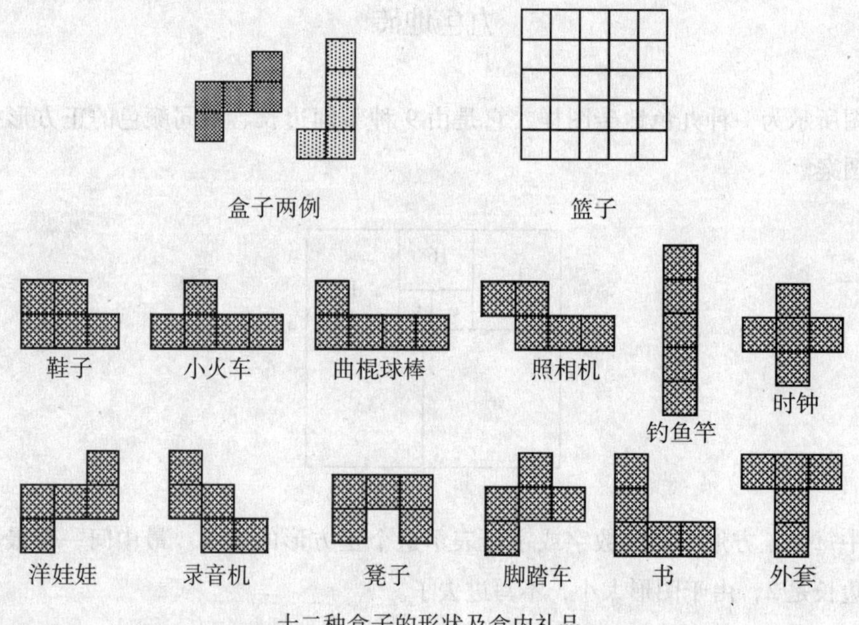

十二种盒子的形状及盒内礼品

答案：两个大篮子内的礼品如下：

菲利浦：外套、照相机、小火车、书及钓鱼竿。

露西：凳子、时钟、曲棍球棒、鞋子及脚踏车。

野炊

同学们正在野炊，分A、B两组。B组的同学在生火时不小心引着了旁边的枯草。他们边扑火边呼救，A组的王林听见了，提起桶就往河边跑。营地四周完全没有障碍物，来去自由。那么你认为王林到B走哪条路最近？

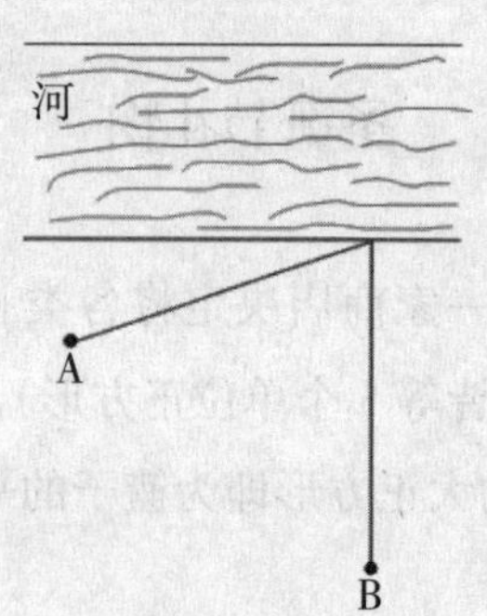

答案：如下图所示，选 AYB，而不是 AXB。如果只是求最近路线，首先取 B 的对称点 B′，这时 AXB 是正确答案。因为 XB = XB′，直线 AB′与 AXB 长度相等。所以 AXB 这条线最近。但是，如果选这条路线，他必须提着沉重的桶从 X 点到 B 点。考虑到省力，他选择了河边离 B 最近的距离 Y 点。我们在求最短路线时，还必须考虑到其他条件，耐心地找出最佳答案。

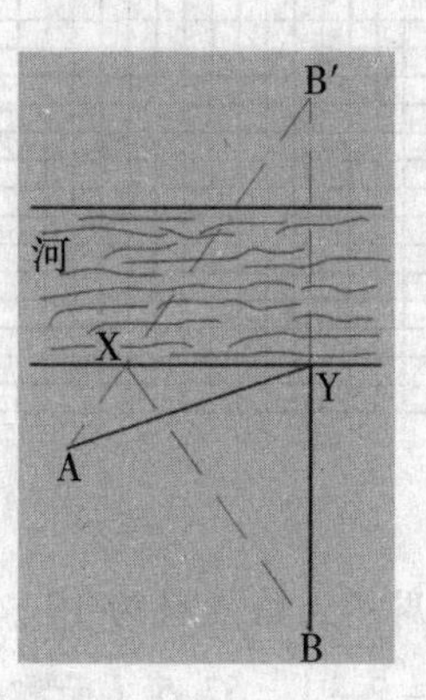

四瓣花

下图所示的花朵图案，有 4 个花瓣，是由 8 条圆弧连接成的，每条弧的半径都是 1 厘米，圆心分别组成一个正方形的顶点和各边的中点。这个花朵图案的面积是多少平方厘米？

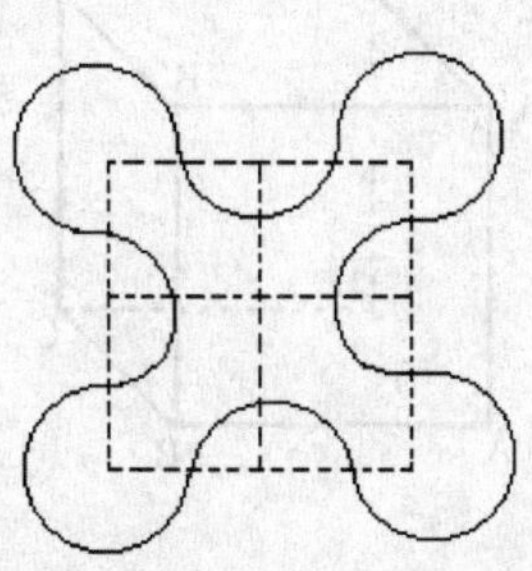

答案：将花朵图案和正方形相比较。从正方形出发，在每一边的中部向内挖去半个圆，每个角上向外拼接四分之三个圆，就得到花朵图案。总起来看，四边四角，共挖去 2 个整圆，拼接 3 个整圆，净增加 1 个整圆的面积。

圆的半径是 1 厘米，正方形的边长是 4 厘米。取圆周率为 3.1416，得到花朵图案的面积是 $42 + 3.1416 \times 12 = 19.1416$（平方厘米）。

“狗”的面积

下图中每个小正方形的面积都是1，那么图中这只“狗”所占的面积是多少？

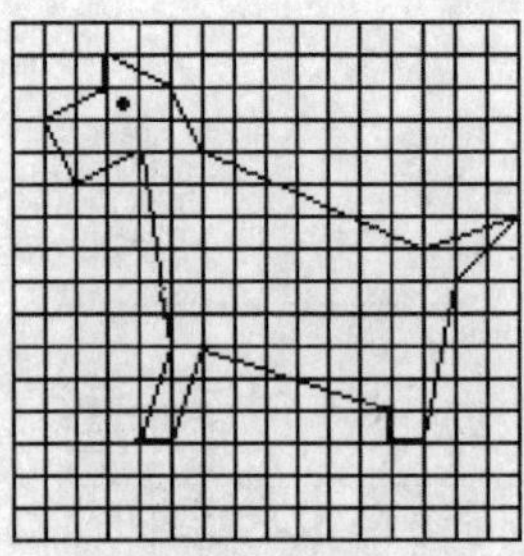

答案：67.5 面积单位。

图形内部格点数为59，图形周界上格点数为19。

所以图形的面积为：59 + 19 ÷ 2 − 1 = 67.5（面积单位）。

还剩多少角

要求很简单：一个正方体（如下图），锯掉一个角，还剩几个角？不过，请注意，这里的“角”是立体的“角”，它不同于平面上的角。

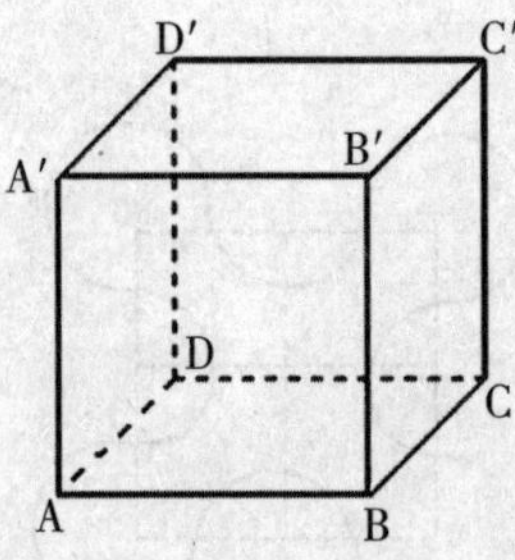

答案：锯掉角的情况有4种，因此剩角的答案也有4种。如图所示：

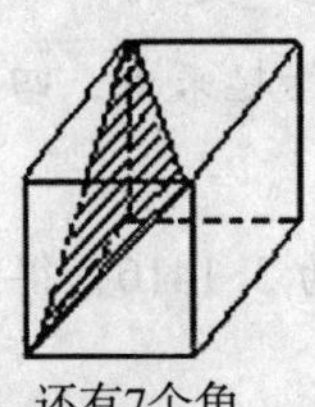

还有7个角

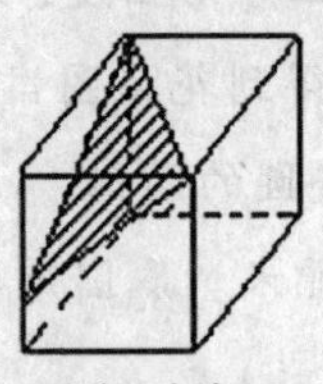

还有8个角

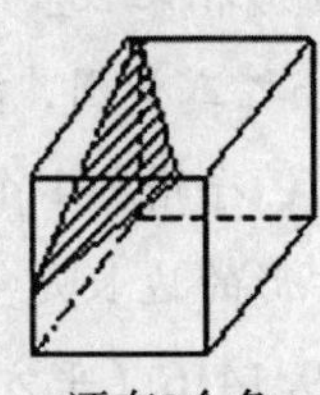

还有9个角

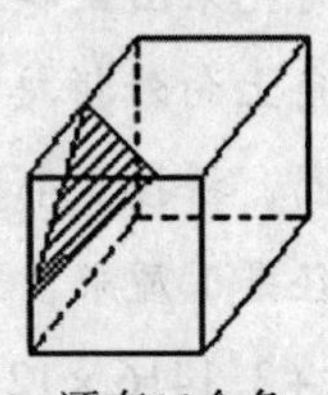

还有10个角

立方体涂黑

有一立方体，其各面都全部用漆涂黑如图。如果你按照图上标出的纵横交错的线条，将其分割为 27 个小立方体，那么，符合下列条件的小立方体，分别有多少个？

1. 3 面均被涂黑的；

2. 2 面被涂黑的；

3. 只有 1 面被涂黑的；

4. 完全没有涂黑的。

答案：大立方体分割为 27 个小立方体，8 个角是 3 面涂黑的；每 1 个面的中间 1 个小立方体是 1 面被涂黑的，6 个面共有 6 个这样的小立方体；中央的 1 个小立方体是完全没有涂的；剩下的就是 2 面被涂黑的。所以，

1. 3 面均被涂黑的有 8 个；

2. 2 面被涂黑的有 12 个；

3. 1 面被涂黑的有 6 个；

4. 完全没有涂的只有 1 个。

巧吃蜜糖

1 个玻璃圆柱筒，内壁距边缘 3 厘米处有 1 滴蜂蜜。外壁上，在蜜滴正对的另一面的点上，落有 1 只苍蝇（图 1）。圆筒高 20 厘米，直径 10 厘米。苍蝇走哪条路才是到达蜜滴的最近路径？如果是图 2 的情况，苍蝇走哪条路最近？

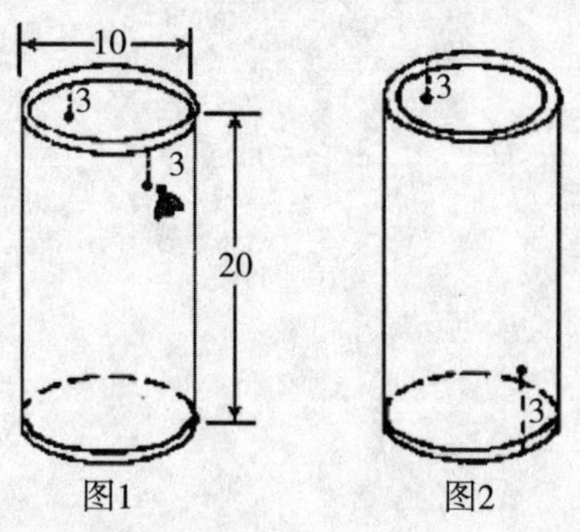

图1　　图2

答案：先把圆筒的侧表面展开，作成平面图形，得到1个高为20厘米，底边长为$10\pi \approx 10 \times 3 = 31$厘米的矩形。把苍蝇和蜜滴的位置分别移到这个矩形上来：苍蝇在A点，蜜滴在B点，与A点高度相同，距离A点是半个圆周长，即15厘米。

现在求苍蝇应爬到圆筒边缘的点。作法如图所示：从B点作关于边缘线的对称点C，把该点用直线与A点连接，直线与边缘线的交点记为D，点D就是苍蝇应该爬越圆筒边缘的地方，ADB则是它应走的最短路径。如果经过边缘上任何其他一点F，则AF加BF的长即AF加CF的长正好是三角形AFC的两边之和，自然大于AC的长。

数理逻辑

六分钟面

有一个钟的钟面，将其切成你喜欢的任意 6 块，而要使每块切片中数字之和全部相等，怎么切呢？

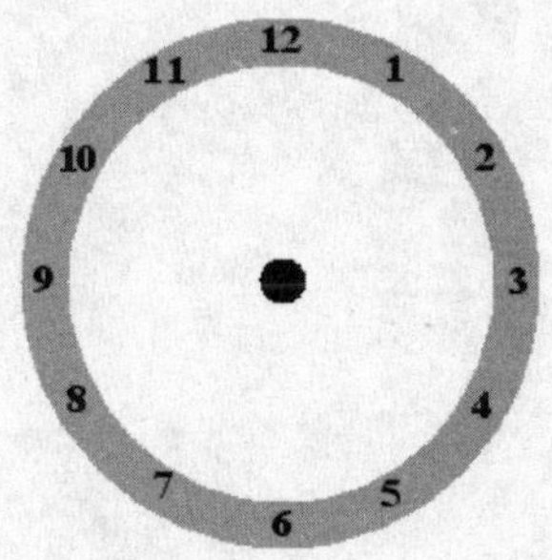

答案：

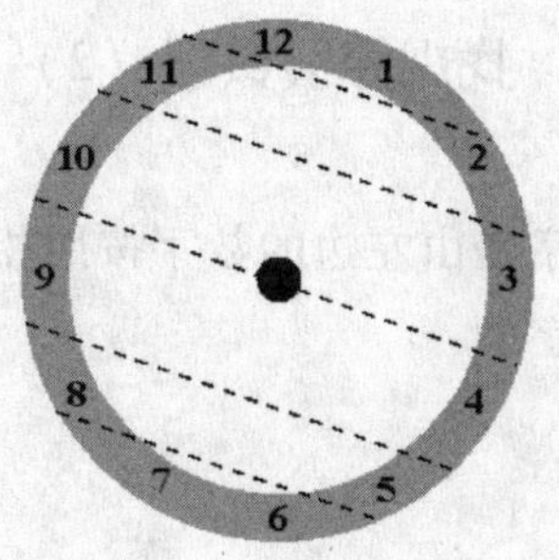

破碎的表盘

一块用玻璃做的表盘掉到石头上摔碎了，碎片散落成了六堆，每堆上的数字之和都为 10，请问这六堆碎片都分别包含哪些数字？

答案：1 和 9；2 和 8；3 和 7；4 和 6；10；5、1、1、1 和 2。

找不同

请找出下面9个数字中与众不同的数字。

⑦ ⑥③ ⑤⑥ ②① ②⑧ ①④ ①① ④⑨ ③⑤

(7) (63) (56) (21) (28) (14) (11) (49) (35)

答案：特别的数字是11。规律是：其他数字都能被7整除，只有11不能。

找规律填数字（1）

每道题目中，右边的数字都是左边的数字通过相同的算式得来的。找出规律，并求出问号所代表的数字。

6 ⟶2

13 ⟶16

17 ⟶24

8 ⟶?

答案：6。（$n-5$） ×2。

找规律填数字（2）

在每个题目中，右边的数字是由左边的数字按照相同的算式得来的。找出其中的规律，并求出问号所代表的数字。

36 ⟶12

56 ⟶17

12 ⟶6

40 ⟶?

答案：13。$n\div4+3$。

第十个数是多少

观察数字下列数字：

1、5、11、19、29、41……这列数中第10个数是多少?

答案：这几个数字是有规律的，$1=0+1\times1$，$5=1+2\times2$，$11=2+3\times3$，$19=3+4\times4$，$29=4+5\times5$，$41=5+6\times6$，依次往下，第7个数字就是$6+7\times7=55$，第8个数字就是$7+8\times8=71$，第9个数字就是$8+9\times9=80$，第10个数字就是$9+10\times10=109$。

看图片找规律

下面哪一个数是特殊的?

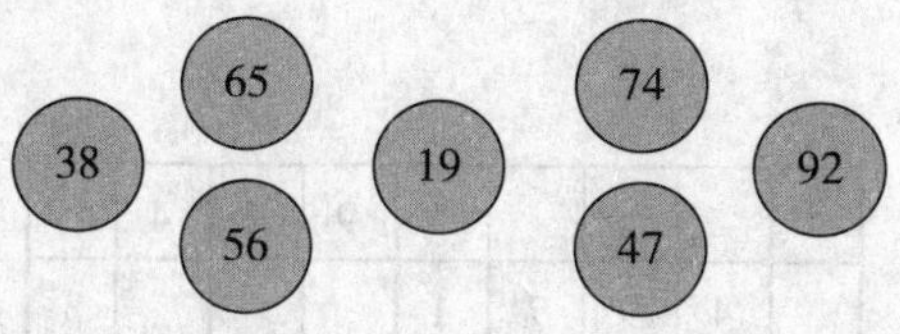

答案：19。两个数位上的数字之和为10。其他的为11。

对调数字

对调两个数字的位置，使图中每一个黑色三角形上的三个数之和都能够相等。你能很快完成吗?

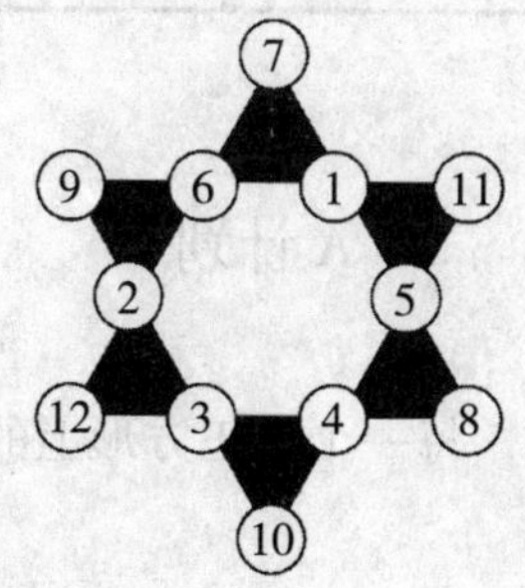

答案：对调数字“9”和“6”即可。

数字屋顶

你能求出屋顶上缺少的数字吗?门窗上的每个数字只准使用一次，并且位置不能调换。

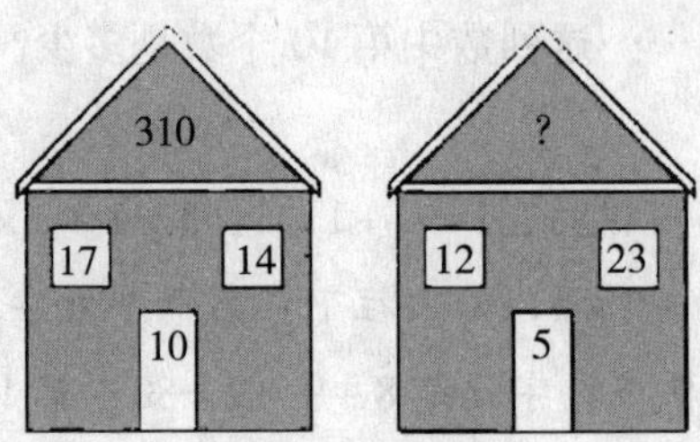

答案：175。（窗户上的数字 + 窗户上的数字） ×门上的数字。

双行数独

双行数独不像以前的九行九列的标准数独，它只有两行，总共只有 18 个小方格。请看下图所示：

8				5	9	7	4	
	4	9	7	1				3

双行数独要求在每一行都得出现从 1 到 9 的数，还要求任何两个邻格内不能是相邻的数字。如果有某格数字是 7，那么在 7 的邻格内就不准再出现 6 或 8。请你一试。

答案：

8	2	6	3	5	9	7	4	1
6	4	9	7	1	5	2	8	3

A 计划

请将数阵中的 A 换成一个数，每一个小正方形上的四个数之和都能相等。

你知道这个数是几吗？

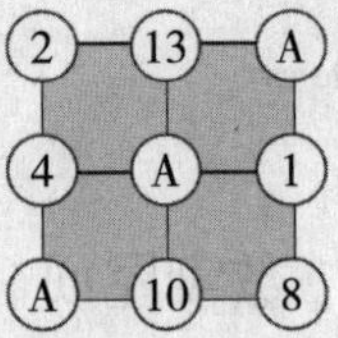

答案：图中的字母“A”代表数字 5。

中心数字

下面每一组图形都有它自己的规律。先把规律找出来，再把空缺的数字填进去。

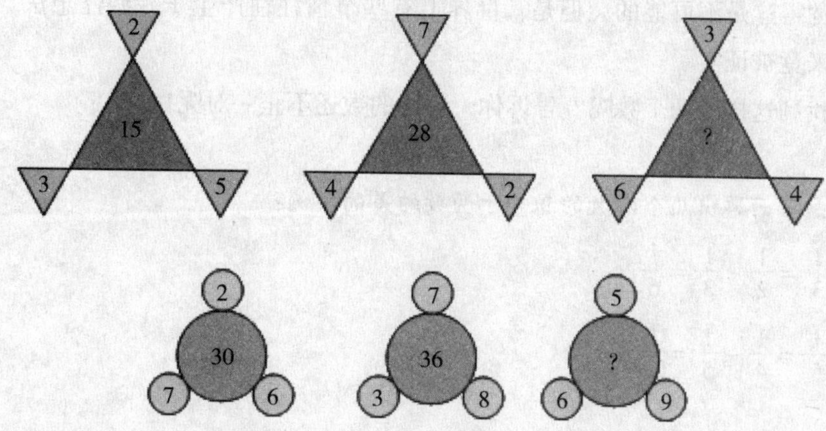

答案：在三角形的那组图形中，外边三角形中的3个数相乘，再除以2，就得到中间三角形中的数字，因此，$3\times4\times6\div2=36$。在圆圈的那组图形中，小圆圈中的3个数相加，再乘以2，就得到大圆圈的数，因此，$(5+6+9)\times2=40$。

打靶

这是某射击场的靶。有一个人打了两个不同的靶，每个靶都是5发子弹，正好都中了100环。你知道他两次分别射中了哪些环吗？

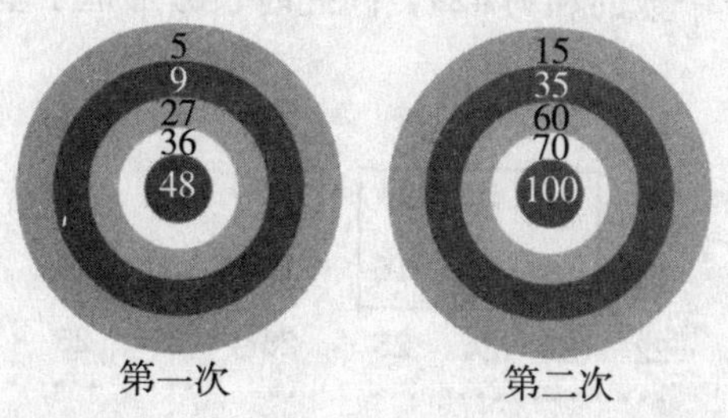

答案：第一次，两发5环，两发27环，一发36环，即$10+54+36=100$环。第二次，答案是一发命中靶心100环，其他全打偏了。第一次相当于正面提问，稍微动动脑筋就能答出来。问题是第二次，当然也可以答作两发15环，一发70环。但应该注意最简单的答案就是一发100环。

有这样的数吗

小明异想天开地提出："世界上应该存在这样两个数，它们的积与它们的差相等。"很多人都觉得这是不可能的。但是，世界上有些事情往往产生于一些怪想法。小明的想法，后来竟被证实了。

你能找到这样的两个数吗？告诉你，这样的数还不止一对呢！

答案：下面举出几个两数的积等于两数的差的实例：

$\frac{1}{2}\times\frac{1}{3}=\frac{1}{2}-\frac{1}{3}=\frac{1}{6}$

$\frac{1}{4}\times\frac{1}{5}=\frac{1}{4}-\frac{1}{5}=\frac{1}{20}$

$\frac{2}{5}\times\frac{2}{7}=\frac{2}{5}-\frac{2}{7}=\frac{4}{35}$

$\frac{3}{4}\times\frac{3}{7}=\frac{3}{4}-\frac{3}{7}=\frac{9}{28}$

长方形框子里最大的数

把从1到100的自然数如下表那样排列。在这个数表里，把长的方面3个数，宽的方面2个数，一共6个数用长方形框围起来，这6个数的和为81，在数表的别的地方，如上面一样地框起来的6个数的和为429，问此时长方形框子里最大的数是多少？

1	2	3	4	5	6	7
8	9	10	11	12	13	14
15	16	17	18	19	20	21
22	23	24	25	26	27	28
…	…	…	…	…	…	…
…	…	…	…	…	97	98
99	100					

答案：观察已框出的六个数，10是上面一行的中间数，17是下面一行的中间数，$10+17=27$是上、下两行中间数之和。这个中间数之和可以用$81\div3=27$求得。

利用框中六个数的这种特点，求方框中的最大数。

429 ÷ 3 = 143

(143 + 7) ÷ 2 = 75 75 + 1 = 76

最大数是 76。

车马炮之和

用中国象棋的车、马、炮分别表示不同的自然数。如果，车 ÷ 马 = 2，炮 ÷ 车 = 4，炮 - 马 = 56，那么“车 + 马 + 炮”等于多少？

答案：车 ÷ 马 = 2，车是马的 2 倍；炮 ÷ 车 = 4，炮是车的 4 倍，是马的 8 倍；炮 - 马 = 56，炮比马大 56。差倍问题。

马 = 56/(8 - 1) = 8，炮 = 56 + 8 = 64，车 = 8 × 2 = 16，车 + 马 + 炮 = 8 + 64 + 16 = 88。

定义运算

如果 1※2 = 1 + 11

2※3 = 2 + 22 + 222

3※4 = 3 + 33 + 333 + 333 + 3333

计算：(5※3) × 5。

答案：通过观察发现：a※b 中的 b 表示加数的个数，每个加数数位上的数字都由 a 组成，都由一个数位，依次增加到 b 个数位。

(5※3) × 5

= (5 + 55 + 555) × 5

= 3075

图形等式

□代表 0 ~ 9 中的一个数，○△代表 10 ~ 99 中的一个两位数，问□等于多少？

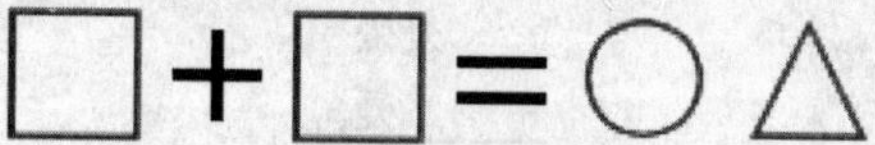

A. 1　　B. 3　　C. 4　　D. 0　　E. 7　　F. 2

答案：选E。六个选项中，只有当这个数放入方形里，得到的结果才能是两位数。

汉字竖式

下面的算式中每一个汉字代表一个数字，不同的汉字代表不同的数字，当它们各代表什么数字时算式成立。

```
  祝你好啊
－  好啊好
─────────
    祝你好
```

答案：由于被减数的千位是"祝"，而减数与差的千位是0，所以"祝 =1"至少是"祝你好"的10倍，所以"好啊好"至少是"祝你好"的9倍，于是，"好" =9。再从个位数字看出"啊" =8，从十位数字看出"你" =0。

"学学数学"

请你猜一猜，每个算式中的汉字各表示几？

```
   数学
＋ 学学
───────
  1 0 0
```

答案：根据加法之间的关系，先看个位，要想等于0，可能有两种情况：0 +0 =0，5 +5 =10。如果"学"是0，十位0 +（　）=10呢？我们发现不可能得到10，那么如果"学"是5，因为有进位，所以十位5 +（　）=9就可以了，可以推算出5 +4 =9，再加上进位正好是10。因此"学"是5，"数"是4。这个加法算式是：45 +55 =100。

"爱"的谜题

请你猜一猜，每个算式中的汉字各表示几？

```
  爱爱
＋  爱
──────
  9 6
```

答案：根据加法之间的关系，先看个位，要想等于6，可能有两种情况：3+3=6，8+8=16。如果爱是3，十位不可能得到9，因此爱是8，这个加法算式是：88+8=96。

喜迎新年

下面算式中相同的汉字代表相同的数字，不同的汉字代表不同的数字，写出用数字代替汉字的算式。

```
        年
      新年
    迎新年
+ 喜迎新年
——————————
  3 5 8 6
```

答案：先确定年=9，再依次确定新=5，迎=2，喜=3。如果年=4，则新=9，找不到符合题意的“迎”。

汉字除式

确定下式中各汉字代表的数字，使算式成立：

```
     克匹林奥
   ——————————
 4 ）奥林匹克
     奥
   ——————————
      林
      4
   ——————————
      3 匹
      克奥
   ——————————
        3克
        3克
   ——————————
          0
```

答案：由于4与“克”的积为一位数“奥”，可推断：奥=8，克=2。

式中又有：

4×林=克奥=28

可知林=7。

式子中匹×4=4，得出匹=1，克=2。

我为六一唱颂歌

请将上图中的汉字换成数字，使它们形成的五位数都是99的倍数。

666颂歌
111唱歌

歌颂666
歌唱111

答案：99是9的倍数，也是11的倍数。

能被9整除的数的特征是：凡各个数位上的数字之和能被9整除的数，均能被9整除。

能被11整除的数的特征是：凡是奇位上数字之和与偶位上数字之和的差是0或是11的倍数，均能被11整除。凡是逐一割去末位数字的1倍，与前几位数字相减，得差为0的数，均能被11整除。

根据这两个方面，我们可以通过不断调整，得出答案：

“唱”为8；“颂”为2；“歌”为7。

66627

11187

72666

78111

验证：

99×673=66627

99×113=11187

99×734=72666

99×789=78111

哈哈哈哈

这是一道快乐的算式：

$$\begin{array}{r} 哈哈 \\ \times\ 哈呀哈 \\ \hline 哈哈哈哈 \end{array}$$

其中相同的汉字表示相同的数字，不同的汉字表示不同的数字。还原成数字以后，是怎样的一道算式呢?

答案：因为被乘数、乘数和乘积的末位数字相同，都是“哈”，具有这样性质的数字只可能是0、1、5、6中的一个，所以，

哈=0，1，5，6。

“哈”又是积的首位数字，所以，

哈≠0。

如果“哈”是5或6，那么，

哈哈×哈呀哈>50×500>10000，

但是乘积只有4位，矛盾。所以，

哈≠5，6。

由此知道，一定是，

哈=1。

所求的算式是，

11×101=1111。

好好好

有两个人，说了三句话：

“快来!”“就来!”“好好好!”

三句话七个字，就是一道数学题：用这三句话组成乘法算式

$$\begin{array}{r} 快来 \\ \times\ 就来 \\ \hline 好好好 \end{array}$$

其中相同的汉字表示相同的数字，不同的汉字表示不同的数字。每句话各表示什么数呢?

答案：因为111=3×37，

所以，

好好好 = 好 × 3 × 37。

因而在被乘数和乘数中，一定包含37的倍数和3的倍数。但是被乘数和乘数都是两位数，并且末位数字相同，所以两数中必有一个是37或74。

如果一个是74，那么另一个的末位数字是4，并且是3的倍数，因而至少是24。但是，

74 × 24 > 1000，

不满足原来的算式。所以不能是74，只能是37。

总之，不考虑被乘数和乘数的顺序，唯一可能的算式是，

27 × 37 = 999。

三句话分别表示数27、37和999。

三分钟面

请你把下面钟面用两条直线分成三份，使每份数相加的和都相等。

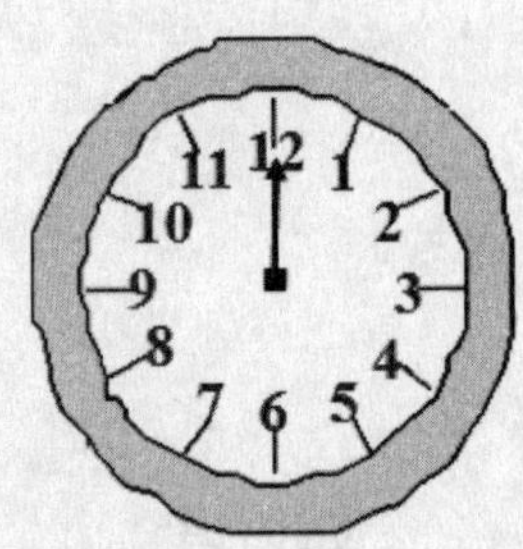

答案：我们发现钟面上1、2、3、4、5、6、7、8、9、10、11、12排列有规律：1 + 12 = 2 + 11 = 3 + 10 = 4 + 9 = 5 + 8 = 6 + 7。这12个数可以分成下面三组：第一组：1、2、11、12；第二组：3、4、9、10；第三组：5、6、7、8。

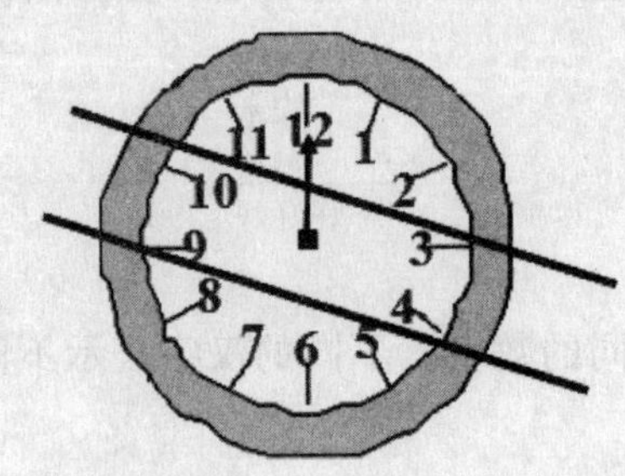

找规律填数字

每个问题中右边的数字都是由左边的数字按照同样的算式计算得来的。找出其中的规律，并求出问号代表的数字。

21 ⟶436

15 ⟶220

8 ⟶59

3 ⟶?

答案：4。算式为（3^2-5）。

下一行数字是多少

你能继续写下去吗？

3

13

1113

3113

132113

1113122113

观察这些数字，你能写出下一行数字吗？

答案：这些数字是有规律的，下一行是对上一行数字的读法。第一行3，第二行读第一行，1个3，所以13。第三行读第二行，1个1，1个3，所以1113。第四行读第三行，3个1，1个3，所以3113。第五行读第四行，1个3，2个1，1个3，所以132113。第六行读第五行，1个1，1个3，1个2，2个1，1个3，所以1113122113。第七行读第六行，3个1，1个3，1个1，2个2，2个1，1个3，所以下一行数字是311311222113。

第81个数

有一列数：7，0，2，5，3，7，0，2，5，3，…第81个数是多少？这81个数相加的和是多少？

答案：从排列可以看出这组数是按7，0，2，5，3依次重复排列的，那么一个循环周期就有5个数。之和是7+0+2+5+3=17。用每个循环各数之和可以循环次数再加上余下的各数，即可得到答案。

81÷5=16余1

按照循环次序可知：第81个数为7。

17×16+7=279

所以这81个数相加的和为279。

填什么数

填哪个数字能完成谜题？

6	4	7	2	1	1	2	7	4
6	6	4	7	2	1	1	2	7
4	6	6	4	7	2	?	1	2

答案：1。6-4-7-2-1-1-2-7-4-6由左至右重复进行。

数字推理

图中方框内的数字排列是有一定规律的。请你思考一下，标有“?”的方格内应该填什么数字？

12	4	64
9	6	9
17	11	?

答案：上图：“?”为36。从左至右，第一数与第二数的差的平方等于第三数，即17-11的差是6，6的平方是36。

智去数字

请将数阵中的5个数去掉，使每横行、竖列的和相等。有趣的是，去掉的5个数之和也与之相等。请问，应该去掉哪几个数字？

2	6	4	9	5
7	1	8	5	4
6	9	3	2	4
2	6	5	1	8
5	4	3	8	3

答案：应去掉第1行6，第2行5，第3行4，第4行2，第5行中间的3。

画正方形

下图有两个大正方形，每个正方形上有1、2、3、4、5、6、7这七个数字。请你把大正方形去掉，然后各画三个相同的正方形，使每组的三个正方形完全将数字隔开，并且每个正方形内的数字之和相等。

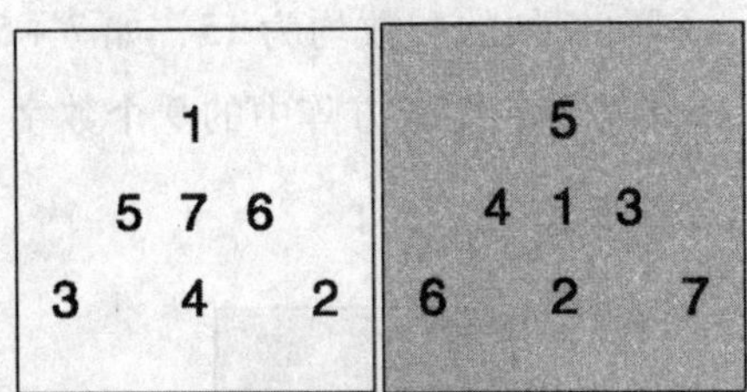

答案：左下图正方形内各数之和为19，右下图正方形内各数之和为13。

奇异空间

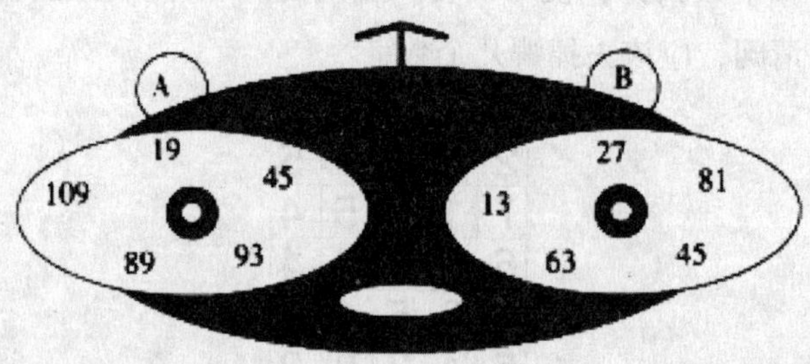

图中是一张奇异的脸形图案，请你仔细看看，想一想每个椭圆形中哪个数字是奇怪的呢？你能说出原因来吗？

答案：图中左侧椭圆里的奇怪数字是45，该椭圆里的其他数字都含9。右侧椭圆里的奇怪数字是13，该椭圆里的其他数字都是9的倍数。

魔术方阵

图中的数字，纵、横、斜向相加的和数均为15，如7+5+3，6+1+8，6+5+4等。现在要做一个和数为16的方阵，要求方阵中的9个数字也要完全不相同。请你画出这个方阵。

6	7	2
1	5	9
8	3	4

答案：如下图：

$6\frac{1}{3}$	$7\frac{1}{3}$	$2\frac{1}{3}$
$1\frac{1}{3}$	$5\frac{1}{3}$	$9\frac{1}{3}$
$8\frac{1}{3}$	$3\frac{1}{3}$	$4\frac{1}{3}$

方格摆数

有十组数字，请你填到下面的方阵中，要求横看、竖看仍然是这十组数字。十组数：

11034，12478，

20492，32138，

34054，36351，

39567，59361，

60193，83418。

答案：如下图：

3	6	3	5	1
2	0	4	9	2
1	1	0	3	4
3	9	5	6	7
8	3	4	1	8

两数的积与两数的和能相等吗

$2\times2=2+2$，像这样两数的积等于两数的和的情况，还有吗？其实这个问题不是偶然的现象，还可以举出很多实例。例如，$3\times1\frac{1}{2}=3+1\frac{1}{2}$，甚至还有三个数的积等于这三个数的和，四个数的积等于这四个数的和，五个数的积等于这五个数的和。你能找出这样的数吗？

答案：下面是部分例子。

两数积=两数和：

$11\times1.1=11+1.1$

$3\times1\frac{1}{2}=3+1\frac{1}{2}$

$4\times1\frac{1}{3}=4+1\frac{1}{3}$

$5\times1\frac{1}{4}=5+1\frac{1}{4}$

……

三数积=三数和：

$1\times2\times3=1+2+3$

四数积=四数和：

$1\times1\times2\times4=1+1+2+4$

五数积=五数和：

$1\times1\times1\times2\times5=1+1+1+2+5$

$1\times1\times1\times3\times3=1+1+1+3+3$

$1\times1\times2\times2\times2=1+1+2+2+2$

其中，有关两数积=两数和的例子，可以找出无数组，请再找出一些。

九数之和

将1~1001各数按下面格式排列：

1	2	3	4	5	6	7
8	9	10	11	12	13	14
15	16	17	18	19	20	21
22	23	24	25	26	27	28
	…		…			
	…		…			
995	996	997	998	999	1000	1001

一个正方形框出九个数，要使这九个数之和等于：

①1986，②2529，③1989，能否办到？如果办不到，请说明理由。

答案：仔细观察，方框中的九个数里，最中间的一个是这九个数的平均值，即中数。又因横行相邻两数相差 1，是 3 个连续自然数，竖列 3 个数中，上下两数相差 7。框中的九个数之和应是 9 的倍数。

①1986 不是 9 的倍数，故不行；

②$2529\div9=281$，是 9 的倍数，但是 $281\div7=40\times7+1$，这说明 281 在题中数表的最左一列，显然它不能做中数，也不行；

③$1989\div9=221$，是 9 的倍数，且 $221\div7=31\times7+4$，这就是说 221 在数表中第四列，它可做中数。这样可求出所框九数之和为 1989 是办得到的，且最大的数是 229，最小的数是 213。

电子跳蚤

如图所示，电子跳蚤每跳一步，可从一个圆圈跳到相邻的圆圈，现在一只红跳蚤从标有数字“0”的圆圈按顺时针方向跳了 1991 步，落在一个圆圈里。一只黑跳蚤也从标有数字“0”的圆圈起跳，但它是沿着逆时针方向跳了 1949 步，落在另一个圆圆里。问：这两个圆圈里数字的乘积是多少？

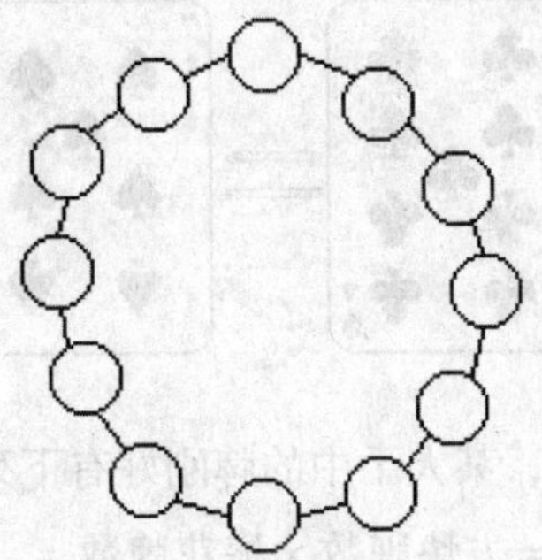

答案：本题问话只关心最后所停小圆圈里的数，并不关心沿着大圆圈跳了多少圈。大圆圈上共有 12 个小圆圈，所以电子跳蚤每跳 12 步就周游一圈，回到原地。它的旅程无论增加或减少多少整圈，都对结果毫无影响，所以可把整圈去掉，专看零头，使问题简化。

红跳蚤跳了 1991 步，由于 $1991\div12=165$ 余 11，所以它在跳了 165 整圈以后，又继续从出发地 0 号小圆圈开始，按顺时针方向跳了 11 步，结果落在 11 号小圆圈里。这里为了说话方便，把每个小圆圈里的数字作为这个小圆圈的编号。

黑跳蚤跳了 1949 步，由于 $1949\div12=162$ 余 5，所以它在跳了 162 整圈以后，又继续从出发地 0 号小圆圈开始，按照时针方向跳了 5 步，结果落在 7 号小圆圈里。

因而，两个小圆圈里数字的乘积是 $11\times7=77$。

符号之和

已知△、○、□是三个不同的数，并且△+△+△=○+○，○+○+○+○=□+□+□，△+○+○+□=60，那么△+○+□等于多少？

答案：由一、二可知，□是△的2倍，将它代换到三中，就是三个△加2个○等于60，而△+△+△=○+○，所以，△+△+△=○+○=60/2=30，△=10，○=15，□=20。

△+○+□=10+15+20=45。

扑克牌等式

（1）下面这个用扑克牌摆成的等式显然是错误的，你只能通过移动已有的4张扑克牌来纠正这个等式，不可以添加任何其他的数字符号。你能做到吗？

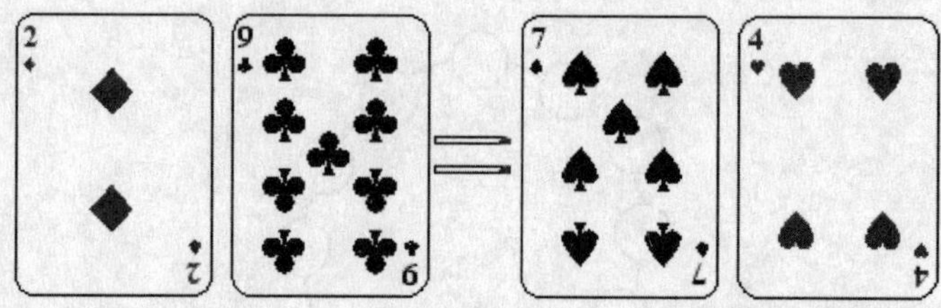

（2）在一次扑克牌游戏中，某人手中的牌刚好有下列关系，即：

10×黑桃牌数+红桃牌数=方块牌数×梅花牌数

接着，4种花色各打出相同牌数后，他发现自己手中剩下的牌仍保持上述关系。问这个人原来和现在手中的4种花色各多少张？

答案：

（1）可以组成一个正确的等式：$7^2=49$。

（2）原来手中的牌为：黑桃5张，红桃6张，方块7张，梅花8张，显然有“5×10+6=7×8”。后来，4种花色各打出4张牌，手中剩下的牌应为：黑桃1张，红桃2张，方块3张，草花4张，显然有“10×1+2=3×4”。

图形竖式

（1）▲和○分别代表0～9中的一个数，问○等于多少？

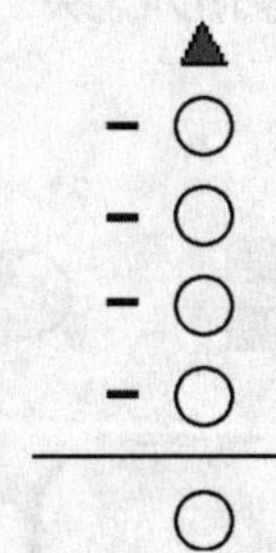

A. 0　　B. 2　　C. 1　　D. 3　　E. 5　　F. 4

（2）△□和代表10～99中的一个两位数，问□等于多少？

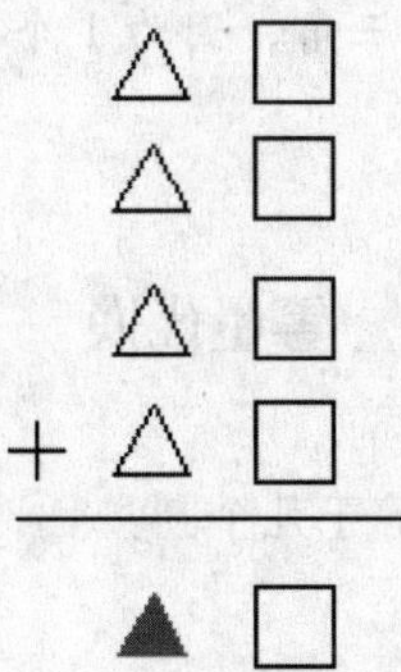

A. 6　　B. 2　　C. 5　　D. 3　　E. 0　　F. 4

（3）☆○分别代表10～99中的一个数，7○分别代表70～79中的一个数，问☆、○分别等于多少？

☆○
☆○
+☆○
———
7○

答案：

（1）C。很显然，这个等式代表：5－1－1－1－1＝1。

(2) E。选项中，只有0的4倍等于它自身。

(3) ○ =5，☆ =2。0 ~9 中的10个整数中，只有0和5的3倍的数字个位数可能是它本身。等式结果的十位数是7，所以排除0，便可知答案。

图形转换

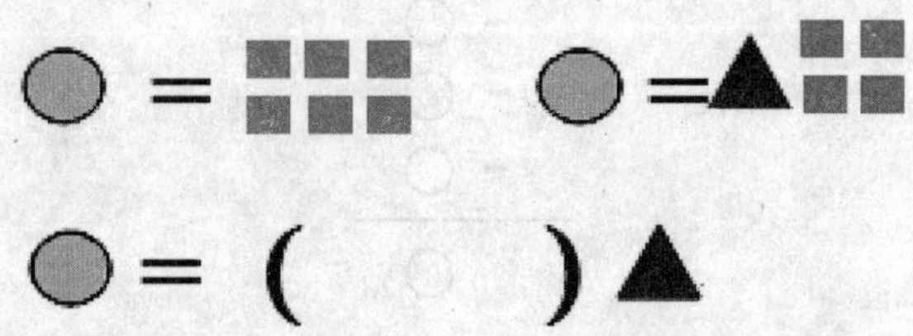

答案：由图知道，1个圆 =6个方块，1个圆 =1个三角和4个方块，我们发现多了1个三角，少了2个方块，说明1个三角 =2个方块，也就是2个方块可以换1个三角，那么6个方块就可以换3个三角，因为1个圆 =6个方块，所以1个圆 =3个三角。

等量代换

根据图，想一想，一颗五角星等于几个圆？

答案：由图知道，1个三角 =2个圆，1颗五角星 =3个三角，那么3个三角 =6个圆，所以，1颗五角星 =3个三角 =6个圆，即1颗五角星 =6个圆。

“学好数学”

请你猜一猜，每个算式中的汉字各表示几？

```
  数 0
－ 2 学
───────
  5 学
＋ 好 1
───────
  7 6
```

答案：先从加法算式想起，个位上学＋1＝6，所以推算出“学”表示5；十位上，5＋“好”＝7，推算出“好”表示2，再看减法算式，减数个位上的“学”表示5，被减数的个位是0，不够减。也就是说这是一道退位减法题，这样，被减数的十位上只能是8，8退1是7，7－2＝5，推算出“数”表示8。所以，数＝8，学＝5，好＝2。

海上明月

在下面的乘法算式里，每个汉字代表一个数字，不同的汉字代表不同的数字。这道算式的本来面目是什么呢？

```
  海上明月
×       9
─────────
  月明上海
```

答案：从千位上看，被乘数的首位数字“海”至少是1，乘积的首位数字“月”至多是9。而乘积是被乘数的9倍，所以海＝1，月＝9。

又因为被乘数的百位数字“上”乘以9不能进位，而个位数字“9”乘以9要向十位进8，所以上＝0，明＝8。

原来的算式是：1089×9＝9801。

“巧”解算式

下面算式中，不同的汉字表示不同的数字。

```
   巧啊巧
＋ 真是巧
─────────
  真是巧啊
```

请问，这到底是怎样的算式？

答案：由于是两个三位数相加，其和最大可能值是1998，因此“真”字表示数字1，“巧”字可能为9，也可能是8。如果“巧”代表数字8，那么从百位数字上分析，“巧” + “真”的个位数字只可能是0，并且十位上两个数字相加必须有进位。868 + 108 = 1086，得到一个不成立的算式。所以“巧”字不能代表数字8，只能代表数字9。

正确答案如下：989 + 109 = 1098。

算轨距

世界各国的火车轨距（两根钢轨之间的距离）不尽相同，有宽、窄、标准之分。我国采用的是标准轨距。如果用标、准、轨、距四个汉字，代表四个自然数，组成了一道文字乘法算式，请你推算出标准轨距是多少毫米？

```
      轨距
  ×   准标
  ────────
      轨距
   标准的
  ────────
   标准轨距
```

答案：由轨距×标=轨距，推知标=1，再看第二节，轨+的=轨，则的=0；轨距×准=1准0，有三解：①60×2=120，②35×4=140，③30×5=150。由于标、准、轨、距所代表的是自然数，不能为0，所以①、③不成立，取②得：轨=3，距=5，准=4，所以标准轨距=1435毫米。

密闭的区域

当你看到下面的图形时，你思考的可能是“左边的圆再上面还是右边的圆在上面”。实际上，你还需要解决的一个数字问题：假设忽略圆周的厚度，在下面图形中可以找出多少个独立的密闭的区域？

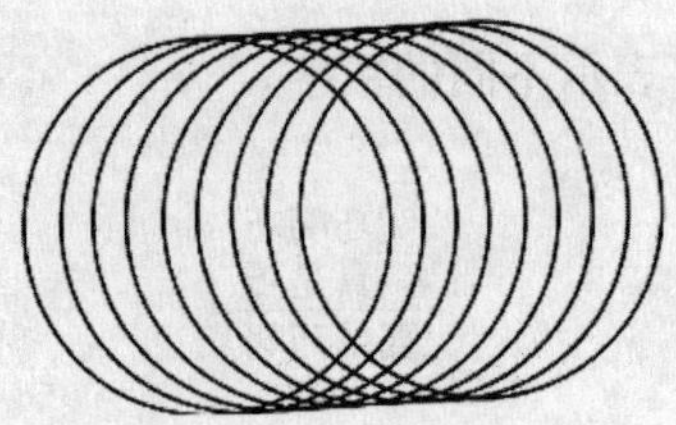

答案：很明显，中间部分共有17个区域。而较小的区间共有1+2+3+4+5+6+7=28个。所以，答案是17+（2×28）=73。

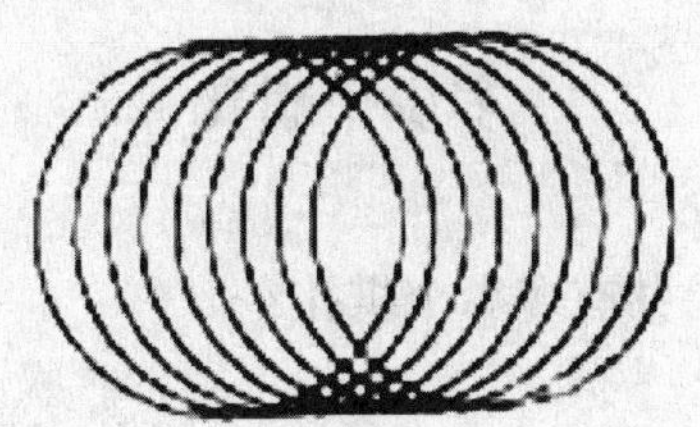

谁命中了红心

3 个孩子进行射击比赛，用小口径步枪射击特制的靶。每个孩子都打了 6 发子弹，命中的环数如图所示。统计射击成绩时发现，原来每人都命中了 71 环。但在这 18 发子弹中只有一发命中红心。现在只知道，孩子甲头两枪命中了 22 环，孩子乙第一枪命中了 3 环。请问，这 3 个孩子中是谁命中了红心？

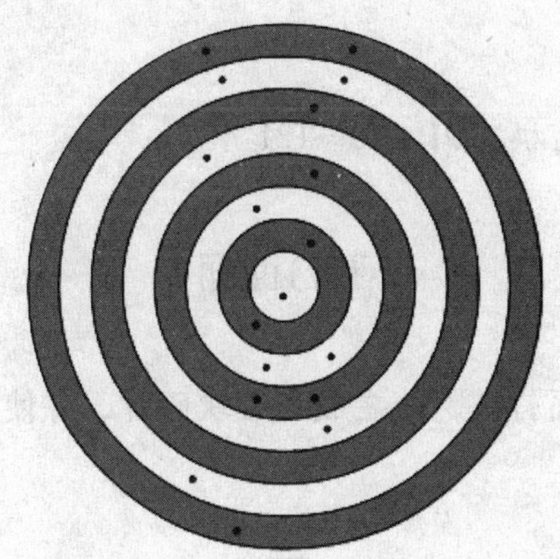

答案：首先必须研究这 18 次射击每次所命中的环数，然后把它们排成三列，每列 6 个数，并使 6 个数之和等于 71 环。

唯一排法是：

第一列：25，20，20，3，2，1，共 71 环；

第二列：25，20，10，10，5，1，共 71 环；

第三列：50，10，5，3，2，1，共 71 环。

孩子甲打出的头两发子弹中了 22 环，所以，他属第一列，因为只有在此列中才能找到两数之和是 22。孩子乙第一发子弹命中 3 环，这就是说，他属于第三列（第二列内没有数字“3”）。这列中还有数“50”，因此，孩子乙命中了红心，而孩子丙属于第二列。

多少个棋孔

如图所示的跳棋棋盘上一共有多少个棋孔？

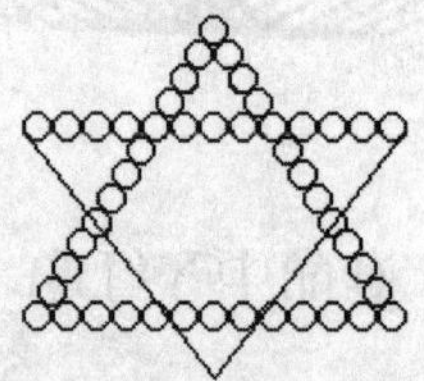

答案：121 个。六角形棋盘可看作一正一反两个大等边三角形重叠而成，大三角形每边上有 13 个棋孔，所以一个大三角形共有棋孔（1 +2 +3 + … +13） = （1 +13） × 13 ÷2 =91 个，剩下三个小三角形，共有棋孔：

（1 +2 +3 +4） ×3

=10 ×3

=30（个）

所以，跳棋盘上一共有棋孔 91 +30 =121 个。

五分钟面

你能把这个钟表的表面打破，使之成为五块碎片，并使每一块碎片上的数字之和分别等于下面五个数字吗？

答案：

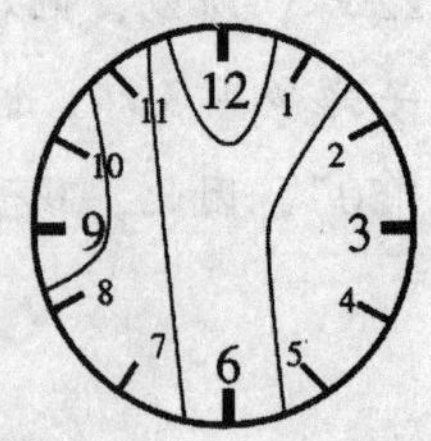

摔碎了的钟

一个钟表从墙上掉到了地板上，钟表的表面摔成了三块。每一块上面的数字相加，得到的和是相等的。每一块钟表表面上的数字各是多少？

答案：11 +12 +1 +2 =26，10 +3 +9 +4 =26，5 +6 +7 +8 =26。

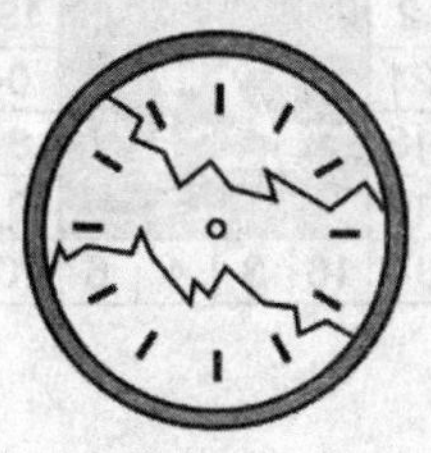

找规律填数字

根据规律，下一个数是什么？

4096→4913→5832→？

答案：6859。

它们都是立方数：

16 的三次方 =4096；

17 的三次方 =4913；

18 的三次方 =5832；

19 的三次方 =6859。

对应的数

请将 0 ~21 中的 20 个不同数填入空格内（部分数已填），使每个数与它所对应的数之和都得 21。如“21”与它对应的数“0”的和为 21；“1”与它对应的数“20”的和为 21，依此类推。特别限定所填的数中不出现“10”和“11”，完成后每横向、竖列相连的六个数之和都得 63。试试看，你能填出来吗？

答案：

魔术风车

请将数字 1 ~ 8 分别填入下面风车形的空格之中，使此风车 4 个叶片上的数字总和都相等。你可以找出多少个答案呢？

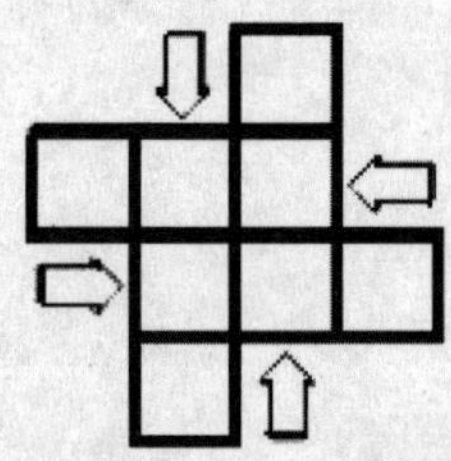

答案：

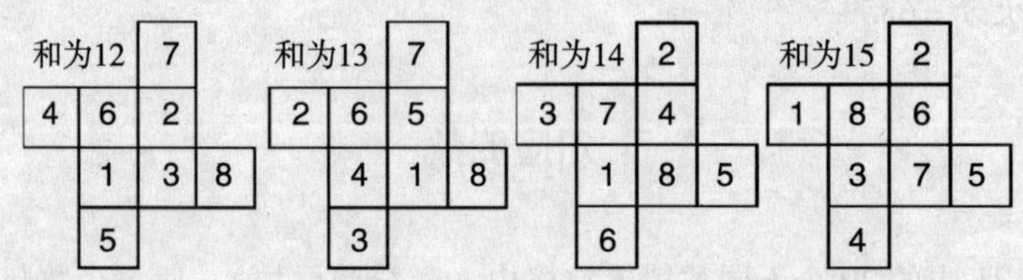

数字球

这里三个数字球上的数字为 0 ~ 27，每个数字球上数字之和均相等，请将 A ~ G

7 个空白处补上适当的数字。

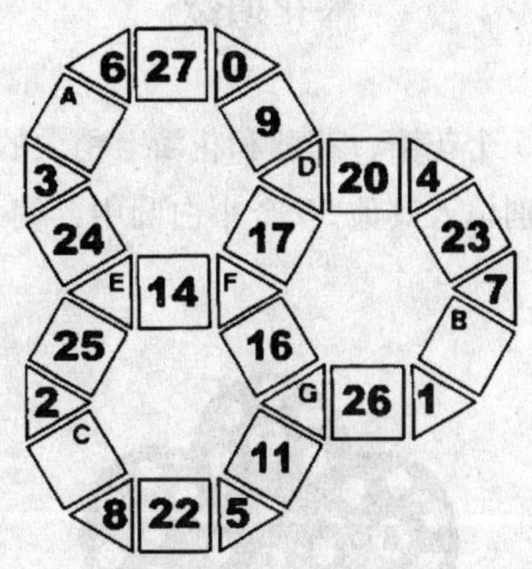

答案：A = 21；B = 10；C = 19；D = 13；E = 15；F = 18；G = 12。

巧填数字

请把 1 ~ 20 的连续数填进适当的小圆内（其中 10 和 1 两个数已填好），要求填好后五个大圆上的六个数相加之和都为 61。

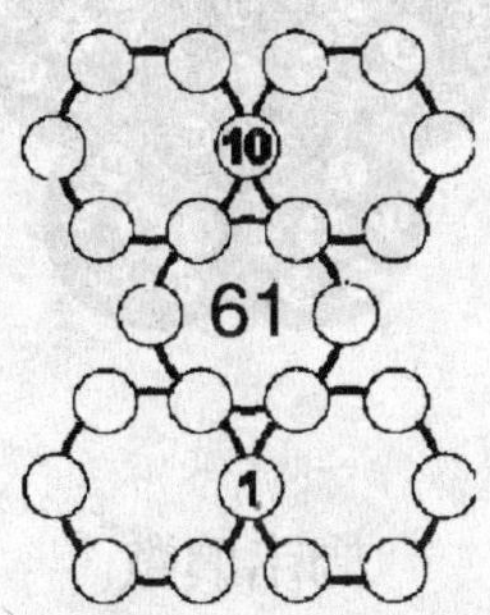

答案：

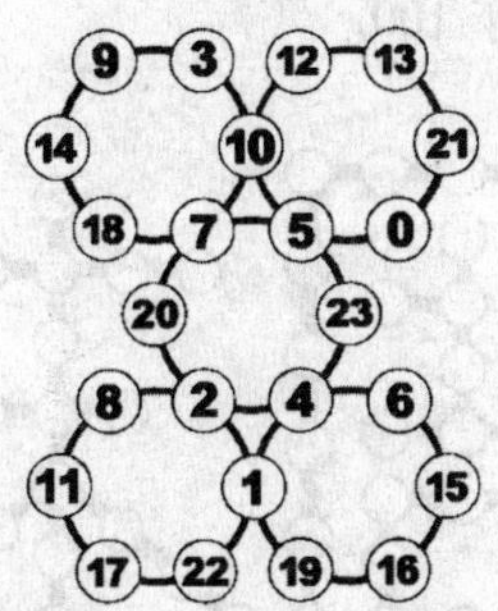

梅花填数

图中梅花有1个花蕊和5个花瓣，花蕊和花瓣上稍大的白圆上分别填有数字1～6。现在，请你将数字7～36分别填入其他30个小白圆中，使每个花蕊和花瓣上六数之和均等于111。

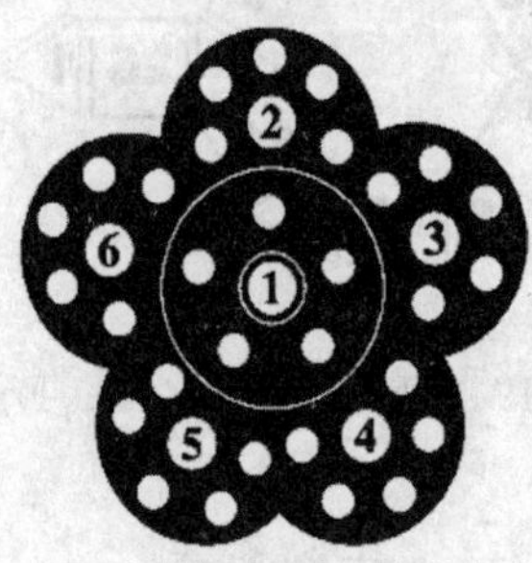

答案：

周末填数

下图中的50个小圆圈组成“周末”两个汉字。请你将数字1～50填入小圆圈，使同一直线上相连的数字相加都等于100。

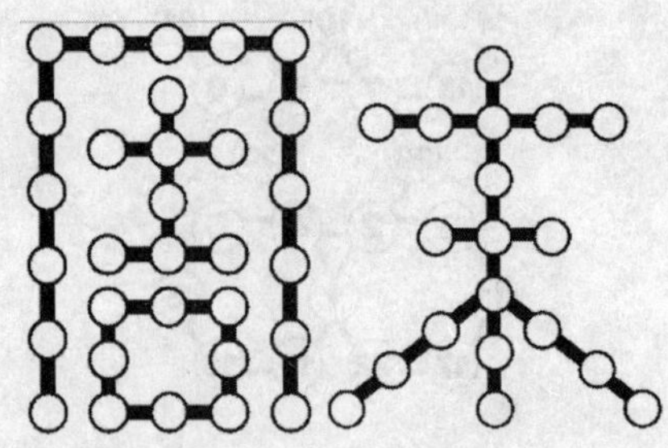

答案：

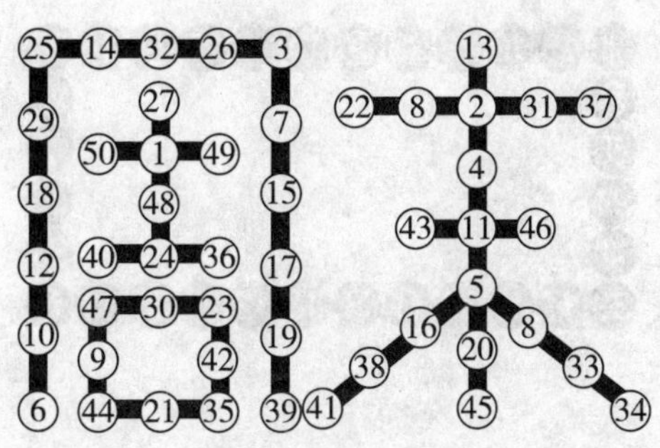

圆的推理

计算黑色、白色和灰色圆圈各代表的数值，并计算出最后一组的总和。

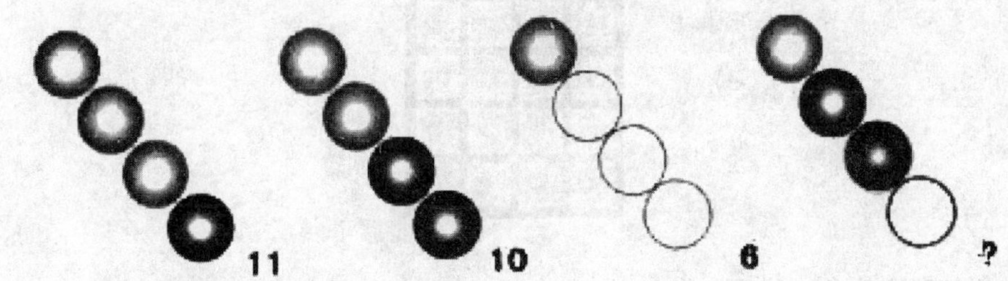

答案：8。黑圆 =2，白圆 =1，灰圆 =3。

数字移位

请把图中 1 ~ 2 的数字移动到适当的位置，使其相邻二数之和均为平方数（如 9、16、25…），想一想应怎样来移才行？

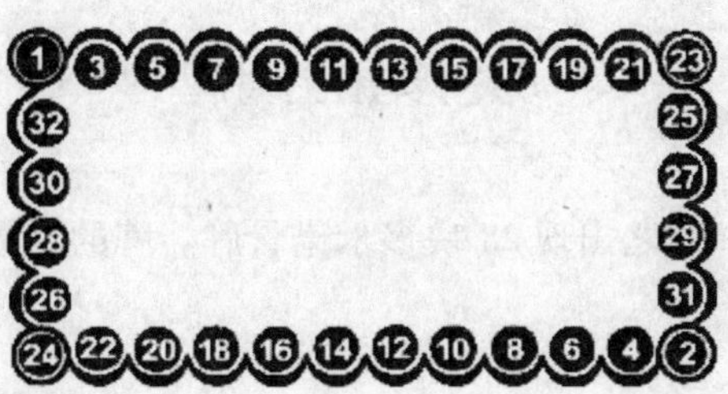

答案：

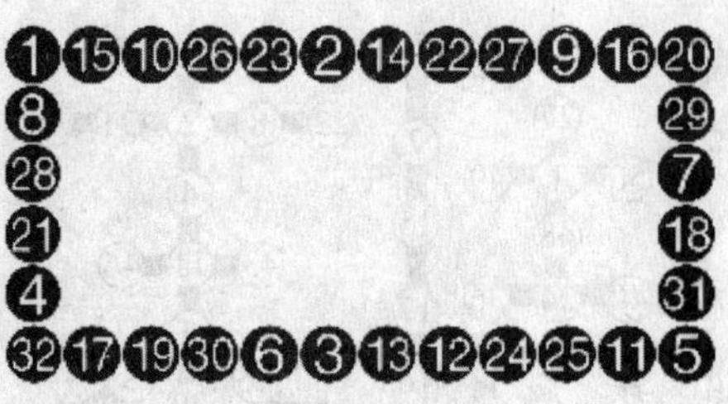

四阶魔方

将编号从 1 ~ 16 的数字填入游戏纸板的 16 个方格内，使得每一行、列以及 2 条对角线上的和相等，且和（即魔数）为 34。

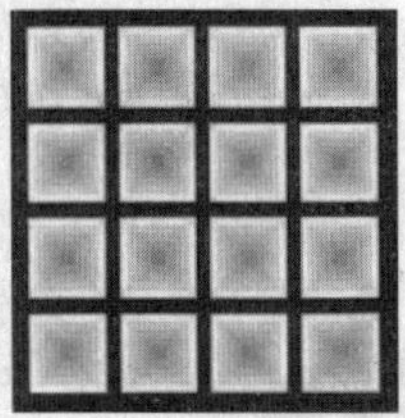

答案：解法很多，图示一种。

16	5	2	11
3	10	13	8
9	4	7	14
6	15	12	1

分割多米诺骨牌

在这个盒子上画线，使之出现 28 块多米诺骨牌。牌的点数如下：

0—0

0—1 1—1

0—2 1—2 2—2

0—3 1—3 2—3 3—3

0—4 1—4 2—4 3—4 4—4

0—5 1—5 2—5 3—5 4—5 5—5

0—6 1—6 2—6 3—6 4—6 5—6 6—6

答案：

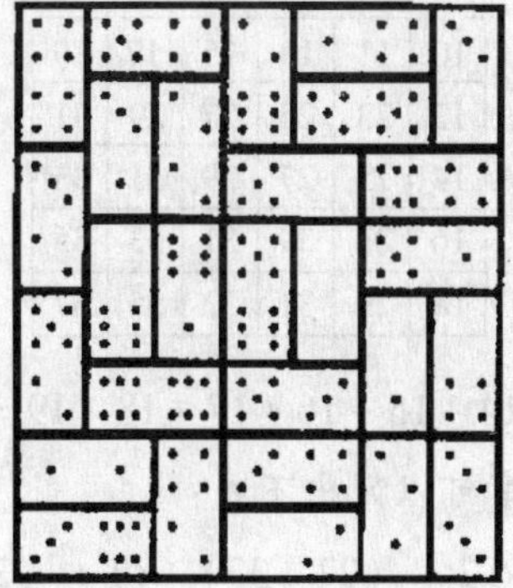

30 个数的总和

下图的 30 个方格中，最上面的一横行和最左面的一竖列的数已经填好，其余每个格子中的数等于同一横行最左边的数与同一竖列最上面的数之和（如方格中 a = 14 + 17 = 31）。下图填满后，这 30 个数的总和是多少？

10	11	13	15	17	19
12					
14					
16					
18					

答案：先按图意将方格填好，再仔细观察，找出格中数字的规律进行巧算。

解法1：

	10	11	13	15	17	19
12×6	12	11+12	13+12	15+12	17+12	19+12
14×6	14	11+14	13+14	15+14	17+14	19+14
16×6	16	11+16	13+16	15+16	17+16	19+16
18×6	18	11+18	13+18	15+18	17+18	19+18
		11×5	13×5	15×5	17×5	19×5

先算每一横行中的偶数之和：(12+14+16+18)×6=360。

再算每一竖列中的奇数之和：

(11+13+15+17+19)×5=375

最后算30个数的总和=10+360+375=745。

解法2：把每格的数算出填好。

10	11	13	15	17	19
12	23	25	27	29	31
14	25	27	29	31	33
16	27	29	31	33	35
18	29	31	33	35	37

先算出10+11+12+13+14+15+16+17+18+19=145，

再算其余格中的数。经观察可以列出下式：

(23+37)+(25+35)×2+(27+33)×3+(29+31)×4

=60×(1+2+3+4)

=600

最后算总和：

总和=145+600=745。

好玩的对称游戏

图中大部分的黑色方块还未标示出来，但已知黑色方块的分布对称于图中所画的两条虚线。除了黑色方块外，其余空格部分将填入质数或是一质数的三次方，且总共只出现3种不同的数字，数字的分布也对称于图中的两条虚线。现在请你把图中的每一个数字找出来。

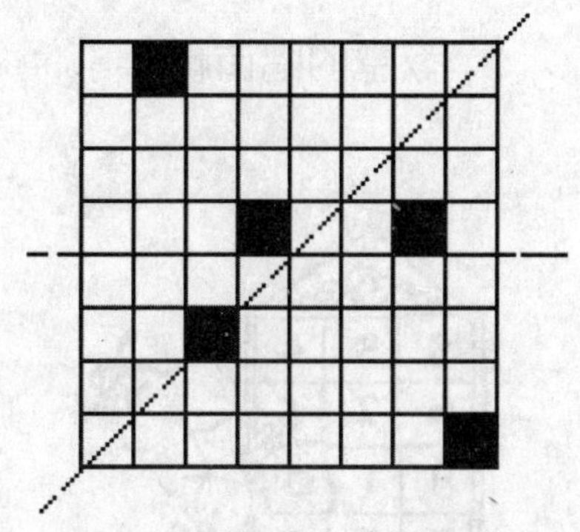

答案：

		1	3	3	1		
	1	7			7	1	
1	7		1	1		7	1
3		1			1		3
3		1			1		3
1	7		1	1		7	1
	1	7			7	1	
		1	3	3	1		

由于黑色方块与两条相交成45°的虚线成对称，所以很快就可以找出所有黑色方块的位置，其余需要填入数字的空格就没有多少了。因为围绕正中央方格四周的二位数彼此间必须对称，所以应为XX的形式，又须符合质数的条件，因此可推测该数为11。应用相同的推理的方式，可知在最外围上的数字为XYYX的形式。

XYYX这类数字必定为11的倍数，故不可为一质数，所以由题意得知该数字为113 = 1331。

剩下的空格内必须填入互相成对的数字，为XY及YX的形式，因为必须是质数，所以满足上列各项条件的数字有13与31、17与71、37与73。

但需注意13与31这组解不符合题目的要求。上图中显示的为其中的一个解，下图为其余3个解的左上角3×3的部分。

		1
	3	7
1	7	

		1
	7	1
1	1	

		1
	7	3
1	3	

教堂的唱诗板

某镇的教堂所唱的赞美诗久负盛名，他们也竭尽所能地来维护这项荣誉。每次做礼拜时，管风琴师的妻子会将一组号码牌挂在唱诗板上，这样参加聚会的人都可以一目了然，知道下面要唱的是哪一首赞美诗。

但用了许多年之后，号码牌由于磨损而变得很不雅观。到最后甚至没有足够的号码牌来显示牧师所挑选的赞美诗，因此管风琴师威胁着要辞职。

教堂的管理委员会于是召开紧急会议，会上他们同意定制一组新的号码牌。他们估计唱诗板上有 15 个位置，每个位置需要 10 张不同数字的号码牌，所以总共需要 150 张号码牌，可是他们负担不起这笔花费。然而，管风琴师的妻子却说，依照她的经验，6 可以当作 9，只要上下颠倒就可以了，而且不同的数字可以写在号码牌的两面。她相当自信地表示，她可以设计出一组不到 100 张的号码牌，就足以将教堂诗集里 984 首赞美诗中的任何 5 首的号码挂在唱诗板上。为了满足这个要求，最少需要几张号码牌？

答案：只需要 51 张号码牌。

因为可能会有人挑选下面 5 首赞美诗：

966 699 696 669666

所以 6（9）这个数字必须出现在 15 张不同的号码牌上。

因为可能会有人挑选类似下面 5 首赞美诗：

888 881 882 883884

因此 8、7、5、4、3、2、1 所有的数字都必须出现在 11 张不同的号码牌上。

0 这个数字出现次数最多的情形是在有人挑选类似下面 5 首赞美诗时：

100 200 300 400 500

因此 0 必须出现在 10 张不同的号码牌上。

这样总共需要 102 张号码牌，但是经过仔细的配对，这些数字可以写在 51 张号码牌的两面，并且符合所有的要求。答案如下：

各 2 张（6，1）（6，2）（6，3）（6，4）（6，5）（6，7）（6，8）

1 张（6，0）

4 张（0，8）

5 张（8，7）

5 张（7，5）

5 张（5，4）

4 张（4，3）

5 张（3，2）

4 张（2，1）

5 张（1，0）

学会去思考

在下面的加法算式里，每个汉字代表一个数字，不同的汉字代表不同的数字。这道算式原来是什么样子？

$$\begin{array}{r} \text{学会去思考} \\ +\ \text{去思考思考} \\ \hline 1\,1\,9\,6\,1\,6 \end{array}$$

答案：考虑末两位相加，可能向百位进 1 或不进位，分别得到思考 =58 或思考 =08。

如果“思考”等于 08，那么从百位相加将会推出“去”等于 8，“去”和“考”就都表示 8 了，这不符合问题的条件，因为不同的汉字代表不同的数字。所以只能是思考 =58。

由此推出去 =7。

因而加数是 75858，所求的算式是 43758 + 75858 = 119616。

回文对联算式谜

下面是用回文对联编成的一道算式谜：

```
  客上天然居
×         4
───────────
  居然天上客
```

在上面的乘法算式里，每个汉字代表一个数字，不同的汉字代表不同的数字。把这道算式还原出来，是什么样子呢？

答案：这道题只有唯一的答案：

21978 ×4 =87912。

这个答案怎么出来的？

猜出来？凑出来？都不是。可能情形太多，猜不出，凑不来。只有靠用数学知识把它算出来。其实用到的知识不多，计算也很简单。

因为乘数4是偶数，所以乘积的末位数字“客”是偶数。

“客”又是被乘数的首位数字，5位的被乘数乘以4，还得到5位数，可见首位数字“客”小于3，因而只能是客 =2。

再从个位相乘，得到居 =8。

这样一来，做乘法时，千位没有向万位上进位，所以被乘数的千位数字“上”也小于3。它又不能和万位一样等于2，只能是0或1。

再考虑十位相乘。积的十位数字“上”等于一个偶数加上从个位进来的3，一定是奇数，因而得到上 =1。

进而由此顺次推出然 =7，天 =9。

这样就把五个数字全都求出来了。

英文竖式

下面的加法算式中，相同的字母代表相同的数字，不同的字母代表不同的数字，求这个算式。

```
  F O R T Y
      T E N
+     T E N
-----------
  S I X T Y
```

答案：学过英语的人可以看出算式中英文是40+10+10=60。但这个特点对解题无任何帮助，此字母间的特点有：

1. 由个位Y+0=Y，则N+N=0或10。

2. 由十位T+0=T，则E+E+进位=10或0，进位为0或1。

3. 由千位O、I不同百位要向千位进位。

4. 由万位F、S不同千位要向万位进位。

结论：

1. 因为特点2，所以个位没有进位，则N=0，而E、N不同，所以E=5。

2. 由特点3，4，且百位最多进2，I最小为1，所以O=9，I=1。

3. 由特点4，F+1=S，F、S可能是2，3；3，4；6，7；7，8这四组。

4. 由结论2R+T+T+1（进位）≥22→试

T=6R≥9 失败（O=9）

T=7R=8X=3 失败（F、S无法取值）

T=8R=7X=4 则 F=2S=3 得解。

5. Y只能为6，因其他数字已被使用。

结果：

$$\begin{array}{r} 29786 \\ 850 \\ +\ \ 850 \\ \hline 31486 \end{array}$$

怎么看都相等

数字0、1、2、3的英文读法和中文读法对照如下：

ZERO 零

ONE 一

TWO 二

THREE 三

四个数字0、1、2、3可以组成一道等式：

0+1+2=3。

用英文表达，并且写成竖式，成为

$$\begin{array}{r} \mathrm{ZERO} \\ \mathrm{ONE} \\ +\ \mathrm{TWO} \\ \hline \mathrm{THREE} \end{array}$$

巧得很，如果让这道竖式中的每个英文字母换成一个适当的数字，不同字母换成不同的数字，刚好也能得到正确的算式。应该怎样换呢？

答案：可以有两种不同换法，大同小异，结果分别得到下面两个算式：

9635 + 586 + 145 = 10366；

9635 + 546 + 185 = 10366。

首先，从四位数 ZERO 加上两个三位数，得到五位数 THREE，而且不同字母表示不同的数字，可知

Z = 9，TH = 10。

其次，从末位数字相加，得到

O = 5 或 O = 0。

字母 O 又是三位数 ONE 的首位数字，不能为零，所以

O = 5。

脑筋稍稍开动，就已经发现数字 0、1、5、9 各自替换哪个字母。好苗头，一鼓作气，乘胜前进！

还剩下百位相加和十位相加的情形，干脆把它们放在一起考虑。注意进位，并且利用已有战果，可知

ER + 5N + 1W + 1 = 1RE，

即

（E × 10 + R）+（50 + N）+（10 + W）+ 1 = 100 + R × 10 + E。将上式变形，得到

（E × 10 + R）− R × 10 − E = 100 −（50 + N）−（10 + W）− 1，

（E − R）× 9 = 39 −（N + W）。

从上面的等式看出，39 −（N + W）应该是 9 的倍数。

因为数字 0、1、5、9 已经有了得主，只需在剩下的数字里分析，所以 N + W 至少等于 2 + 3，至多等于 7 + 8。因而

4 < N + W < 16。

由此推出

23 < 39 −（N + W）< 35。

在 23 和 35 之间，9 的倍数只有一个，就是 27。所以

（E − R）× 9 = 39 −（N + W）= 27。

这样就得到

E − R = 3，

N + W = 12。

又找出两个新的简单关系式。好消息，曙光在前，乘胜追击！

因为可选的数字只有2、3、4、6、7、8，其中不同两数之和为12的，只有4和8，所以N和W的值只有两种可能：

N = 4，W = 8；

或者

N = 8，W = 4。

数字4和8又有了归属，可用的字母只剩2、3、6、7了。其中满足两数之差为3的，只有6和3。所以

E = 6，R = 3。

这样一来，每个字母换成什么数字，都已完全确定。

好结果：有两解，而且只有两解。

高级
烧脑逻辑

老马的存款

老马在银行里有一笔存款，有甲、乙、丙、丁四人猜测老马存款的数量限度。甲说："老马有500元存款。"乙说："老马至少有1000元存款。"丙说："老马存款不到2000元。"丁说："老马的存折上最少有100元。"其中只有一个人猜对了。那么你能由此知道老马有多少存款吗？

答案：丙的说法正确，而且老马的存款不到100元。因为当存款在100元以上时，至少有两个人的话是真的，所以只有当存款在100元以内时，才只有一个人（丙）的话是真的。

如何付费

你让工人为你工作7天，给工人的回报是一根金条。金条平分成相连的7段，你必须在每天结束时给他们一段金条，如果只许你两次把金条弄断，你如何给你的工人付费？

答案：本题实质问题是数字表示问题。由1、2两个数字可表示1~3三个数字。由1、2、4三个数字可表示1~7七个数字（即1，2，1+2，4，4+1，4+2，4+2+1）。由1、2、4、8四个数字可表示1~15十五个数字。依此类推。

把金条分成1/7、2/7和4/7三份。这样，第1天我就可以给他1/7；第2天我给他2/7，让他找回我1/7；第3天我就再给他1/7，加上原先的2/7就是3/7；第4天我给他那块4/7，让他找回那两块1/7和2/7的金条；第5天，再给他1/7；第6天和第2天一样；第7天给他找回的那个1/7。

连环链

这里有8条7环链。现在要把8条全部接起来做成1条项链。每打开并合并一个环需要400元，连接8处总共要花3200元。你能想出比这更便宜的方法吗？

答案：先将一条链中的7个环全部拆散，再分别用这7个环连接剩下的7条链，只需2800元。拆散的链已经不再是链。减去一条链后，问题发生了变化。也就是说，拆散的7个环既是链的一部分，同时又起到工具的作用。这里面有一个通向创造的窍门。一件物品除其本身具有的功能外，可以兼备其他更多的功能。

大象出题

象爸爸想了解小象A和小象B哪个聪明些，一天他出了这样一道题：我有两块黑布、一块白布，要在你们的背上各放一块，你们只能看到对方背上放的是什么颜色的布，而看不到自己背上布的颜色。象爸爸边说边把两块黑布分别放在他们的背上，让他们猜出自己背上放的是什么颜色的布。

过了一会儿，小象A回答说："我的背上放的是黑布。"请你想一想，小象A是怎样猜出来的？

答案：小象A想：假如我背上放的是白色的布，小象B就会立即回答自己背上是黑色布（因为白色只有一块），但它没有表示，所以我背上不是白色的，是黑色的。

小熊的朋友是谁

小兔、小猴、小鸡、小鸭、小狗和小熊在除夕夜会餐。一阵鞭炮响过，大家围着一张圆桌按顺序坐了下来，只有小熊没到。于是小熊的朋友马上从A凳上站了起来，说："我知道小熊的家，我去把小熊接来。"不一会儿，小熊的朋友果然把小熊接来了。

位置安排如下所述：

一、小兔坐在小狗的对面；

二、小鸡坐在小熊的朋友的对面；

三、小熊的朋友坐在方凳子上；

四、谁坐在小熊朋友的对面，谁就与小狗是邻座，并且小狗坐在它左边，它右边的座位正好与小熊的座位相对；

五、小鸭坐在小兔与小鸡之间。

你知道小熊的朋友是谁吗？

答案：根据已知条件，经过逻辑推理后可知小兔、小鸭、小鸡、小狗、小熊依次坐在B、C、D、E、F凳上，小熊的朋友则坐在A凳（方凳）上。据此，我们亦可推知，小猴只能是坐A凳上，因此，小熊的朋友也必然是小猴。

乱配鸳鸯

三位男青年A、B、C在五一节这天即将与三位少女甲、乙、丙结婚。有个好事的人前去向他们探听各人的配偶。A说："我要娶的是甲姑娘。"再去问甲，甲姑娘却说她将嫁给C。去问C，C回答说他是与丙姑娘结婚。问者一时被搞得莫名其妙，直到他们六个人举行婚礼时才弄清楚了真相。原来A、甲、C三人说的都不是真话。你能推理出到底谁与谁结为夫妻了吗？

答案：因A、甲、C三人都说谎，所以A不娶甲，甲也不嫁C，所以甲嫁给B，C不娶丙，所以C娶乙。剩下是A娶丙了。

好事是谁做的

张三、李四、王五三位同学中有一个人在别人不在时为集体做好事，事后老师问谁做的好事，张三说是李四，李四说不是他，王五说也不是他。它们三人中只有一个人说了真话，你知道做好事的是谁吗？

解答：做好事的是王五。张三说是李四，李四说不是他。不管李四有没有做好事，他们两人中肯定有一人说了真话一人说了假话。而三人中说真话的只有一个人。因此，王五说的肯定是假话。由此可知好事是王五做的。

三个和尚

从前有三个和尚，一个讲真话，一个讲假话，另一个有时讲真话，有时讲假话。一天，一个智者遇到这三个和尚，他问第一位和尚：“你后面是哪位和尚?”和尚回答：“讲真话的。”他又问第二个和尚：“你是哪一位?”得到的回答：“有时讲真话，有时讲假话。”他问第三位和尚：“你前面的是哪位和尚?”第三位和尚回答说：“讲假话的。”根据他们的回答，智者马上分清了他们各是哪一位和尚，请你说出智者的答案。

答案：假设第一位和尚回答的是真话，即第二位和尚是“讲真话的”和尚，但第二位和尚却说自己是“有时讲真话，有时讲假话”，这就引出了矛盾。所以第一位和尚回答的不是真话，即第二位和尚不是讲真话的和尚，当然他自己也不会是“讲真话的和尚”，故只能是第三位和尚是讲真话的和尚。所以第三位和尚回答的是真话，即第二位和尚是“讲假话的”，由此可知，第一位和尚是有时讲真话，有时讲假话。

谁得优秀

六年级同学毕业前，凡报考重点中学的同学，都要参加体育加试。加试后，甲、乙、丙、丁四名同学谈论他们的成绩：

甲说：“如果我得优，那么乙也得优。”

乙说：“如果我得优，那么丙也得优。”

丙说：“如果我得优，那么丁也得优。”

以上三名同学说的都是真话，但这四人中得优的却只有两名。问这四人中谁得优秀?

答案：我们可以这样想：如果甲得优秀，那么乙、丙、丁都得优秀，这与实际不符；如果乙得优秀，则丙、丁也得优秀，也与实际不符。因此，只能丙、丁得优秀，才符合实际情况。

判断结果是：丙、丁得优秀。

山羊买外套

小白羊、小黑羊、小灰羊一起上街各买了一件外套。三件外套的颜色分别是白色、黑色、灰色。

回家的路上，一只小羊说："我很久以前就想买白外套，今天终于买到了！"说到这里，她好像是发现了什么，惊喜地对同伴说："今天我们可真有意思，白羊没有买白外套，黑羊没有买黑外套，灰羊没有买灰外套。"

小黑羊说："真是这样的，你要是不说，我还真没有注意这一点呢！"

你能根据他们的对话，猜出小白羊、小黑羊和小灰羊各买了什么颜色的外套吗？

答案：小白羊买了黑外套，小黑羊买了灰外套，小灰羊买了白外套。

根据第一只羊的话，买白外套的一定不是小白羊，是小黑羊或者是小灰羊，但是根据小黑羊的话说话的一定是小灰羊，那么小灰羊一定买了白外套。小黑羊没有买黑外套也不能买白外套，只能买灰外套。小白羊只能买黑外套了。

裙子的颜色

王菲、李娜、刘明都穿着连衣裙去参加游园会。她们穿的裙子一个是花的，一个是白的，一个是蓝的。只知道刘明没有穿蓝裙子，王菲既不穿蓝裙子，也不穿花裙子。

请你想一想：

穿白裙子的是哪位？

穿蓝裙子的是哪位？

穿花裙子的是哪位？

答案：在所给的条件中，"王菲既不穿蓝裙子，也不穿花裙子"是关键条件。因为三个人穿的裙子只有花、白、蓝三种颜色，因此蓝花两种颜色，王菲只能穿白色裙子。

又知道"刘明没有穿蓝的"，结合已推断出的"王菲穿白色裙子"，因此刘明只能穿花裙子。

三种颜色中已确定了两种，剩下的李娜必定穿蓝色裙子。

所以，穿白裙子的是王菲，穿蓝裙子的是李娜，穿花裙子的是刘明。

鞋子的颜色

聪聪买了一双漂亮的鞋子，她的同学都没有见过这双鞋了，于是大家就猜，明明说："你买的鞋不会是红色的。"灵灵说："你买的鞋子不是黄的就是黑的。"巧巧说："你买的鞋子一定是黑色的。"这三个人的看法至少有一种是正确的，至少有一种是错误的。请问，聪聪的鞋子到底是什么颜色的？

答案：假设聪聪的鞋子是黑色的，那么三种看法都是正确的，不符合题意；假设是黄色的，前两种看法是正确的，第三种看法是错误的；假设是红色的，那么三句话都是错误的。因此，聪聪的鞋子是黄色的。

猜头花的颜色

有三朵红头花和两朵蓝头花。将五朵花中的三朵花分别戴在A、B、C三个女孩的头上。这三个女孩中，每个人都只能看见其他两个女孩子头上所戴的头花，但看不见自己头上的花朵，并且也不知道剩余的两朵头花的颜色。

问A："你戴的是什么颜色的头花？"

A说："不知道。"

问B："你戴的是什么颜色的头花？"

B想过一会儿之后，也说："不知道。"

最后问C，C回答说："我知道我戴的头花是什么颜色了。"

当然，C是在听了A、B的回答之后而作出推断的。试问：C戴的是什么颜色的头花？

答案：红色。

A看到一红一蓝，回答不知道；

B通过A的回答，猜测A看到两红或一红一蓝。如果B看到C戴蓝色的头花，代表A看到一红一蓝，B就能推断出自己戴红色的头花；如果B看到C戴红头花，B就不能推断自己戴什么色彩的头花，也就是说B回答不知道，代表B看到C戴红色的头花，所以C就知道自己戴红头花。

黑红手绢

有一个班的学生在元旦时开了一个联欢晚会。其中有一个游戏环节需要全场的同学都参与。班长给每个人背上都挂了一个手绢，手绢只有黑红两种颜色，其中黑色的手绢至少有一条。每个人都看不到自己背上究竟是什么颜色的手绢，只能看到别人的。班长让大家看看别人背上的手绢，然后关灯，如果有人觉得自己的手绢是黑色的，就咳嗽一声。第一次关灯没有反应，第二次关灯依然没有反应，但第三次关灯后却听到接连不断的咳嗽声。你觉得此时至少有多少人背上是黑手绢？

答案：三个黑手绢。假如只有一个人背上是黑手绢，那么这个人在第一次开灯时就会咳嗽的，事实上他没有，所以不止一个人背上是黑手绢；如果是两个黑手绢，那么在第二次关灯时就该有两人咳嗽，结果仍没有，说明背上是黑手绢的人要多于两人。第三次关灯时有人咳嗽，说明此时最少有三个人发现自己背上是黑手绢，所以他们会咳嗽。所以至少有三人背上是黑手绢。

真假难辨

这个表格的含义是：A 指责 B 说谎话，B 指责 C 说谎话，C 指责 A 和 B 都说谎话。那么请问，到底谁说真话，谁说假话？

	A	B	C
A		慌	
B			慌
C	慌	慌	

答案：竖着看表：有一人说 A 说谎，有两人说 B 说谎，也有一人说 C 说谎。既然 A 和 C 都说 B 说谎，那么他们俩要么都说谎，要么都说真话。如果 A 和 C 都说真话，那么 C 就不会指责 A 说谎话，这显然与题中 C 指责 A 说谎话相矛盾。因此 A 和 C 都说真话的假设是不成立的。所以只有 A 和 C 都说谎话，那么 B 就是说真话的，验证 B 对 C 的指责也是正确的。所以最后判断的结果是：B 说真话，A 和 C 都说谎话。

谁偷吃了水果和小食品

赵女士买了一些水果和小食品准备去看望一个朋友，谁知，这些水果和小食品被她的儿子们偷吃了，但她不知道是哪个儿子，为此，赵女士非常生气，就盘问四个儿子谁偷吃了水果和小食品。老大说道：“是老二吃的。”老二说道：“是老四偷吃的。”老三说道：“反正我没有偷吃。”老四说道：“老二在说谎。”这四个儿子中只有一个人说了实话，其他的 3 个都在撒谎。那么，到底是谁偷吃了这些水果和小食品？

答案：是老三偷吃了水果和小食品，只有老四说了实话。用假设法分别假设老大、老二、老三、老四都说了实话，看是否与题意矛盾，就可以得出答案。

谁在说谎，谁拿走了零钱

姐姐上街买菜回来后，就随手把手里的一些零钱放在了抽屉里，可是，等姐姐下午再去拿钱买菜的时候发现抽屉里的零钱没有了，于是，她就把三个妹妹叫来，问她们是不是拿了抽屉里的零钱，甲说："我拿了，中午去买零食了。"乙说："我看到甲拿了。"丙说："总之，我与乙都没有拿。"这三个人中有一个人在说谎，那么到底谁在说谎？谁把零钱拿走了？

答案：丙说谎，甲和丙都拿了一部分。假设甲说谎的话，那么乙也说谎，与题意不符；假设乙说谎，那么甲也说谎，与题意不符。那么，说谎的肯定是丙了，只有甲和丙都拿零钱了才符合题意。

走哪条路

有一个外地人路过一个小镇，此时天色已晚，于是他便去投宿。当他来到一个十字路口时，他知道肯定有一条路是通向宾馆的，可是路口却没有任何标记，只有三个小木牌。第一个木牌上写着：这条路上有宾馆。第二个木牌上写着：这条路上没有宾馆。第三个木牌上写着：那两个木牌有一个写的是事实，另一个是假的。相信我，我的话不会有错。假设你是这个投宿的人，以第三个木牌的话为依据，你觉得你会找到宾馆吗？如果可以，哪条路上有宾馆，哪条路上没有宾馆？

答案：假设第一个木牌是正确的，那么第一个小木牌所在的路上就有宾馆，第二条路上就没有宾馆，第二句话就该是真的，结果就有两句真话了；假设第二句话是正确的，那么第一句话就是假的，第一二条路上都没有宾馆，所以走第三条路，并且符合第三句所说，第一句是错误的，第二句是正确的。

副手姓什么

王局长有三位3位朋友：老张、老陈和老孙。机车上有三位乘客，他们分别为秘书、副手和司机，这三个乘客与老张朋友的姓氏是一样的。恰好和者三位乘客的姓氏一样。

一、乘客老陈的家住天津；

二、乘客老张是一位工人，有 20 年工龄；

三、副手家住北京和天津之间；

四、机车上的老孙常和司机下棋；

五、乘客之一是副手的邻居，他也是一名老工人，工龄正好是副手的 3 倍；

六、与副手同姓的乘客家住北京。

根据上面的资料，对于机车上 3 个人的姓氏，副手姓什么？

答案：副手姓张。

由条件一和条件六可知，副手不姓陈。由条件五和条件二可知副手的邻居不是张，是孙。

由条件六和条件三可知老张住北京，结合条件六可知副手姓张。

兄弟姐妹

对某班同学进行了调查，知道如下情况：

一、有哥哥的人没有姐姐。

二、没有哥哥的人有弟弟。

三、有弟弟的人有妹妹。

请问：

1. 有姐姐的人没有哥哥，对吗？

2. 有弟弟的人没有哥哥，对吗？

3. 没有哥哥的人有妹妹，对吗？

答案：1. 由已知条件一知道："有哥哥的人就没有姐姐"，所以有姐姐的人就不可能有哥哥。如果有姐姐的人有哥哥，由条件一，有哥哥的人没有姐姐。这样，既说有姐姐，又说没有姐姐，就自相矛盾了。所以"有姐姐的人就没有哥哥"是对的。

2. 例如，马有四条腿是对的，但反过来说，有四条腿的就是马，就不对了。类似地，由已知条件二，没有哥哥的人有弟弟，但反过来说，有弟弟的人没有哥哥，是不对的。

3. 由二知道："没有哥哥的人有弟弟"，又由三知道："有弟弟的人就有妹妹。"把这两句话联起来分析，就能得出结论是正确的。

爸爸的职业

小云、小量、小华三个好朋友的爸爸，一位是工人，一位是医生，一位是教师。请根据下面三句话，猜一猜他们的爸爸各是谁？

一、小云的爸爸不是工人；

二、小量的爸爸不是医生；

三、小云的爸爸和小量的爸爸在听一位当教师的爸爸讲故事。

答案：从“小云的爸爸和小量的爸爸在听一位当教师的爸爸讲故事”这句话中推想出小云的爸爸和小量的爸爸不可能是教师，这样就可知道，小华的爸爸一定是教师，其余两个人的爸爸，一位是工人，一位是医生，从“小云的爸爸不是工人”可知，小云的爸爸一定是医生。这样也就可知道小量的爸爸是工人。

为老师定位

张老师、李老师、刘老师三人在北京、上海、广州中学教不同的课程：数学、语文、外语。又知道：

一、张老师不在北京工作；

二、李老师不在上海工作；

三、在北京的不教外语；

四、在上海工作的教数学；

五、李老师不教语文。

问：三位老师各在哪个城市？各教什么课程？

答案：

上	广	京		语	数	外
		×	张			×
×			李	×	×	✓
			刘			×

⇒

上	广	京		语	数	外
✓	×	×	张	×	✓	×
×	✓	×	李	×	×	✓
×	×	✓	刘	✓	×	×

张老师：上海，教数学；李老师：广州，教外语；刘老师：北京，教语文。

谁是教师

在甲、乙、丙三人中有位教师，一位工人，一位战士。已知丙比战士年龄大，甲和工人不同岁，工人比乙年龄小，请你判断谁是教师。

答案：由“丙比战士年龄大”说明丙不是战士，由“甲和工人不同岁”说明甲不是工人，由“工人比乙年龄小”说明乙不是工人。综上所述，丙是工人。

由丙>战士和工人<乙（即丙<乙)，得乙>丙>战士，说明甲是战士，最后乙是教师。

所以，甲是战士，乙是教师，丙是工人。

谁是记者

李志明、张斌、王大为三个同学毕业后选择了不同的职业，三人中一个当了记者。一次有人问起他们的职业，李志明说：“我是记者。”张斌说：“我不是记者。”王大为说：“李志明说了假话。”如果他们三人中只有一句是真的，那么谁是记者?

答案：张斌是一位记者。

假设李志明是记者。那么李志明、张斌两人都说了真话。而三人中只有一个人说了真话。这说明假设不成立。若李志明不是记者（李志明说了假话)。也就是说，王大为说了真话。另一位说假话的是张斌。从而推知，张斌是一位记者。

逻辑问题是根据事物内部因果关系，从一些已知的事实，判断推理出合理结论的问题。本题采用假设推理法。它是根据事物的相对性，先作一个假设，然后利用条件进行推理，若从这个假设出发，推出自相矛盾的结论，这说明假设不成立，而这个假设的反面是成立的。

被哪个学校录取了

阿呆、阿聪、阿明三人被哈佛大学、牛津大学和麻省理工学院录取，但不知道他们各自究竟是被哪个大学录取了，有人做了以下猜测：

甲：阿呆被牛津大学录取，阿明被麻省理工学院录取；

乙：阿呆被麻省理工学院录取，阿聪被牛津大学录取；

丙：阿呆被哈佛大学录取，阿明被牛津大学录取。

他们每个人都只猜对了一半。

阿呆、阿聪、阿明三人究竟是被哪个大学录取了？

答案：阿呆、阿聪、阿明分别被哈佛大学、牛津大学、麻省理工学院录取。

假设阿明被麻省理工学院录取正确，根据甲、乙阿呆就不会被牛津和麻省理工录取，那么他一定被哈佛录取；阿聪就要被牛津大学录取，符合题设条件。

各司其职

陈、李、王三位老师担任五（1）班的语文、数学、思品、体育、音乐和美术六门课的教学，每人教两门，现在知道：

一、思品老师和数学老师是邻居；

二、李老师最年轻；

三、陈老师喜欢和体育教师、数学老师交谈；

四、体育老师比语文老师年龄大；

五、李老师、音乐老师、语文老师三人经常一起去游泳。

根据以上信息，你能概括、分析出各人分别教的是哪两门课吗？

答案：根据已知条件，可概括列出这样一个表格：

	语	数	思	体	音	美
陈	✓	×	✓	×	×	×
李	×	✓	×	×	×	✓
王	×	×	×	✓	✓	×

陈老师教语文、思品，李老师教数学、美术，王老师教体育、音乐。

各上什么课

一所学校里，李教师、王老师、张老师分别上一门课，但不知道他们每人上什么课，只知道这三门课是语文、数学、外语。另外还知道下面一些情况：

一、李老师上课全部用汉语；

二、外语教师是一个学生的哥哥；

三、张老师是女教师，她向数学教师问了一问题。

请问这三位教师各上什么课？

答案：李老师教数学，王老师教外语；张老师教语文。

根据条件，在不可能的相应格内写“0”，可能的写“1”。例如：根据条件①，李老师不可能是外语教师，就在相应一格内写“0”，从条件②可知，外语老师是男，而条件③告诉我们，张老师是女的，所以张老师也不可能是外语老师，在相应格内也写“0”，于是可知，外语教师必是王老师，在相应格内写“1”，如此下去，就可以找出答案：

	李	王	张
语	0	0	1
数	1	0	0
外	0	1	0

所以，李教师教数学，王老师教外语，张老师教语文。

赛车名次

4 辆汽车进行四场比赛，每场比赛结果如下：

一、1 号汽车比 2 号汽车跑得快；

二、2 号汽车比 3 号汽车跑得快；

三、3 号汽车比 4 号汽车跑得慢；

四、4 号汽车比 1 号汽车跑得快。

哪辆汽车跑得最快？

答案：从“1 号汽车比 2 号汽车跑得快，2 号汽车又比 3 号汽车跑得快”这句话中我们可以推想出 1 号汽车比 2 号汽车、3 号汽车都快。又从“4 号汽车比 1 号汽车跑得快”这样我们就可以知道 4 号汽车车跑得最快。

四个孩子赛跑

A、B、C、D 四个孩子在操场上赛跑，一共赛了四次——其中 A 比 B 快的有三次，B 比 C 快的也有三次，C 比 D 快的也是三次。或许大家会想到 D 一定是最慢。可事实上这个判断是错误的，在这四次中，D 也比 A 快三次。这是怎样一种情况呢？

答案：假如四次的名次分别为：

第一次：A、B、C、D；

第二次：B、C、D、A；

第三次：C、D、A、B；

第四次：D、A、B、C。

在第一、第三、第四次A比B快，在第一、第二、第四次B比C快，在第一、第二、第三次C比D快，而在第二、第三、第四次D就比A快。

谁去参赛

从A、B、C、D、E、F六位同学中挑选一些人去参加某项竞赛活动。根据竞赛规则，参赛人员须满足下列要求：

一、A、B两人中至少去一个人；

二、A、D两人不能同时去；

三、A、E、F三人中要选两人去；

四、B、C两人都去或者都不去。

五、C、D两人中去一个人；

六、若D不去，则E也不去。

选中参赛的人是谁?

答案：选中参赛的是A、B、C、F四人。由条件一出发分A去B不去，B去A不去，A、B都去三种情况考虑。选中参赛的是A、B、C、F四人。

谁的成绩最好

考试刚过，甲、乙、丙、丁四个人预测谁的成绩最好。

甲说："丙的分数最高。"

乙说："甲的分数最高。"

丙说："我的分数肯定不是最高。"

丁说："得最高分的不是我。"

等老师改完试卷，一看成绩，甲乙丙丁四人得分各不相同。至于其中谁得分最多，四个人异口同声，都说："我们只有一个人猜对了。"

究竟谁的成绩最好呢?

答案：解答这类问题，最省脑筋的办法是枚举法，把全部四种可能情形逐个检查一遍：

如果甲的分数最高，那么乙、丙、丁三个人猜对了，不符合结论“只有一个人猜对”；

如果乙的分数最高，那么丙和丁两个人猜对，也不符合结论；

如果丙的分数最高，那么甲、丁两人猜对，还是不符合结论；

如果丁的分数最高，那么只有丙一个人猜对了，符合结论。

由此可见，一定是丁的成绩最好。

夜明珠在哪里

一个人的夜明珠丢了，于是他开始四处寻找。有一天，他来到了山上，看到有三个小屋，分别为1号、2号、3号。从这三个小屋里分别走出来一个女子，1号屋的女子说：“夜明珠不在此屋里。”2号屋的女子说：“夜明珠在1号屋内。”3号屋的女子说：“夜明珠不在此屋里。”这三个女子，其中只有一个人说了真话，那么，谁说了真话？夜明珠到底在哪个屋里面?

答案：1号屋的女子说的是真话，夜明珠在3号屋子内。假设夜明珠在1号屋内，那么2号屋和3号屋的女子说的都是真话，因此不在1号屋内；假设夜明珠在2号屋内，那么1号屋和3号屋的女子说的都是真话，因此不在2号屋内；假设夜明珠在3号屋内，那么只有1号屋的女子说的是真话，因此，夜明珠在3号屋里内。

一对姐妹

有一对貌美的姐妹。姐姐在上午说真话，下午只说假话；妹妹正好相反，下午说假话，上午才说真话。有人问姐妹俩：“你们两个谁是姐姐呀?”于是胖一点的回答道：“我是。”瘦一点的回答也是“我是”。当再问道“现在几点钟”时，胖一点的回答“快到中午了”，瘦一点的则回答“已经过了中午”。请问，现在是上午还是下午，哪一个是姐姐呢?

答案：是上午，胖一点的是姐姐，瘦一点的是妹妹。假定现在是下午，而姐姐下午说假话，那么姐姐（还不知道是哪一个），应该回答“我不是”才对，但回答却恰好相反，因而可以断定是上午。得出这个结论后就可判断说真话的是姐姐——即长得胖一点的。像这样的问题只要明确推论形式，构造假设就行了。突破口一旦找到了，问题就能轻而易举地解决了。

张三的老婆

张三认识张、王、杨、郭、周五位女士，其中：

一、五位女士分别属于两个年龄档，有三位小于30岁，两位大于30岁；

二、五位女士的职业有两位是教师，其他三位是秘书；

三、张和杨属于相同年龄档；

四、郭和周不属于相同年龄档；

五、王和周的职业相同；

六、杨和郭的职业不同；

七、张三的老婆是一位年龄大于30岁的教师。

请问谁是张三的未婚妻?

A. 张　　B. 王　　C. 杨　　D. 郭　　E. 周

答案：选D。

由条件三、条件四可得，张、杨一定小于30岁，郭和周有一个人小于30岁，根据条件七张三不会娶张、杨。

由条件五、条件六可得，王和周的职业是秘书，郭和杨有一个人是秘书，根据条件七张三不会娶王、周。

所以只有郭符合条件。

“五岳”之谜

我国有“三山五岳”之说，其中五岳是指：东岳泰山、南岳衡山、西岳华山、北岳恒山和中岳嵩山，一位老师拿着这五座山岳的图片，并在图片上标出数字，他让五位学生来辨别，每人说出两个，学生回答如下：

甲：2是嵩山，3是华山；

乙：4是衡山，2是嵩山；

丙：1是衡山，5是恒山；

丁：4是恒山，3是嵩山；

戊：2是华山，5是泰山。

老师发现五个学生都只是说对了一半，那么正确的说法应该是什么呢?

答案：假设甲的前半句正确，后半句错误，则2是泰山，3不是华山；因为每人都说对了半句，错了半句，因此可以推出戊说的前半句错误，后半句正确，即2不是华山，5是泰山。这就与甲说的“2是泰山”产生矛盾，所以假设错误。

因此我们可以知道，甲说的前半句错误，后半句正确，即3是华山；由戊说的可知，2不是华山，5是泰山；由丙说的可知，5不是泰山，1是衡山；由乙所说的可知，4不是衡山，2是嵩山；由丁所说的可知，3不是嵩山，4是恒山，所以正确的说法是：1是衡山，2是嵩山，3是华山，4是恒山，5是泰山。

哪两个人是同班

初一有三个班，每班有正、副班长各一人。平时开班长会议时，各班都只有一人参加。第一次参加的是小张、小刘、小林；第二次参加的是小刘、小朱、小宋；第三次参加的是小张、小宋、小陈。他们中哪两个人是同班的呢?

答案：张、刘、林各在一个班；第二次开会，刘又去了，可见张要么与朱同班，要么与宋同班。如果张与宋同班，与第三次开会张、宋同去矛盾。因此张与朱同班。此时只能林与宋同班；最后刘与陈同班。

判断房间号

少年宫一至四楼的八个房间分别是音乐、舞蹈、美术、书法、棋类、电工、航模、生物八个活动室。

已知：一、一楼是舞蹈室和电工室；

二、航模室上面是棋类室，下面是书法室；

三、美术室和书法室在同一层楼上，美术室的上面是音乐室；

四、音乐室和舞蹈室都设在单号房间。请指出八个活动室的号码。

答案：101 舞蹈室，102 电工室，201 美术室，202 书法室，301 音乐室，302 航模室，401 生物室，402 棋类室。

谁“✓”谁“×”

A、B、C 三个人回答同样的七个正误判断题，按规定凡答案是对的，就打一个“✓”，相对，答案是错的，就打一个“×”。回答结果发现，这三个人都只答对五题，答错两题，A、B、C 三人所答题的情况如下所示：

	1	2	3	4	5	6	7
A	×	×	✓	×	×	×	✓
B	✓	×	×	×	×	✓	×
C	✓	✓	✓	✓	×	✓	✓

请你根据上面的表格概括、判定一下，这七道题目的正确答案是什么？

答案：三人都答对五题，所以对任何两人来说，至少有相同的三道题两人都对。

分析三人答题情况，A、B 两人只有第 2、第 4、第 5 题答案相同，这三题都得对；B、C 两人只有第 1、第 5、第 6 题答案相同，这三题也都答对；A、C 两人只有第 3、第 5、第 7 题答案相同，这三题都答对。所以，正确的答案是：

1	2	3	4	5	6	7
✓	×	✓	×	×	✓	✓

正确答案

有 A、B、C 三人回答同样的七个是非题。按规定：凡答案是“是”，就打上一个○，答案是“非”，就打上一个×。结果发现，这 3 个人都答对了五题，答错了两题。A、B、C 三人所答的情况如下表所示：

	1	2	3	4	5	6	7
A	×	×	○	×	×	×	○
B	○	×	×	×	×	○	×
C	○	○	○	○	×	○	○

你知道这七道题目的正确答案是什么吗？

答案：由题中可知，三个人都是答对五题，那么，我们可以两个人两个人地进行比较。对任何两个人来说，尽管他们答对的题号不可能全部相同，但至少有相同的三道题是大家都答对了的。从题目所列表格推知，第 2 题、第 4 题和第 5 题，A、B 两人都是答对的；第 1 题、第 5 题和第 6 题，B、C 两人都是答对的；第 3 题、第 5 题和第 7 题，A、C 两人都是答对的。所以正确答案如下表：

1	2	3	4	5	6	7
○	×	○	×	×	○	○

握了几次手

明明、冬冬、蓝蓝、静静、思思和毛毛六人参加一次会议，见面时每两人都要握一次手，明明已握了五次手，冬冬已握了四次手，蓝蓝已握了三次手，静静已握了两次手，思思握了一次，问毛毛已握了几次手？

答案：毛毛已握了三次手。

	明	冬	蓝	静	思	毛
明		✓	✓	✓	✓	✓
冬	✓		✓	✓	×	✓
蓝	✓	✓		×	×	✓
静	✓	✓	×		×	×
思	✓	×	×	×		×
毛	✓	✓	✓	×	×	

过队日

某中队共 43 名队员，他们到龙潭游乐园过中队日。中队长宣布，大家只能参加“激流勇进”、“观览车”和“单轨火车”三种游乐活动。活动结束时，中队长说：“根据今天参加游乐活动的情况我编了一道数学题：“全中队至少有多少人参加的活动完全相同？”

你能替中队的同学找到正确答案吗？

答案：全中队至少有7人参加的活动相同。

这是一道根据实际活动编得很有趣的数学题。解答这道题首先要弄明白同学们参加游乐活动共有几种可能情况。我们把各种情况分别列出如下：

一、只参加“激流勇进”；

二、只参加“观览车”；

三、只参加“单轨火车”；

四、既参加“激流勇进”，又参加“观览车”；

五、既参加“激流勇进”，又参加“单轨火车”；

六、既参加“观览车”，又参加“单轨火车”；

七、三种活动都参加。

由于可能的情况共有7种，去游乐场的有43名少先队员，$43 \div 7 = 6 \cdots\cdots 1$（人），即如果每种可能的情况有6名队员参加的话，那么还余1名队员，不管这1名队员参加活动属于哪种“情况”，则至少有7人参加的活动相同。

五人猜帽

五个人站成一列纵队，从五顶黄帽子和四顶红帽子中，取出五顶分别给每个人戴上。他们不能扭头，所以只能看见前面的人头上的帽子的颜色。

开始的时候，站在最后的第五个人说：“我虽然看到你们头上的帽子的颜色，但我还是不能判断自己头上的帽子的颜色。”这时，第四个人说：“我也不知道。”第三个人接着说：“我也不知道。”第二个人也说不知道自己的帽子颜色。这时，第一个人说：“我戴的是黄帽子。”

你知道他是怎么判断的吗？

答案：第五个人开始说不知道自己头上的帽子的颜色。这说明前面的四个人中有人戴黄帽子，否则，他马上可以知道自己头上是黄帽子了。第四个人知道了五个人中有人戴黄帽子，但不能断定自己帽子的颜色，这说明他看到前面的三个人中有人戴黄帽子。依次类推，第二个人也不知道自己帽子颜色，说明他前面的人戴黄帽子。所以，第一个人可以断定自己戴的是黄帽子。

住中间房间的人是谁

阿聪、阿明和阿呆三人住在三个相邻的房间内，他们之间满足这样的条件：

一、每个人喜欢一种宠物，一种饮料，一种啤酒，不是兔就是猫，不是果粒橙就是葡萄汁，不是青岛就是哈尔滨；

二、阿聪住在喝哈尔滨啤酒者的隔壁；

三、阿明住在爱兔者的隔壁；

四、阿呆住在喝果粒橙者的隔壁；

五、没有一个喝青岛者喝果粒橙；

六、至少有一个爱猫者喜欢喝青岛啤酒；

七、至少有一个喝葡萄汁者住在一个爱兔者的隔壁；

八、任何两人的相同爱好不超过一种。

住中间房间的人是谁?

提示：判定哪些三爱好组合可以符合这三人的情况；然后判定哪一个组合与住在中间的人相符合。

答案：阿呆。

根据条件一，每个人的三爱好组合必是下列组合之一：

A. 葡萄汁，兔，哈尔滨；B. 葡萄汁，猫，青岛；C. 果粒橙，兔，青岛；

D. 果粒橙，猫，哈尔滨；E. 葡萄汁，兔，青岛；F. 葡萄汁，猫，哈尔滨；

G. 果粒橙，兔，哈尔滨；H. 果粒橙，猫，青岛。

根据条件五，可以排除C和H。于是，根据条件六，B是某个人的三嗜好组合；

根据条件八，E和F可以排除；

再根据条件八，D和G不可能分别是某两人的三好组合；因此A。必定是某个人的三嗜好组合；

然后根据条件八，可以排除G；于是余下来的D必定是某个人的三爱好组合；

根据条件二、条件三和条件四，住房居中的人符合下列情况之一：

1. 喝青岛而又爱兔，2. 喝青岛而又喝果粒橙，3. 爱兔而又喝果粒橙。既然这三人的三爱好组合分别是A、B和D，那么住房居中者的三爱好组合必定是A。或者D，如下所示：B、A、D、B、D、A葡萄汁葡萄汁果粒橙葡萄汁果粒橙葡萄汁猫兔猫或猫猫兔青岛哈尔滨哈尔滨青岛哈尔滨哈尔滨；

根据条件七，可排除D；因此，根据条件四，阿呆的住房居中。

划拳比赛

将4人编为一组，共两个组8个人一起划拳，规定最后有一方即使剩下一个人也算是胜方。为了提高获胜的可能性，应该采取什么样的作战方式才好？

答案：从石头、剪刀、布中选其中两个，由一个出弱的，剩下的全部出强的。例如，如果一人出石头，其余的全出布。这样，对方即使有人出剪刀也是平局，如果对方没有出剪刀的话，出布的人就获胜。以这种方式重复进行下去，就可以去掉平局，最少到划第4次拳时即可使一个人最后获胜。这是个有相当难度的问题。在这种情况下，最好的策略就是做到不要使全部人员一次输掉。

网球对抗赛

有一个公司开展科室间的网球对抗赛，比赛形式是双打。人员搭配可以同性搭配，也可以男女混合搭配。如果出现单数，允许重复上场。营业科王科长手下男性比女性少四人，如果全员参加比赛，会出现重复上场的情况吗？

答案：会。如果差是四人，其部下肯定或者男女都是偶数，或者男女都是奇数。总之，和是偶数。包括王科长在内，营业科的人数其实是奇数。因此，有一个人要出场两次。

水果的顺序

在一个集市的水果摊上，有人把20种水果并排放成了两排。下列各句中的“在左边”、“在右边”指的是在同一行，“在前面”、“在后面”指的是在另一行的相对位置。

葡萄在柠檬和芒果的右边，芒果在油桃的左边，油桃的后面是番木瓜。樱桃在草莓的后面，在李子的右边，在柿子的左边。柿子在枇杷的右边，枇杷在杏子的左边。橘子在梨的右边，在李子的左边，李子在桃的右边，桃在樱桃的左边，在橘子的右边。酸橙在梨的前面，在西瓜和香蕉的左边，香蕉在黑莓的左边，黑莓在西瓜的右边，西瓜在草莓和香蕉的左边。树莓在柠檬的左边，柠檬在黑莓和草莓的右边，草莓又在香蕉的右边，在树莓和芒果的左边，芒果在柠檬的右边。油桃在葡萄的左边，葡萄在树莓的右边，树莓在草莓的右边。番木瓜在番石榴的左边，番石榴在枇杷的右边。枇杷在樱桃的右边，在柿子的左边，柿子在杏子的左边。

你能根据上面的信息，把各种水果排成合适的顺序吗？

答案：

后排：梨、橘子、桃、李子、樱桃、枇杷、柿子、杏子、番木瓜、番石榴。

前排：酸橙、西瓜、香蕉、黑莓、草莓、树莓、柠檬、芒果、油桃、葡萄。

酒鬼和礼品

有5个酒鬼，他们的绰号分别是“茅台”、“五粮液”、“西凤”、“花雕”和“二锅头”。某年春节，他们之中的每一个人，都向其他4个中的某一个人赠送了一件礼品；没有两人赠送相同的礼品的情况；每一件礼品，都是他们中某个人的绰号所表示的酒；每人赠送或收到的礼品都不是用他自己的绰号表示的酒。又，“茅台”先生送给“二锅头”先生的是花雕酒；收到二锅头酒的先生把西凤送给了“茅台”先生；绰号和“花雕”先生所送的礼品名称相同的先生把自己的礼品送给了“西凤”先生。“花雕”先生所收到的礼品是谁送的？

答案：“花雕”先生所收到的礼品是“西凤”先生送的。“茅台”先生送给“二锅头”先生花雕酒；“二锅头”先生送给“西凤”先生五粮液；“西凤”先生送给“花雕”先生茅台酒；“花雕”先生送给“五粮液”先生二锅头；“五粮液”先生送给“茅台”先生西凤酒。

袋中的球

袋中有 n 只球，收球规则是“每次拿出袋中球的一半后再放进去1只”，算取一次。取了832次后袋中剩下2只球，那么，你知道在开始时袋中有多少只球吗？

答案：取了832次后还剩2只球，那么，第832次拿了球后但未放进去1只球时袋中只有1只球，这1只球是上一次取完后袋中球的一半，也就是说，上一次取完球后袋中剩下的球也是2只。由此往前推可知，开始时袋中也只有2只球。

谁偷了奶酪

有四只小老鼠一块出去偷食物（它们都偷食物了），回来时族长问它们都偷了什么食物。老鼠甲说：我们每个人都偷了奶酪。老鼠乙说：我只偷了一颗樱桃。老鼠丙说：我没偷奶酪。老鼠丁说：有些人没偷奶酪。族长仔细观察了一下，发现它们当中只有一只老鼠说了实话。那么下列结论正确的是：

A. 所有老鼠都偷了奶酪；

B. 所有的老鼠都没有偷奶酪；

C. 有些老鼠没偷奶酪；

D. 老鼠乙偷了一颗樱桃。

答案：假设老鼠甲说的是真话，那么其他三只老鼠说的都是假话，这符合题中仅一只老鼠说实话的前提；假设老鼠乙说的是真话，那么老鼠甲说的就是假话，因为它们都偷食物了；假设老鼠丙或丁说的是实话，这两种假设只能推出老鼠甲说假话，与前提不符。所以A选项正确，所有的老鼠都偷了奶酪。

猫和鸽子

赵、钱、孙、李和陈5个单身老头是养鸽迷，每人都有一只心爱的鸽子。另有5个单身老太太是养猫迷，每人都有一只宠猫。猫对鸽子是严重的威胁。后来，这5对老人分别结了婚，这给了老头们控制老伴的猫以保护自己的鸽子的机会。然而，结果是，他们之中虽然每对老夫妻自己的猫和鸽子之间相安无事，但最终还是每只猫都吃掉了一只鸽子，每位老头都失去了自己心爱的鸽子。事实上，赵夫人的猫吃了某位老先生的鸽子，而这位老先生正是和吃了陈老先生的鸽子的猫的主人结了婚。赵老先生的鸽子是被钱夫人的猫吃掉的。李老先生的鸽子是被某位老太太的猫吃掉的，而这位老太太正是和被孙夫人的猫所吃掉的鸽子的主人结了婚。李夫人的猫吃了谁家的鸽子？

答案：李夫人的猫吃了钱先生的鸽子。

首先，我们分析，赵夫人的猫吃了哪位先生的鸽子。赵夫人的猫吃的不是赵先生的鸽子；赵夫人的猫吃的也不是钱先生的鸽子，否则，钱夫人的猫吃的就是陈先生的鸽子，但事实上，钱夫人的猫吃的是赵先生的鸽子；赵夫人的猫吃的也不是陈先生的鸽子，否则，陈先生的夫人就会是赵夫人；赵夫人的猫吃的也不是李先生的鸽子，否则，赵先生的鸽子就会是被孙夫人的猫吃掉的，但事实上赵先生的鸽子是被钱夫人的猫吃掉的。因此，赵夫人的猫吃了孙先生的鸽子。这样，李夫人的猫吃的或是陈先生的或是钱先生的鸽子。李夫人的猫吃的不是陈先生的鸽子，否则，李夫人的丈夫就会是孙先生。所以李夫人的猫吃的是钱先生的鸽子。

他们是什么关系

有A、B、C、D、E 5个亲戚，其中4个人每人讲了一个真实情况，如下：

一、B是我父亲的兄弟；

二、E是我的岳母；

三、C是我女婿的兄弟；

四、A是我兄弟的妻子。

上面说话的每个人都是这5人中的一个。请问，这5人分别是什么关系？

答案：而倒数两句对C、D的描述，可以知道说话的人所说的“女婿”不可能是同一个人，因为如是同一人的话，第三、第四句话就只能是夫妻俩说的，而五个人中只有一个是女性E，而她的丈夫已经说过第一句话了，所以C、D其中之一是E的女婿，另外一个是她丈夫，而且这两句话有一句是E说的，另外一句是E的父亲说的，所以E的父亲不是C、D，也不是A和E，所以E的父亲只能是B。

貌似这样的结果与第二句话矛盾，但如果第二句话是E的女婿说的就没有问题了！所以也就得出D是E的丈夫。

即A是E的兄弟、B是E的父亲、C是E女婿的兄弟、D是E丈夫、E是妻子。

第一句话是D说的，意思是A是E的兄弟；

第二句话是C说的，意思是B是我父亲（这里没有出现）的兄弟；

第三句话是E说的，意思是C是我女婿（这里也没有出现）的兄弟；

第四句话是B说的，意思是D是我女婿。

说反话的外星人

A星球和B星球是正好相反的两个星球。A星上男的都说谎，女的都说真话；而B星上女的都说谎，男的却说真话。麻烦的是，A星人和B星人长得一模一样，男女之间外表上也没有区别。当A星人和B星人混杂在一起的时候，请分别通过一次提问：

一、区分A星人与B星人；

二、区分男性与女性；

三、辨别讲真话的人。

但是，由于是异星人，不适合问像“1加1等于2”这种客观真伪的问题。

答案：

1. “你是女的吗？”回答“是”的是A星人，回答“不是”的是B星人；
2. “你是B星人吗？”回答“是”的是男的，回答“不是”的是女的；
3. “你是A星的女性吗？”回答“不是”的是B星的男性且一定讲真话，或者

"你是B星的男性吗?"回答"不是"的是A星的女性且一定讲真话。

谁是姐妹

阿格尼丝、贝齐、辛迪、迪莉娅这四位女士在同一家公司上班，她们在工作间歇去附近的一家小咖啡馆用了些咖啡和点心，正在付款。

一、有两位女士，身上带的硬币各为60美分，都是银币，且枚数相同，但彼此间没有一枚硬币面值相同。

二、有两位女士，身上带的硬币各为75美分，都是银币，且枚数相同，但彼此间没有一枚硬币面值相同。

三、阿格尼丝的账单是10美分，贝齐的账单是20美分，辛迪的账单是45美分，迪莉娅的账单是55美分。

四、每位女士都一分不少地付了账，且不用找零。

五、有两位女士是姐妹，她们付账后剩下的硬币枚数相同。

请问，哪两位女士是姐妹?

注："银币"是指5美分、10美分、25美分、50美分的硬币。

答案：先判定四种符合题意的持币情况，然后判定每人符合哪种情况。阿格尼丝和贝齐是姐妹俩。辛迪有1枚25美分和5枚10美分；付账后余3枚。贝齐有5枚5美分和1枚50美分；付账后余2枚。迪莉娅有2枚5美分和1枚50美分；付账后余1枚。阿格尼丝有2枚25美分和1枚10美分；付账后余2枚。

两对双胞胎

在老北京的一个胡同的大杂院里，住着4户人家，巧合的是每家都有一对双胞胎女孩。这四对双胞胎中，姐姐分别是ABCD，妹妹分别是abcd。一天，一对外国游人夫妇来到这个大杂院里，看到她们8个，忍不住问："你们谁和谁是一家的啊?"

B说："C的妹妹是d。"

C说："D的妹妹不是c。"

A说："B的妹妹不是a。"

D说："他们三个人中只有d的姐姐说的是事实。"

如果D的话是真话，你能猜出谁和谁是双胞胎吗?

答案：假设B说的是事实，则C就是d的姐姐，按D的依据就是C也为真，那么出现有两个人说的是事实，与题意矛盾，所以B说的不是事实，同时也知道C不是d的姐姐，则BC的话都是假的，所以只有A说的是真话，则A就是d的姐姐，A说B的妹妹不是a，又不可能是d，所以B的妹妹只可能是b或c，根据C的假话知道D的妹妹就是c，B的妹妹就是b，最后C的妹妹就是a。

谁和谁是夫妻

有四对夫妻，赵结婚的时候张来送礼，张和江是同一排球队队员，李的爱人是洪的爱人的表哥。洪夫妇与邻居吵架，徐、张、王都来助阵。李、徐、张结婚以前住在一个宿舍。

请问：赵、张、江、洪、李、徐、王、杨这八个人谁是男谁是女，谁和谁是夫妻？

答案：洪与江、李与王、赵与徐、张与杨为夫妻。

分析：首先分析性别，因为李的爱人是洪的爱人的表哥，所以说明李是女性，当然，与李在结婚前同住在一个宿舍的徐和张也为女性。所以我们得出了：

男：赵、洪、王、杨

女：李、徐、张、江

接下来分析夫妻关系，从洪入手，因为洪夫妇和邻居吵架，徐、张、王来帮忙，说明了洪的对象不能是徐和张。

所以洪的对象有两个可能：李和江。但是由于李的爱人是洪的爱人的表哥，所以否定了李，洪与江是对象。

下来分析李的爱人：因为洪夫妇与邻居吵架，徐、张、王都来助阵，这里只有王是男性，而且李的爱人是洪的爱人的表哥。所以说明王很有可能就是江的表哥，也就是李的丈夫。这样我们分析出了王与李是一对。

剩下的男性还有赵和杨，女性还有张和徐。第一句说了：赵结婚的时候张来送礼，说明赵不是和张结婚，所以赵和徐是夫妻。而张和杨是夫妻。

到底多大

4个人在对一部电视剧主演的年龄进行猜测，实际上只有一个人说对了。

张：她不会超过20岁；

王：她不超过25岁；

李：她绝对在30岁以上；

赵：她的岁数在35岁以下。

A. 张说得对；

B. 她的年龄在35岁以上；

C. 她的岁数在30～35岁；

D. 赵说得对。

答案：B。此题最好用排除法，根据条件只有一个人说的是正确的，如果张说得对，那么王和赵说得也对，排除A；同理王说得也不对，如果李说得是对的，赵说得也可能对，反之也是如此，排除C、D。故选B。

他们有多大

某客车上的甲、乙、丙3位乘客，分别和车上的3个乘务员（司机、售票员、检票员）的年龄相同。现在只知道：

一、甲今年25岁；

二、检票员昨天下棋输给了与甲同岁的乘务员；

三、乙今天是回沈阳老家去的，和乙同岁的乘务员碰巧又是他同乡；

四、司机的年龄是他女儿年龄的3倍，她现在在家乡湖北上小学；丙的年龄比司机的女儿大20岁。

请问，司机今年多大年龄？售票员和哪位乘客同岁？

答案：司机的老家是湖北，乙的老家是沈阳，那么根据条件三，司机不会和乙同龄；司机的年龄是他女儿的3倍，那么根据条件一，他也不和甲同龄。所以，司机便只有和丙同龄了。因丙的年龄比司机的女儿大20岁，所以可以得出丙的年龄，也就是司机的年龄为30岁。既然甲不与司机同年，而且根据条件二“检票员昨天下棋输给了和甲同岁的乘务员”，可推知甲也不和检票员同岁，因而甲便只有和售票员同岁了。所以，问题的答案是：司机今年30岁，售票员和甲乘客同岁。

哪个正确

在一次地理考试结束后，有五个同学看了看彼此五个选择题的答案，其中：

同学甲：第三题是A，第二题是C。

同学乙：第四题是D，第二题是E。

同学丙：第一题是D，第五题是B。

同学丁：第四题是B，第三题是E。

同学戊：第二题是A，第五题是C。

结果他们各答对了一个答案。根据这个条件猜猜哪个选项正确？

选项1. 第一题是D，第二题是A；

选项2. 第二题是E，第三题是B；

选项3. 第三题是A，第四题是B；

选项4. 第四题是C，第五题是B。

答案：选C。假设同学甲“第三题是A”的说法正确，那么第二题的答案就不是C。同时，第二题的答案也不是A，第五题的答案是C，再根据同学丙的答案知道第一题答案是D，然后根据同学乙的答案知道第二题的答案是E，最后根据同学丁的答案知道第四题的答案是B。所以以上四个选项第三个选项正确。

五色市块比大小

有五个木块，颜色分别是红的、白的、黑的、绿的和紫的，大小各不相同。已知其中绿木块比红木块小，黑木块比紫木块大但比绿木块小，紫木块比白木块大，红木块比白木块大。请按照从小到大的顺序，把这几块木块排成一行。

答案：本题中的条件比较多，可以先把每个条件涉及的木块一律按从小到大顺序，各自排成一行，然后汇总。

从条件得到：

绿 < 红，

紫 < 黑 < 绿，

白 < 紫，

白 < 红。

综合以上各个条件，得到：

白 < 紫 < 黑 < 绿 < 红。

所以，五个木块从小到大，顺次是：白木块，紫木块，黑木块，绿木块，红木块。

解答本题的关键，先将杂乱的条件根据需要按统一标准整理。条理清晰了，问题也就迎刃而解了。数学需要条理性，所以数学也特别能锻炼人的条理性。

年龄顺序

甲、乙、丙、丁四人正在进行羽毛球比赛，已知：

一、甲比乙年轻。

二、丙比他的两个对手年龄都大。

三、甲比他的同伴年龄大。

四、乙与甲的年龄差比丙与丁的年龄差要大。

请把他们四人按年龄顺序从小到大排列起来。

答案：年龄从小到大：丙、甲、丁、乙。

推理过程：乙＞甲＞甲的伙伴，则甲的伙伴是丙或丁；丁大于两个对手，所以丁不是甲的伙伴，只能甲配丙，乙配丁；只有两种排列可能，丁＞乙＞甲＞丙或乙＞丁＞甲＞丙，由条件四可知，只能是方案二。即得结果。

小岛方言

一个晴朗的日子，一条船由于缺乏饮用水，在一个岛上靠了岸。这个岛上的人一部分总是说真话，另一部分总是说假话。可是，从表面上却无法将它们区分开来。他们虽然听得懂汉语，却只会说本岛方言。船员们登陆后发现一眼泉水，可是，不知这里的水能不能喝。这时，恰巧碰到一个土族人，便问道："今天天气好吗?"土族人答道："呜呜哇哇。"再问："这里的水能喝吗?"土族人答道："呜呜哇哇。"已知"呜呜哇哇"这句话是岛上方言的"是"或"不是"中的一个。你认为这里的水究竟能喝吗?

答案：能喝。这天是晴天，这个土族人如果是说真话的，那么关于"好天气"的回答为"是"，"呜呜哇哇"就是"是"的意思了，则"能喝吗?"的回答为"是"。如果说的是假话，问天气时回答的"呜呜哇哇"就是"不"的意思。那么，"能喝吗?"回答的是"不能"，因为他说的是假话，所以水池的水是能喝的。结论是这个土族人不管是说真话的人还是说假话的人，水都是能喝的。

获第三名的得几分

A、B、C、D、E 五名学生参加乒乓球比赛，每两个人都要赛一盘，并且只赛一盘。规定胜者得 2 分，负者得 0 分。现在知道比赛结果是：A 和 B 并列第一名，C 是第三名，D 和 E 并列第四名。那么 C 得几分？

答案：获第三名的学生 C 得 4 分。

因为每盘得分不是 2 分就是 0 分，所以每个人的得分一定是偶数，根据比赛规则，五个学生一共要赛 10 盘，每盘胜者得 2 分，共得了 20 分。每名学生只赛四盘，最多得 8 分。

我们知道，并列第一名的两个学生不能都得 8 分，因为他们两人之间比赛的负者最多只能得 6 分，由此可知，并列第一的两个学生每人最多各得 6 分。

同样道理，并列第四的两个学生也不可能都得 0 分，因此他们两人最少各得 2 分。

这样，我们可得出获第三名的学生 C 不可能得 6 分或 2 分，只能得 4 分。

今天星期几

动物王国的一些居民忘记今天星期几了，于是聚在一起讨论。

小兔：后天星期三。

小狗：不对，今天是星期三。

小猪：你们都错了，明天是星期三。

小马：今天既不是星期一也不是星期二，更不是星期三。

小牛：我确信昨天是星期四。

小羊：不对，明天是星期四。

小猫：不管怎样，昨天不是星期六。

他们之中只有一个人讲对了，是哪一个呢？今天到底是星期几？

答案：7 个观点如下：小兔：星期一；小狗：星期三；小猪：星期二；小马：星期四、星期五、或者星期日；小牛：星期五；小羊：星期三；小猫：星期一、星期二、星期三、星期四、星期五或星期六。综上所知，除了星期日外，都不止一方说到，因此，今天是星期日，他们都可以睡一会儿懒觉，小马所说正确。

猜城市

对地理非常感兴趣的几个同学聚在一起研究地图。其中的一个同学在地图上标上了标号A、B、C、D、E，让其他的同学说出他所标的地方都是哪些城市。

甲说：B是陕西，E是甘肃；

乙说：B是湖北，D是山东；

丙说：A是山东，E是吉林；

丁说：C是湖北，D是吉林；

戊说：B是甘肃，C是陕西。

这五个人每人只答对了一个省，并且每个编号只有一个人答对。你知道ABCDE分别是哪几个省吗？

答案：假设甲说的第一句话正确，那么B是陕西，戊的第一句话就是错误的，戊的第二句话就是正确的；C是陕西就不符合条件。甲说的第二句话正确。那么E就是甘肃。戊的第二句话就是正确的，C是陕西。同理便可推出A是山东，B是湖北，C是陕西，D是吉林，E是甘肃。

所在地和职业

甲、乙、丙三人，他们在南宁、柳州、桂林工作，他们的职业是教师、医生和工程师。已知下列情况：

一、甲不在桂林工作；

二、乙不在南宁工作；

三、在桂林工作的不是教师；

四、在南宁工作的是医生；

五、乙不是工程师。

根据上述情况判断甲、乙、丙三人各在什么地方工作，职业是什么？

答案：根据上面情况可以判断，甲在南宁工作，他是医生；乙是在柳州工作，他是教师，丙是桂林工作，是工程师。

1. 根据条件二和条件四，在南宁工作的是医生，而乙不在南宁工作。因此乙不是医生。又由条件五，乙不是在桂林工作。那么乙是在柳州工作。

2. 根据条件一，甲不在桂林工作。因此甲在南宁工作，再由条件四，甲是医生。

3. 丙在桂林工作，是工程师。

打高尔夫球的夫妇

两对夫妇打了一场高尔夫球。每个人的积分都不一样，不过阿尔伯特夫妇的总积分是187，和贝克夫妇的总积分一样。下面的句子陈述的是他们的得分情况：

一、乔治的得分在四个人中不是最低的，不过比平均分要低；

二、凯瑟琳的得分比卡罗尔高3杆；

三、阿尔伯特先生和夫人的得分只差1杆；

四、两个男人的平均得分比两个女人的平均得分高2杆。

猜一猜四名球手的姓、名（其中一个是哈利）和得分。

	姓	得分
卡罗尔		
乔治		
哈利		
凯瑟琳		

答案：考虑到四个球手的平均分是93.5杆（187除以2），因此，根据陈述三，阿尔伯特夫妇中，一个人的成绩为93，另一个是94。根据陈述四，两个男人的平均分是94.5，两个女人的平均分是92.5。根据陈述二，凯瑟琳的成绩必定是94，卡罗尔的成绩是91。因此凯瑟琳姓阿尔伯特，根据陈述一，她的丈夫是乔治，乔治的成绩是93。卡罗尔·贝克的丈夫是哈利，哈利的成绩是96。

结果是：

卡罗尔·贝克 91分

乔治·阿尔伯特 93分

哈利·贝克 96分

凯瑟琳·阿尔伯特 94分

排球比赛

某校举行排球比赛。下图中二号、三号、四号位为前排，一号、六号、五号位为后排，六名排球队员分别穿1、2、3、4、5、6号球衣，每个队员的站位号与他们球衣号都不相同。一号、四号位站主攻；二号、五号位站二传，三号、六号位站副攻。已知：

一、1号、6号不在后排；

二、2号、3号不是二传手；

三、3号、4号不同排；

四、5号、6号不是副攻。

判断每个队员的站位。

四	三	二
五	六	一

答案：由一知1号、6号在前排，由三知3号、4号一前一后，因此2号、5号在后排。因为5号不站五号位；5号不是副攻，5号不站六号位，因此5号站一号位。因为2号不是二传手，2号不站五号位，2号站六号位。后排剩下的五号位只能3号或4号站。3号不是二传手，3号不站五号位，只有4号站五号位。3号在前排，3号不站三号位，3号不是二传手，也不是二号位，因此3号站四号位，6号不站三号位，因此，6号站二号位。剩下1号站三号位。

四3	三1	二6
五4	六2	一5

前排：6号站二号位，1号站三号位，3号站四号位；后排：5号站一号位，2号站六号位，4号站五号位。

纸牌把戏

拿出一副扑克牌，使它黑红相间。再把这副牌分成两叠，让每叠牌的最底下那张的颜色互不相同。然后将两叠牌洗到一起。

现在从这叠洗过一次的牌上部一对一对地拿牌，结果会怎样呢？结果是：不管你原先是怎样洗牌的，你拿的每一对牌都是一红一黑！为什么会这样呢？

答案：原因很简单。首先，这副黑红相间的牌分成两叠后须两张底牌一黑一红。然后，在洗这两叠牌时，第一张牌离开拇指落下贴在桌面后，左右手中两叠底牌就是一色的了，这两张牌都与已落下的那张牌颜色不同。往后无论这两张底牌落下哪张都与桌上那张构成颜色不同的一对。

现在手中的牌又与还未落下任何一张牌时的情况一样。剩下两叠牌的底牌颜色不同。不管哪张牌落下，手中剩下的两张底牌均与之不同色，故接着落下的第二对牌也必然是颜色不同的。依此类推可知余下的牌将反复出现上述现象。

这个不寻常的纸牌把戏是一个实例，说明一种潜在的数学结构会怎样进入随机集群之中，并产生看上去似乎神秘的结果。

装棋子的盒子

若干个同样的盒子排成一排，小明把50多个同样的棋子分装在盒中，其中只有一个盒子里没有装棋子，然后他外出了。小光从每个有棋子的盒子里各拿一个棋子放在空盒内，再把盒子重新排了一下。小明回来仔细查看了一番，没有发现有人动过这些盒子和棋子，问共有多少个盒子？

答案：共有11个盒子。

原有一个空盒子，现在装进了棋子。而小明没有发现有人动过，可见现在又有一个空盒子。这说明原来一定有一个盒子内装的是一个棋子。原来装有一个棋子的盒子现在成了空盒子，可见现在另有一个盒子装有一个棋子。而这另一个盒子原来是装有两个棋子。

同样的推理分析，原来一定有一个盒子装三个棋子，装四个棋子……

总之，原来各盒中棋子数是0，1，2，3…这一系列数。

由于，$0+1+2+\cdots+9=45$

$0+1+2+\cdots+10=55$

$0+1+2+\cdots+11=65$

可见原来一定是11个盒子，各装着0个，1个，2个，…，10个棋子。

这个题的解题依据是小光移动棋子前后情况一样，突破口是“空盒”，棋子的总量控制了盒的数量，由此推理，便一环扣一环，将盒子装棋子的情况逐渐推开，同时也就得知盒子数了。

三位老师

有三位老师，一位姓张、一位姓王、一位姓李。不知道他们各教什么课程，只知道三个人中，一位教语文、一位教数学、一位教外语。另外还知道，张老师讲课只说中国话，外语老师是一位同学的叔叔，李老师是女的，她不教数学课。他们各人究竟教什么课呢？

答案：分别把三位老师简记为张、王、李，三门课程简记为语、数、外，问题中的条件可以简单地借用数学符号表示成：

一、张≠外；

二、外=男；

三、李=女；

四、李≠数。

由二、三得到

五、李≠外。

由四、五得到

六、李=语。

由六、一得到

张=数，王=外。

所以，结论是：李老师教语文，张老师教数学，王老师教外语。

原来的题目是一个逻辑问题，解答时把它数学化，表示成紧凑的等式或不等式，一目了然。

楼层和职业

有甲、乙、丙、丁4人同住在一座4层的楼房里，他们之中有工程师、工人、教师和医生。如果已知：

一、甲比乙住的楼层高，比丙住的楼层低，丁住第4层。

二、医生住在教师的楼上，在工人楼下，工程师住最低层。

问：甲、乙、丙、丁各住在这座楼的几层？各自的职业是什么？

答案：我们分别对本例的两个问题加以讨论。

由已知条件一可知，丁住在第4层，是最高层，于是甲、乙、丙只能住在1、2、3这三层之中了，因为条件一还告诉我们，“甲比乙住的高，比丙住的低”，所以甲肯定住在第2层，而丙住在第3层，乙住在第1层。

由条件二知道，工程师住在最低层，这说明工程师是住在第1层的。那么，医生、教师、工人一定住在2、3、4层。条件二还告诉我们：“医生住在教师的楼上”，这说明医生不是住3层就是4层。又由于“医生住在工人的楼下”，所以医生只能住在3层，工人住在第4层，教师住在第2层。

联系起来，就得到最后的答案：

甲：教师——住2层。

乙：工程师——住1层。

丙：医生——住3层。

丁：工人——住4层。

谁去完成任务

在甲、乙、丙、丁、戊5人中要抽调若干人去完成某项任务，但要同时符合下列条件：

一、丁、戊两人至少要去一人；

二、乙、丙两人总要去一人；

三、假如戊去，甲、丁就都去；

四、丙和丁要么两人都去，要么两人都不去；

五、假如甲去，那么乙也去。

请问，到底谁被抽调出来了呢？

答案：假设甲去，根据第五条乙也去，根据第二条丙不去，根据第四条丁不去，根据第三条戊去，根据第一条丁也去。可知，在让甲去的前提下，就要推出丁去、丁又不去的矛盾结论，故甲不能去。假设甲不去，根据第三条戊不去，根据第一条丁去，根据第四条丙也去，根据第二条乙不去，没有矛盾。因此，在甲、乙、丙、丁、戊5人中，应该让丙、丁两人去完成任务。

他是怎么猜到的

幼儿园一老师带着7名小朋友，她让6个小朋友围成一圈坐在操场上，让另一名小朋友坐在中央，拿出七块头巾，其中4块是红色，3块是黑色。然后蒙住7个人的眼睛，把头巾包在每一个小朋友的头。然后解开周围6个人的眼罩，由于中央的小朋友的阻挡，每个人只能看到5个人头上头巾的颜色。这时，老师说："你们现在猜一猜自己头上头巾的颜色。"大家思索好一会儿，最后，坐在中央的被蒙住双眼的小朋友说："我猜到了。"

问：被蒙住双眼坐在中央的小朋友头上是什么颜色的头巾？他是如何猜到的？

答案：红色。周围的六个人只能看到周围5个人头上的头巾的颜色，由于中间那个小朋友的阻挡，每个小朋友都无法看到与自己正对面的头巾颜色，他们无法判断自己头巾的颜色，证明他们所看到头巾的颜色是3红2黑。剩下1黑1红是他们和自己正对着的人的头巾颜色，这就说明处于正对面的2个人都包着颜色相反的头巾，那么中间的人就只能包红色。

帽子的颜色

有3顶红帽子、2顶白帽子，现将其中的3顶给排成1列的3人每人戴1顶，每人都只能看到自己前面的人的帽子，而看不见自己和自己后面人的帽子，同时3人也都不知道剩下的2顶帽子的颜色（但都知道他们3人的帽子是从3顶红帽子、2顶白帽子中取出的）。

先问站在最后边的人："你知道你戴的帽子是什么颜色吗？"

最后边的人回答说："不知道。"

接着让中间的人说出自己戴的帽子的颜色，中间的人也回答说："不知道。"

听了他们2人的回答后，你能知道站在最前面的人戴的什么颜色的帽子吗？

答案：前面2个人戴的帽子的颜色有下列3种可能的情况：2白、1白1红、2红。

如果前面的2个人戴的都是白帽子，因为总共只有2顶白帽子，那么站在最后面的人就可以断定自己戴的是红帽子。现在最后面的人说不知道自己戴的是什么帽子，也就是说他看到前面两人的帽子不都是白的。这样，前两人戴的帽子就有两种可能情况：1白1红或2红。

如果站在最前面的人戴的是白帽子，那么中间的人就可以断定自己戴的是红帽子（因为中间的人和最后面的人至少有一顶红帽子）。但现在站在中间的人也说不知道自己戴的是什么帽子，也就是说他看到的最前面的人戴的是红帽子。

站在最前面的人戴的是红帽子。

头上沾泥的孩子

一个教室里有10个孩子，其中有7个孩子的额头上沾了泥巴。每个孩子都能看到别的孩子额头上是否有泥巴，但无法看到自己的。这时，老师走进教室，他说："你们中间至少有一个人额头上有泥巴。"然后，他问："谁知道自己额头上有泥巴？知道的请举手。"他这样连续问了6遍，无人举手，当问到第7遍的时候，所有额头上有泥巴的孩子都举起了手。你知道为什么吗？

答案：如果只有一个孩子额头上有泥巴，当老师第一遍提问时，他立即就会举手，因为他没有发现任何一个孩子额头上有泥巴，因此可以立即推断出是自己额头上有泥巴。如果有两个孩子额头上有泥巴，则他们都只看到一个孩子额头上有泥巴。当老师第一遍提问时，他们都无法确定是否自己额头上有泥巴，但是当第一遍提问结束没有人举手时，他们立即明白自己额头上有泥巴，因为，如果自己额头上没有泥巴，他们所看到的那个额头上有泥巴的孩子在第一遍提问时就会举手，理由如上所述。因此，当老师第二遍提问时，这两个额头上有泥巴的孩子会同时举手。如果有三个孩子额头上有泥巴，则他们都只看到两个孩子的额头上有泥巴。当老师第一遍和第二遍提问时，他们都无法确定是否自己的额头上有泥巴，但是当第二遍提问结束没有人举手时，他们立即明白自己的额头上有泥巴，因为如果自己的额头上没有泥巴，他们所看到的那两个额头上有泥巴的孩子在第二遍提问时就会举手，理由如上所述。因此，当老师第三遍提问时，这3个额头上有泥巴的孩子会同时举手。由此我们得出一般性的结论：如果有n个孩子的额头上有泥巴，则当老师n遍提问后，所有额头上有泥巴的孩子会同时举手。

气象情况

某学校气象小组在一段时间里观察天气，共写出四个数据：

一、上午和下午共下雨7次；

二、有5天下午未下雨；

三、有6天上午未下雨；

四、下午下雨的那几天，上午都未下雨。

这段时间共有多少天？其中全天未下雨的有多少天？

答案：共有9天，全天未下雨的有2天。

由“四、下午下雨的那几天，上午都未下雨”，可推出：在观察的这段时间内，没有全天下雨的，但有全天未下雨的。上午和下午各是半天。未下雨的几个全天的上午和下午，都包含在未下雨的5个下午和6个上午之中。因此共观察的半天有：

$7+5+6=18$（个）

共观察的天数为：$18\div2=9$（天）

全天未下雨的有：$9-7=2$（天）

用图示法也可以解答此题，以●代表下雨的半天，而以○代表未下雨的半天。如下图所示，即可推出结果。

○○○●●○●○○

●○●○○●○●○

谁是教授

阿米莉亚、比拉、卡丽、丹尼斯、埃尔伍德和他们的配偶参加了在情侣餐馆举行的一次大型聚会。这五对夫妇被安排坐在一张“L”形的妻子的周围，如下图：

一、阿米莉亚的丈夫坐在丹尼斯妻子的旁边。

二、比拉的丈夫是唯一单独坐在桌子的一条边上的男士。

三、卡丽的丈夫是唯一坐在两位女士之间的男士。

四、没有一位女士坐在两位女士之间。

五、每位男士都坐在自己妻子的对面。

六、埃尔伍德的妻子坐在教授的右侧。

注：“在两位女士之间”指的是沿桌子边缘，左侧是一个女士，右侧是另一个女士。你能准确判断出这些人中谁是教授吗？

答案：如下图：

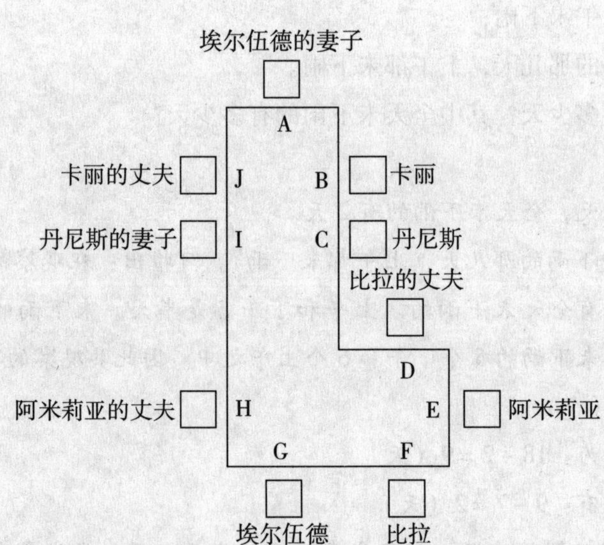

卡片上是什么字

四张卡片上分别写着“努、力、学、习”四个字（一张上写一个）取出其中三张扣在桌面上，甲、乙、丙分别猜每张卡片上是什么字，具体如下表：

	第一张	第二张	第三张
甲	力	努	习
乙	力	学	习
丙	学	努	力

结果每张上的字至少有一人猜中，所猜三次中，有一人一次也没猜中，有两人分别猜中了两次和三次，问：这三张卡片上各是什么字？

答案：因为有一人三次都猜中，就从这一点着手分析。

假如甲三次都猜中，三张卡片上依次是“力、努、习”三个字，那么乙猜中两次，丙猜中一次，这与已知条件相矛盾，因为没有人猜中一次的，所以假设不成立。

假设乙三次都猜中，那么甲猜中两次，丙一次也未猜中，与题目条件完全相符，因此这三张卡片上的字依次是“力、学、习”。

虽然找到答案，但我们也应分析“丙三次都猜中”时与条件不符，从而确定本题答案唯一。

得分

有一次测验，老师出了10道是非判断题，每题按10分计分。如果学生认为题中的观点是对的，则以“○”表示，反之，则以“×”表示。下表中有甲、乙、丙、丁4个学生的答案和老师对甲、乙、丙3个学生的评分。你能据此来评定学生丁的得分吗？

答案 顺序 / 学生	1	2	3	4	5	6	7	8	9	10	得分
甲	○	×	×	○	×	×	○	○	×	○	80
乙	×	○	×	×	×	○	×	○	×	×	20
丙	○	×	○	○	○	×	○	○	○	○	70
丁	×	×	○	×	×	○	×	×	○	×	?

答案：甲与丙相比，仅第3题、第5题、第9题答案不同，而甲比丙多得10分，所以在这3道题中，甲对两题，丙对一题。乙与甲对这3道题答案相同的20分即是答对其中的两题所得，其他各题乙都答错了。丁与丙的3道题答案相同，他答对了其中两道题。比较丁和乙对其他各题的答案，就能知道丁还答对了第5题和第8题。所以丁共答对4道题，40分。

各有所长

有三个人，一个姓吴，一个姓周，一个姓杨。他们除了各自的职业外，还各有一样爱好，并且没有相同的爱好。人们有时以“车工”、“电工”、“乐师”、“画家”、“作家”、“教师”称呼他们。此外，还知道下面一些事实：

一、车工经常赞扬乐师三弦弹得好；

二、乐师作家常常与姓吴的一起去看电影；

三、画家请电工来修过电灯；

四、车工和画家的儿子在同一车间工作；

五、姓周的问作家请教写作技巧；

六、姓杨的善于下象棋，姓周的和画家常常输给他。

现在就请你指出这三个人各有哪两门擅长？

答案：姓吴的是“画家”与“教师”；

姓周的是“电工”与“乐师”；

姓杨的是“画家”与“作家”。

根据条件在不可能的方格内写“0”，可能的写“1”。从条件一可知，“车工”与“乐师”不是同一人，条件二姓吴的不是乐师、作家。从条件三知，画家不是电工同一人。从条件四车工与画家不是同一人……则可把下表填：

	车工	电工	乐师	画家	作家	教师
吴	0	0	0	1	0	1
周	0	1	1	0	0	0
杨	1	0	0	0	1	0

找陪练

古月月是个骑马爱好者，一天她去一家骑马俱乐部，正巧碰到甲、乙、丙、丁等人，古月月便想请他们其中的一人陪自己骑马。他们四人分别回答如下：

甲说："我们俱乐部的人都会骑马。"

乙说："丁不会骑马。"

丙说："我们俱乐部中有人不会骑马。"

丁说："乙也不会骑马。"

现在已知甲、乙、丙、丁四人中有一个人说的是假话，古月月做了以下推断：

一是甲说假话，乙不会骑马。

二是乙说假话，丙不会骑马。

三是丁说假话，乙不会骑马。

四是甲说假话，丙不会骑马。

请问：谁说的是假话？谁说的是真话？古月月哪一种推断是正确的？

答案：甲说的是假话，丁说的是真话。古月月的第一种推断是正确的。

排名次

学校举办排球比赛，进入决赛的是五（1）班、五（2）班、六（1）班、六（2）班的代表队，到底谁得第一，谁得第二，谁得第三，谁得第四呢？

甲、乙、丙三人做如下的猜测：

甲说："五（1）班第一，五（2）班第二。"

乙说："六（1）班第二，六（2）班第四。"

丙说："六（2）班第三，五（1）班第二。"

比赛结束后，发现甲、乙、丙三人谁也没有完全猜对，但他们都猜对了一半。你能根据上面情况排出第一至第四名的名次吗？

答案：这类题用列表法进行推理比较简捷。

甲说	×	✓
乙说	×	✓
丙说	✓	×

上表第一行，是假设甲说的“五（1）班第一”是错的，“五（2）班第二”是对的；由此推向乙、丙，因为“五（2）班第二”是对的，则乙说的“六（1）班第二”就是错的，丙说的“五（1）班第二”也是错的，那么乙说的“六（2）班第四”与丙说的“六（2）班第三都是对的，这显然矛盾。因此可以断定，甲说的“五（2）班第二”是错的，而甲说“五（1）班第一”是对的。进而我们用下表可推出正确结论来：

甲说	✓	×
乙说	✓	×
丙说	✓	×

推理过程是：甲说“五（1）班第一”是对的，丙说“五（1）班第二”是错的；那么，丙说“六（2）班第三”是对的。由此又推出，乙说“六（2）班第四”是错的，当然乙说“六（1）班第二”是对的。前三名已有了，第四名只能是五（2）班了。

概括名次

小胖去观看比赛，回学校后，他告诉同学有穿红、黄、蓝、白、紫五种不同运动服的五支运动队参加长跑比赛，让A、B、C、D、E五个小朋友猜名次，每人只准猜两支运动队的名次，同学们猜比赛的名次：

A猜：紫队第二，黄队第三。

B猜：蓝队第二，红队第四。

C猜：红队第一，白队第五。

D猜：蓝队第三，白队第四。

E猜：黄队第二，紫队第五。

猜完后发现每人都猜对了一个队的名次，并且每队的名次只有一人猜对。请根据以上信息概括、判定一下，他们各猜对了哪个队的名次。

	红	黄	蓝	白	紫
A		三			二
B	四		二		
C	一			五	
D			三	四	

答案：题目中的关键是每队名次只有一个人猜对，而每人都猜对了一个队名次。

建立一个表格。从表格中不难发现只有 C 一人猜了红队是第一名，所以这个结论是正确的，那么白队第五名错了。而紫队第五名对，黄队第二名错，又因为紫队已经第五名，所以紫队第二名错，黄队第三名对，同样道理推下去红队第一、蓝队第二，这样五队的名次依次是红、蓝、黄、白、紫。

在推理过程中，实际依据了基本逻辑规律——同一律和矛盾律，即一个运动队只能穿单一色服装，穿红色的就不可能有其他颜色的。解决本题的关键是要求我们充分利用已知条件找到突破口。采用的方法是排除法。

五个好朋友

A、B、C、D、E 五个学生是同班的好朋友，其中有四人做课代表工作，这四科是语文、数学、地理、历史。另一个人是中队长。

请你根据下列条件，判断出这五位同学各做什么工作。

一、语文课代表不是 C，也不是 D；

二、历史课代表不是 D，也不是 A；

三、C 和 E 住在同一楼里，中队长和他们是邻居；

四、C 问数学课代表问题时，B 也在一旁听着；

五、A、C、地理课代表、语文课代表常在一起讨论问题；

六、D、E 常到数学课代表家去玩，而中队长去的次数不多。

答案：A 是数学课代表，B 是中队长，C 是历史课代表，D 是地理课代表，E 是语文课代表。

题中一、二是直接条件，而三至六就不像一、二那样将条件直接写明。只要我们把三至六转换成直接条件，再把这些条件填入下表，就会得到正确的判断。

条件三中，“C 和 E 住在同一楼里，中队长和他们是邻居”，这就是说，中队长不是

C，也不是E。条件四就是说，数学课代表不是C也不是B。条件五就是说，地理课代表、语文课代表不是A，也不是C。条件六就是说，数学课代表、中队长不是D或E。

将以上一至六条件填入下表。

	语文课代表	数学课代表	地理课代表	历史课代表	中队长
A	×（五）	✓	×（五）	×（二）	×
B	×	×（四）			✓
C	×（一）（五）	×（四）	×（五）		×（三）
D	×（一）	×（六）		×（二）	×（六）
E		×（六）			×（三）（六）

由上表纵着看到数学课代表是A，画上"✓"；A就不可能是中队长了，在相应位置上画上"×"；那么中队长一定是B，画上"✓"。既然B是中队长，他就不是语文课代表了，在相应位置上画上"×"。再接着看，C是历史课代表，D是地理课代表。最后得出E是语文课代表。

八个牌手

在一次大家庭的聚会上，4对夫妇在两个桌子上打扑克牌。他们的搭档分别是：

一、约翰逊太太与她的女婿搭档；

二、琼斯先生的搭档是他妻子的弟弟；

三、琼斯太太与她的妹妹是对手；

四、约翰逊先生与他的岳父是对手；

五、史密斯太太的搭档是她的女儿；

六、威廉太太和她的爷爷搭档；

七、约翰逊先生的搭档是个男士，他们坐在桌子1。

你能猜出这8个扑克牌手是如何组合的，两个桌子上各是哪些人吗？

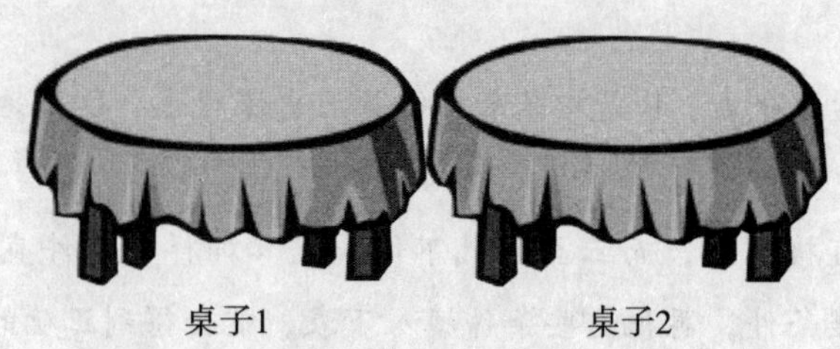

答案：桌子2史密斯太太和琼斯太太对威廉先生和约翰逊太太，桌子1史密斯先生和威廉太太对约翰逊先生和琼斯先生。

根据陈述五，史密斯太太的搭档是她的女儿，也就是说搭档可能是约翰逊太太、琼斯太太，或者是威廉太太。根据陈述一，约翰逊太太的搭档是她的女婿，根据陈述六，威廉太太的搭档是她的爷爷。因此，史密斯太太的搭档是琼斯太太。根据陈述六，威廉太太的搭档是她的爷爷，也就是说可能是琼斯先生、史密斯先生，或者是约翰逊先生。根据陈述七，约翰逊先生的搭档是一个男人，因此，威廉太太的搭档是史密斯先生。根据陈述一，约翰逊太太的搭档是她的女婿，也就是说可能是琼斯先生、史密斯先生，或者是威廉先生。我们知道，琼斯先生的搭档是他妻子的弟弟，而史密斯先生的搭档是威廉太太。因此，约翰逊太太的搭档是威廉先生。琼斯先生和约翰逊先生是一对搭档。根据陈述四，约翰逊先生和他的搭档琼斯先生的对手是他的岳父史密斯先生（史密斯太太的女儿是琼斯太太）和威廉太太，他们在桌子1。根据陈述三，琼斯太太（她的搭档是史密斯太太）的对手是她的妹妹、约翰逊太太和威廉先生，他们在桌子2。

游玩组合

有九个人一起去游玩，这九个人中有三个成年妇女张、王、李，两个成年男人赵、郑和四个孩子帆、林、波、峰。在游玩时，总共有九个座位，但这九个座位分别放在娱乐场的三个不同的位置，三个座位一组互相毗邻。为了保证游玩的质量，九个人必须根据以下条件分为三组。

一、性别相同的成年人不能在一组；

二、帆不能在张那一组；

三、林必须同王或赵同组，或者同时与王、赵同组。

问题：

1. 如果张是某组的唯一的大人，那么她所在组的其他两个成员必须是：

A. 帆和林；

B. 帆和波；

C. 林和波；

D. 林和峰；

E. 波和峰。

2. 如果张和赵是第一组的两个成员，那么谁将分别在第二组和第三组？

A. 王、李、帆；郑、波、峰；

B. 王、帆、峰；李、郑、林；

C. 王、林、波；李、帆、峰；

D. 李、郑、帆；王、波、峰；

E. 帆、林、波；王、郑、峰。

3. 下列哪两个人能与帆同一组？

A. 张和波；

B. 王和赵；

C. 王和郑；

D. 赵和郑；

E. 林和峰。

4. 下列哪一个断定一定是对的？

A. 有一个成年妇女跟两个孩子同一组；

B. 有一个成年男人跟帆同一组；

C. 张和一个成年男人同组；

D. 李那一组只有一个孩子；

E. 有一个组没有孩子。

5. 如果李、波和峰同一组，那么下列哪些人是另一组成员？

A. 张、王、郑；

B. 张、赵、帆；

C. 王、赵、帆；

D. 王、郑、帆；

E. 赵、郑、林。

答案：

1. E

A、B 首先给予排除，因为明显违反条件二；C、D 不符合条件三因此，选 E。

2. D

王和李性别相同，A 违反条件一；林必须同王或赵同组，或者同时与王、赵同组排除 B 和 E；C 组合中郑只能与张、赵一组，违反条件一，排除。因此选 D。

3. C

帆不能在张那一组，排除 A；根据条件三，排除 B、E；根据条件一，排除 D；故选 C。

4. A

根据条件 1，三个成年女性分别分在三个组里，两成年男子分别分在两个组里，剩下的四个孩子再做分配，必有两个孩子在一起，要跟一个成年女性。所以 A 是正确的。其他选项都不确定，最后一项是完全错误，与条件一相悖。

5. D

首先排除 B，因为张和帆同组。张和王同组违反条件一，排除 A；根据条件三，排除 C；根据条件一，排除 E。故选 D。

尤妮斯的婚姻状况

在一次舞会上，杰克先生看到尤妮斯一个人站在酒柜旁边。

一、参加舞会的总共有十九人。

二、有七人是单独一人来的，其余的都是一男一女成双成对地来的。

三、那些成双成对来的，或是双方已相互订婚，或是双方已相互结婚。

四、凡单独前来的女士都尚未订婚。

五、凡单独前来的男士都不处于订婚阶段。

六、参加舞会的男士中，处于订婚阶段的人数等于已经结婚的人数。

七、单独前来的已婚男士的人数，等于单独来的尚未订婚的男士的人数。

八、在参加舞会的已经结婚、处于订婚阶段和尚未订婚这三种类型的女士中，尤妮斯属于人数最多的那种类型。

九、尚未订婚的杰克先生，希望知道尤妮斯是哪一种类型的女士。

在这三种类型女士中，尤妮斯属于哪一种？

答案：根据一和二，成双成对来参加舞会的共有6对。根据三、四和五，如果 a 是已婚女士的人数，则 6 - a 等于处于订婚阶段的女士的人数，而且 6 - a 还等于处于订婚阶段的男士的人数。

于是根据六，6 - a 等于已婚男士的人数。如果 b 是单独前来的已婚男士的人数，那么，已经结婚而偕同夫人一起前来的男士的人数（a）加上单独前来的已婚男士的人数（b），等于已婚男士的总人数：o + b = 6 - a 于是单独前来的已婚男士的人数（b）等于 6 - 2a。根据七，6 - 2a 等于单独前来的尚未订婚的男士人数。

于是根据四，尚未订婚的女士的人数，等于单独前来的人数七减去单独前来的已婚男士的人数（6 - 2a），再减去单独前来的尚未订婚的男士的人数：7 - （6 - 2a） - （6 - 2a），即 4a - 5。因此 a 等于已婚女士的人数，6 - a 等于处于订婚阶段的女士的人数，而 4a - 5 等于尚未订婚的女士的人数。由于 4a - 5 等于尚未订婚的女士人数，所以。不能等于 0 或 1。

根据九，杰克先生是尚未订婚的男士，于是a不能大于2，否则尚未订婚的男士的人数（6－2a）将成为0甚至负数。所以，a必定等于2。因此，在这次舞会上，共有2位已婚女士、4位处于订婚阶段的女士和3位尚未订婚的女士。

根据八，尤妮斯是一位已经订婚但尚未结婚的女士。

谁当上了记者

A报社决定在B公司招聘一名业余记者，B公司推荐赵、钱、孙、李、周、吴6人应试。究竟谁能被录用，公司甲、乙、丙、丁4位领导各自作出了自己的判断。

甲：赵、钱有希望；

乙：赵、孙有希望；

丙：周、吴有希望；

丁：赵不可能。

而结果证明：只有一个人的判断是对的。请问，谁当上了业余记者？

答案：推理这道题的关键是“只有一个人的判断是对的”。甲、乙都说“赵有希望”，则赵被排除了。丁说“赵不可能”，意味着其他5人都可能，那么根据题意，钱被排除了（甲也说钱有希望），孙被排除了（乙也说孙有希望），周、吴也被排除了（丙说他们有希望）。这样，只有李当上了记者，才符合题意（只有丁一人的判断是对的）。

谁拿了谁的伞

一天，甲、乙、丙、丁、戊5人聚会。由于下雨，各人带了一把雨伞。聚会完回到家后，每个人都发现自己拿回来的雨伞是别人的。现已知：

一、甲拿回去的雨伞不是丁的，也不是乙的；

二、乙拿回去的雨伞不是丁的，也不是丙的；

三、丙拿回去的雨伞不是戊的，也不是乙的；

四、丁拿回去的雨伞不是丙的，也不是戊的；

五、戊拿回去的雨伞不是丁的，也不是甲的。

另外还发现没有两个人互相交换了雨伞（例如甲拿乙的，乙拿甲的）。试问，丙拿回去的雨伞是谁的？丙的雨伞又被谁拿去了？

答案：由条件可知，甲拿去的伞只可能是丙或戊的；乙拿去的只可能是甲或戊的；

丙拿去的伞只可能是甲或丁的；丁拿去的只可能是甲或乙的；戊拿去的只可能是乙或丙的。先假设甲拿去的是丙的雨伞。这时戊拿去的只能是乙的，丁拿去的只能是甲的，丙拿去的只能是丁的，乙拿去的只能是戊的，这样，乙和戊互换了雨伞，与题意不符，因此假设不成立。

既然甲拿去的不是丙的，那便肯定是戊的了，于是可知乙拿去的是甲的，丙拿去的是丁的，丁拿去的是乙的，戊拿去的是丙的，此结果满足题目的一切条件。所以题目的答案是：丙拿去了丁的雨伞，丙的雨伞被戊拿去了。

各是什么职务

李明、李松、李刚、李通 4 个人，分别是法院院长、检察院检察长、公安局长、司法局长。一次政法工作会议上，4 个人碰在一起开会，会议主持者李通热情地招待他们，忙着倒茶递烟。

一、李刚和李明接过烟，很快就抽了起来。

二、法院院长婉言谢绝，因为他一贯主张戒烟。

三、李明是司法局长的妹夫，所以他俩显得格外亲热。李松和李刚看到他俩如此亲热，就感叹自己只有弟弟没有妹妹。

四、分手时，公安局长邀请大家下午去他家。

你能确定这 4 个人的职务吗？

答案：李明是检察长，李松是法院院长，李刚是公安局长，李通是司法局长。从三可以看出，李明、李松和李刚都不是司法局局长，司法局长只能是李通。从一和二看，李明和李刚都不是法院院长，从四可以断定李明不是公安局长，可见李明是检察长，剩下的李刚就是公安局长了。

孰男孰女

有这样一个家庭，其成员只有甲、乙、丙、丁、戊、己、庚兄弟姐妹 7 人。在 7 人中，只知道：

一、甲有 3 个妹妹；

二、乙有 1 个哥哥；

三、丙是女的，她有 2 个妹妹；

四、丁有 2 个弟弟；

五、戊有2个姐姐；

六、己是女的，她和庚都没有妹妹。

你能判断出这个家庭中有几男几女，谁是男谁是女吗？

答案：有四男三女。甲、乙、戊、庚是男人，丙、丁、己是女人。从六得知：己是女的，庚是男的。从一、三、五、六可知：这7个人中，只有3个人是女的。从三、五可以肯定丁是女的。从而可知，其余4个人，即甲、乙、戊、庚一定都是男的。

性别组合

在某篇论文中这样写着："调查结果表明，在X国里4兄弟姐妹居多数。而且可以认为在4人中，两男两女组合是比较多的。"看完这段话，张博士十分生气地说："简直是模棱两可的混账话。"请问，博士为什么这么生气呢？

答案：如下所示，4兄弟姐妹中，两男两女的概率要低于三男一女或三女一男的概率。

4个男孩的情况：1种。

4个女孩的情况：1种。

两男两女的情况：6种。

3男或3女的情况：8种。其中三男一女的情况有4种；一男三女的情况有4种。

谁是冠军

电视上正在进行足球世界杯决赛阶段比赛的实况转播，参加决赛的国家有美国、德国、巴西、西班牙、英国、法国六个国家。足球迷的阿聪、阿明、阿呆对谁会获得此次世界杯的冠军进行了一番讨论：阿明认为，冠军不是美国就是德国；阿呆坚定地认为冠军绝不是巴西；阿聪则认为，西班牙和法国都不可能取得冠军。比赛结束后，三人发现他们中只有一个人的看法是对的。那么哪个国家获得了冠军？

答案：先假设阿明正确，冠军不是美国就是德国；如果正确的话，不能否定阿呆的看法，所以阿明的评论是错误的，因此冠军不是美国或者德国；如果冠军是巴西的话，阿明的评论就是错误的，阿呆的评论也就是错误的。阿聪的评论就是正确的。假设法国是冠军，那么阿明就说对了，同时阿呆也说对了，而这与"只有一个人的看法是对的”相矛盾。所以英国不可能是冠军，巴西获得了冠军。

记错的血型

聪聪、明明、灵灵、巧巧四人的血型分别是A型、B型、O型、AB型四种血型中的一种，而且各不相同。根据四个自述：

聪聪说：“我是A型。”

明明说：“我是O型。”

灵灵说：“我是AB型。”

巧巧说：“我不是AB型。”

其中有三人讲的是对的，只有一人把自己的血型记错了。你能推理出究竟是谁记错了吗？

答案：

假如聪聪记错，那么聪聪不是A型，而明明是O型，灵灵是AB型，因此聪聪必为B型，巧巧必为A型。与巧巧说的“我不是AB型”没有矛盾。

假如明明记错，这种情况实质上与上一种情况相同，没有矛盾。

假如灵灵记错，那么灵灵不是AB型，而聪聪是A型、明明是O型，于是灵灵是B型，巧巧是AB型。这与巧巧说的话不符，这也是不可能的。

假如巧巧记错了，那么巧巧是AB型，于是灵灵不是AB型，这与灵灵说的话不符，这也是不可能的。

由上可知，四人中要不是聪聪记错，便是明明记错，所以只可能是上述两种情况中的一种。

共有几条病狗

一个村子里一共有50户人家，每家每户都养了一条狗。村长说村里面有病狗，然后就让每户人家都可以查看其他人家的狗是不是病狗，但是不准检查自己家的狗是不是病狗。当这些人如果推断出自家的狗是病狗的话，就必须自己把自家的狗枪毙了，但是每个人在看到别人家的狗是病狗的时候不准告诉别人，也没有权利枪毙别人家的狗，只有权利枪毙自家的狗。然后，第一天没有听到枪声，第二天也没有，第三天却传来了一阵枪声。

请问：这个村子里一共有几条病狗，请说明理由？

答案：3 条病狗。

假如有 1 条病狗，那主人肯定不能看自己家的狗，出去没有发现病狗，但村长却说有病狗。他就会知道自己家的狗是病狗，那么第一天就应该有枪声，但是事实上大家并没有听到枪声，因此推出病狗不是一条。

假如有 2 条病狗，设为甲家和乙家。第一天甲和乙各发现对方家的狗是病狗，但是第一天没有听到枪响。第二天就会意识到自己家的狗也是病狗。接着第二天就应该有枪响，但事实上也没有，所以 2 条病狗也不对。

假设有 3 条病狗，设为甲、乙、丙家。第一天甲、乙、丙各发现 2 条病狗，他们就会想第二天晚上就会有枪响，但是第二天晚上没枪响，第三天晚上他们就会意识到自己家的狗也有病，所以开枪杀狗。因此通过假设，我们可以看出这个村里有 3 条病狗。

哪只兔子死掉了

在一个茂密的森林里，有 10 只兔子，大兔子病了，二兔子瞧，三兔子买药，四兔子熬，五兔子死了，六兔子抬，七兔子挖坑，八兔子埋，九兔子坐在地上哭起来，十兔子问他为什么哭？九兔子说："五兔子意外死去！"这是一件密谋杀兔事件。

请问：哪知兔子死掉了？

答案：五兔和六兔。

首先，兔子也是分阶级的，因为大兔子病了，如果要救他，就必须牺牲一切代价，甚至牺牲一只兔子，也救他。

其次，生病的是大兔子，可死的却是五兔子，很显然，五兔子是被做成了药引。

"买药"其实一句黑话，实际上草药并不需要那么多，主要是药引。因此这个"买药"实际上是说指要去杀兔子做药引，所以断定三兔子是一个杀手。

也许你不明白，被做成"药引"的为什么首先是五兔？其实这个原因很简单，是不是和做药引，医生说了算，二兔子就是医生。

因此，我们可得知，二兔子"借刀杀人"搞死了五兔子。

你知道哪只兔子是母兔吗？想一下，爱哭，是女人的天性。因此我们知道九兔是一只母兔，九兔知道了真相，所以才哭个不停。

可以断定"六兔子抬"是一个病句，因为一只兔子根本就没有办法抬。他显然是被抬，因为他死了，所以才会被抬。而抬他的就是事后挖坑、埋尸的兔子，即七兔子和八兔子。

看到这里，你肯定认为六兔子是被七、八两只兔子所杀。其实不然，他是被杀手三兔子杀死的。三兔子本来没想杀他，可他和五兔子的关系非常好，当时他们正好在一起，并联手对付他，因此三兔子借机把他们两个同时杀了。

姐妹俩

美美、丽丽、可可、爱爱这4位女士在工作间歇时用了些咖啡点心，正在付款。

一、有两位女士，身上带的硬币总金额各为60美分，都是银币，且枚数相同，但彼此间没有一枚硬币面值相同。

二、有两位女士，身上带的硬币总金额各为75美分，都是银币，且枚数相同，但彼此间没有一枚硬币面值相同。

三、美美的账单是10美分，丽丽的账单是20美分，可可的账单是45美分，爱爱的账单是55美分。

四、每位女士都一分不少地付了账，而且不用找零。

五、有两位女士是姐妹俩，她们付账后剩下的硬币枚数相同。

注："银币"是指5美分、10美分、25美分或50美分的硬币。你能推断出哪两位女士是姐妹吗？

答案：H代表50美分，Q代表25美分，D代表10美分，N代表5美分，运用条件一和条件二，通过反复试验可以发现如下的四种持币情况：

60美分	75美分
Ⅰ QQD	Ⅲ HNNNNN
Ⅱ NNH	Ⅳ QDDDDD

于是，根据条件三和条件四，可可的持币情况必定是Ⅳ，丽丽的持币情况必定是Ⅲ，爱爱的持币情况必定是Ⅱ，阿格尼丝的持币情况必定是Ⅰ。

因此，在付账之后，各人持有的硬币为：

美美（Ⅰ）——QQ　　丽丽（Ⅲ）——HN

爱爱（Ⅱ）——N　　可可（Ⅳ）——DDD

根据条件五，美美和丽丽是姐妹俩。

白马王子

玛丽心目中的白马王子是高个子、黑皮肤、相貌英俊。她认识亚历克、比尔、卡尔、戴夫四位男士，其中只有一位符合她要求的全部条件。

四位男士中，只有三人是高个子，只有两人是黑皮肤，只有一人相貌英俊。

一、每位男士都至少符合一个条件。

二、亚历克和比尔肤色相同。

三、比尔和卡尔身高相同。

四、卡尔和戴夫并非都是高个子。

谁符合玛丽要求的全部条件？

答案：根据一，有三位男士是高个子，另一位不是高个子。接着，根据四，比尔和卡尔都是高个子。再根据五，戴夫不是高个子。

根据二，戴夫至少符合一个条件；既然他不是高个子，那他一定是黑皮肤。（只有玛丽心目中那位唯一的白马王子才是相貌英俊，但他必须是高个子）

根据一，只有两位男士是黑皮肤。于是根据三，亚历克和比尔要么都是黑皮肤，要么都不是黑皮肤。由于戴夫是黑皮肤，所以亚历克和比尔都不是黑皮肤，否则就有三位男士都是黑皮肤了。根据一以及戴夫是黑皮肤的事实，卡尔一定是黑皮肤。

由于戴夫不是高个子，亚历克和比尔都不是黑皮肤，而卡尔既是高个子又是黑皮肤，所以卡尔是唯一能够符合玛丽的全部条件的人（因而他一定相貌英俊）。

总而言之，亚历克是高个子，比尔是高个子，卡尔是高个子、黑皮肤、相貌英俊，戴夫是黑皮肤。

医务人员

“医院里的医务人员，包括我在内，总共是16名医生和护士。下面讲到的人员情况，无论是否把我计算在内，都不会有任何变化。在这些医务人员中：

一、护士多于医生。

二、男医生多于男护士。

三、男护士多于女护士。

四、至少有一位女医生。”

这位说话的人是什么性别和职务？

提示：确定一种不与题目中任何陈述相违背的关于男护士、女护士、男医生和女医生的人员分布情况。

答案：由于医生和护士的总数是16名，从一和四得知：护士至少有9名，男医生最多是6名。于是，按照二，男护士必定不到6名。

根据三，女护士少于男护士，所以男护士必定超过4名。

根据上述推断，男护士多于4名少于6名，故男护士必定正好是5名。

于是，护士必定不超过9名，从而正好是9名，包括5名男性和4名女性，于是男医生则不能少于6名。这样，必定只有一名女医生；使得总数为16名。

如果把一名男医生排除在外，则与二矛盾；把一名男护士排除在外，则与三矛盾；把一名女医生排除在外，则与四矛盾；把一名女护士排除，则与任何一条都不矛盾。因此，说话的人是一位女护士。

电影主角

亚历克斯·怀特有两个妹妹：贝尔和卡斯；亚历克斯·怀特的女友费伊·布莱克有两个弟弟：迪安和埃兹拉。他们的职业分别是：亚历克斯·怀特：舞蹈家；迪安：舞蹈家；贝尔：舞蹈家；埃兹拉：歌唱家；卡斯：歌唱家；费伊：歌唱家。

六人中有一位担任了一部电影的主角；其余五人中有一位是该片的导演。

一、如果主角和导演是亲属，则导演是个歌唱家。

二、如果主角和导演不是亲属，则导演是位男士。

三、如果主角和导演职业相同，则导演是位女士。

四、如果主角和导演职业不同，则导演姓怀特。

五、如果主角和导演性别相同，则导演是个舞蹈家。

六、如果主角和导演性别不同，则导演姓布莱克。

谁担任了电影主角?

(提示：根据陈述中的假设与结论，判定哪三个陈述组合在一起不会产生矛盾)

答案：根据陈述中的假设，一和二中只有一个能适用于实际情况。同样，三和四，五和六，也是两个陈述中只有一个能适用于实际情况。根据陈述中的结论，一和五不可能都适用于实际情况。同样，二和三，四和六，也是两个陈述不可能都适用于实际情况。因此，要么一、三和六组合在一起适用于实际情况，要么二、四和五组合在一起适用于实际情况。

如果一、三和六适用于实际情况，则根据这些陈述的结论，导演是费伊，一位布莱克家的女歌唱家。于是，根据陈述中的假设，任电影主角的是埃兹拉，一位布莱克家的男歌唱家。

如果二、四和五适用于实际情况，则根据陈述中的结论，导演是亚历克斯，一位怀特家的男舞蹈家。于是，根据陈述中的假设，任电影主角的是埃兹拉，一位布莱克家的男歌唱家。

因此，无论是哪一种情况，任电影主角的是埃兹拉。

多少人戴着黑帽子

一群人开舞会，每人头上都戴着一顶帽子。帽子只有黑白两种，黑的至少有一顶。每个人都能看到其他人帽子的颜色，却看不到自己的。主持人先让大家看看别人头上戴的是什么帽子，然后关灯，如果有人认为自己戴的是黑帽子，就打自己一个耳光。第一次关灯，没有声音。于是再开灯，大家再看一遍，关灯时仍然鸦雀无声。一直到第三次关灯，才有噼噼啪啪打耳光的声音响起。问有多少人戴着黑帽子？

答案：三个人。

若是两个人，设A、B是黑帽子，第二次关灯就会有人打耳光。原因是A看到B第一次没打耳光，就知道B也一定看到了有带黑帽子的人，可A除了知道B带黑帽子外，其他人都是白帽子，就可推出他自己是带黑帽子的人！同理B也是这么想的，这样第二次熄灯会有两个耳光的声音。

如果是三个人A、B、C，A第一次没打耳光，因为他看到B，C都是带黑帽子的；而且假设自己带的是白帽子，这样只有BC戴的是黑帽子；按照只有两个人带黑帽子的推论，第二次应该有人打耳光；可第二次却没有……于是他知道B和C一定看到了除BC之外的其他人带了黑帽子，于是他知道BC看到的那个人一定是他，所以第三次有三个人打了自己一个耳光。

阿凡提猜珍珠

一天，国王召阿凡提进宫，煞有介事地对阿凡提说：“阿凡提先生，听说你经常在外面讲我的坏话，这样吧，人们都说你很聪明，我这里有一个问题，你如果能解答出来，我就释你无罪，如果答不出来，那就加重处罚。”原来，国王想用这个办法作借口来报复阿凡提。国王让人拿来了三个盒子，对阿凡提说：“这三个盒子中只有一个盒子里放着我的一粒珍珠。每个盒子上各写着一句话，但只有一句真话，其余都是假话。你给我找出珍珠在哪个盒子里。”阿凡提一看，第一个盒子是红色的，上面写着：“珍珠在这里”；第二个盒子是蓝色的，上面写着：“珍珠不在红盒子里”；第三个盒子是黄色的，上面写着：“珍珠不在这里”。阿凡提看完了盒子上的字，略一沉思，马上就指出了珍珠在哪个盒子里。国王和手下大臣一听，一个个都惊讶得半天说不出话来。国王只好把阿凡提放了。

你能找出珍珠在哪个盒子里吗？

答案：在现实生活中，任何事情都遵循一个规律，要么是这，要么是那，不可能两者都是，这一规律叫排中律。如果珍珠在红盒子中，自然珍珠便不在黄盒子中，那么红盒子上的话和黄盒子上的话都是真话，这与“只有一句是真话”相矛盾，所以这是不可能的。如果珍珠在蓝盒子中，自然珍珠就不在红盒子和黄盒子中，那么蓝盒子和黄盒子上的话也都是真话。因此，这也是不可能的。因为珍珠在三个盒子中的一个盒子里，既然不在红盒子和蓝盒子里，那么一定在黄盒子里。

你的话说错了

某校开展学雷锋活动以来，学生中关心集体、助人为乐的人逐渐多起来。某班有一个学生做了一件有益于集体的事，但别人都不知道是谁做的。该班学生小刘对小王说：“据我的分析，这件事可能是咱班小李干的。”小王颇有把握地说：“不，不可能是小李干的。”后来经过调查，这件事确实不是小李干的，而是该班另一个同学干的。这时，小王得意地对小刘说：“怎么样？你的话说错了，你还说可能是小李干的呢！”小刘被弄得一时说不出话来。

小刘最初作出的判断真的错了吗？小王对小刘的反驳能否成立？

答案：一个缺乏逻辑知识的人恐怕不容易搞清楚，甚至会认为小刘的话说错了，但小王的反驳是对的。但是如果我们掌握了有关的逻辑知识，这个问题并不难解决。形式逻辑关于模态判断之间真假关系的知识告诉我们，“这件事可能是小李干的”与“这件事确实不是小李干的”，二者之间是个反对关系：不能同假可以同真，即当后者真时，前者真假不定，因而不能用后者去否定前者。就是说，虽然事实已经证明“这件事不是小李干的”，但它还不能证明“小李不可能干这件事”。既然“这件事不可能是小李干的”的真实性尚未得到证明，就不能用它作为论据去否定“这件事可能是小李干的”。可见，小王对小刘的反驳，其诡辩性质是犯了“预期理由”的错误。

各是第几名

某学校举行了一次马拉松赛跑，A、B、C、D、E、F、G、H 共 8 人参加了比赛。比赛结束后，他们有这样一段对话：

A 说：“B 得了第一名；G 不在我的前面。”

B说："E没有G跑得快；D不在H的前面。"

C说："H不比我跑得快；F不在D的前面。"

D说："我得了第二名；C不是最后一名。"

E说："我不在F的前面；B不在我的前面。"

F说："A得了第一或者第二名；E不是第四名。"

G说："有两人同时到达了终点；D不在我前面。"

H说："A不在我的前面；B不在D的前面。"

这8名运动员每人都讲了两种情况。据一位观看了这次比赛的人说，在他们讲述的这16种情况中，只有一种是正确的。试问，哪一种是正确的？这8名运动员分别得了第几名？

答案：对16种发言逐一假设是正确的，可推知只有在E所说的"我不在F的前面"是正确的时，其他15种发言才都有可能是错误的。因此，我们可以说在16种发言中，只有E说的"我不在F的前面"是正确的。进而在E的这句话正确、其他15种发言全错的情况下，便可以很容易推知在这次比赛中得第1至第8名的顺序依次是F、B、D、E、G、A、H、C。比如从D的话中可推知D不是第二名，C是最后一名；从F的话中可以推知A不是第一或第二名，E是第四名。余下的依此类推。如果你没有解出这道题，可以再循着这条思路去解一次，相信这次你肯定能解出来。

冠军是谁

小赤、小橙、小黄、小绿和小青每人都参加了两次羽毛球联赛。

一、每次联赛只进行了四场比赛：小赤对小橙；小赤对小青；小黄对小绿；小黄对小青。

二、两次联赛中仅有一场比赛胜负情况不变。

三、小赤是第一次联赛的冠军。

四、在两次联赛中，实行一场淘汰赛，只有冠军一场都不输的。

另一场联赛的冠军是谁？

注：两次联赛中都不会有平局的情况。

答案：小绿。

根据条件一，小赤、小黄和小青各比赛了两场；因此，从条件四得知，他们每人在每一次联赛中至少胜了一场比赛。

根据体条件三、条件四，小赤在第一次联赛中胜了两场比赛；于是小黄和小青第一次联赛中各胜了一场比赛。他们在一次联赛中各场比赛的胜负情况如下：

小赤胜小橙；小赤胜小青（第四场）；

小黄胜小绿；小黄负小青（第三场）；

根据条件二以及小赤在第二次联赛中至少胜一场的事实，小赤必定又打败了小青或者又打败了小橙。如果小赤又打败了小青，则小青必定又打败了小黄，这与条件二矛盾。所以小赤不是又打败了小青，而是又打败了小橙。这样，在第二次联赛中各场比赛的胜负情况如下：

小赤胜小橙（第一场）；小赤负小青（第二场）；

小黄负小绿（第四场）；小黄胜小青（第三场）；

在第二次联赛中，只有小绿一场也没有输。因此，根据条件四，小绿是另一场比赛的冠军。

考试成绩

某次考试满分是 100 分。A、B、C、D、E 5 人参加了这次考试。

A 说：“我得了 94 分。”

B 说：“我在 5 人中得分最高。”

C 说：“我的得分是 A 和 D 的平均分。”

D 说：“我的得分恰好是 5 人的平均分。”

E 说：“我比 C 多得 2 分。并且 5 人中居第二。”

问：这 5 个人各得几分？

答案：A、B、C、D、E 5 人得分依次是 94、98、95、96、97。

题目已告诉我们，B 得分最高，E 其次。现在要分析，A、B、D 3 人的得分谁多谁少。C 是 A 和 D 的平均分，因此 C 是 A 与 D 之间的数。为了说明清楚起见，分三种情况来说：

假设 A 和 D 相等，C 是它们的平均分，也与 A、D 相等，B 和 E 都比它们得分多。D 就不可能是 5 个人的平均分，与题目的条件不符合，因此这一情况不成立。

假设 A 比 D 得分多，C 是它们的平均分，当然也比 D 得分多，这样一来，D 是得分最少的，就不可能是 5 人平均分，因此这一情况也不成立。

假设 D 比 A 得分多。C 是 A 和 D 的平均分，得分就比 D 少，比 A 多。也就是说 A 是得分最少的。A 得 94 分，其他人得分就在 95 ~ 100 分。

A 的得分 94 是偶数，与 D 的平均分 C 的得分是整数，D 的得分也一定是偶数，D

只能是96或98分。如果D是98分，B和E中只能是99和100，而C的得分是（94+98）÷2=96。5个人的平均分将是（100+99+98+96+94）÷5=97.4，并不等于D的得分98，与题目条件不符合。因此D的得分是96分，C的得分是（96+94）÷2=95，E的得分是95+2=97。为了使5人平均分是D的得分96，B应得98分。

B，E，D，C，A 5人得分依次是98，97，96，95，94。

分情况讨论，这是数学推理时常用的方法。这道例题对D的得分98和96进行讨论，排除与题目条件不符合的情况，缩小了考虑问题的范围，逐渐求出正确答案。

列出成绩表

教师对五名学生进行了一次测验，测验成绩按总分排列为：甲、乙、丙、丁、戊。考试的科目是英语、数学、历史、物理和语文，计分办法是每科第一名得5分，以下依次得分为4、3、2、1。现知道：

一、在同一科目中以及在总分中没有得相同分数的人；

二、甲的总分是24分；

三、丙有四门功课得了相同的分数；

四、戊的物理得5分，语文得3分；

五、丁的历史得4分。

列出这次考试每个人的成绩表。

答案：

	甲	乙	丙	丁	戊
英语	5	4	3	2	1
数学	5	4	3	2	1
历史	5	2	3	4	1
物理	4	1	3	2	5
语文	5	4	1	2	3

由题意，五个人的总分之和为75。甲总分为24分，则乙、丙、丁、戊四人总分之和为51分。由条件四戊最少要得11分，由于戊的总分最低，所以乙、丙、丁、戊的总分只能分别是15，13，12，11分。由此可知戊的英语、历史、数学成绩均为1分，甲的总分为24分，可推出甲的成绩是有四科为5分一科为4分。已知戊物理得5分，所以甲物理得4分。再由丙总分为13分，且有四科得分相同，可推出丙四科3分一科1

分。由戊语文得3分，所以丙语文得1分。丁总分为12分。由于全部的5分、3分和四个1分都被其他人所得，所以丁的各科成绩只能都是偶数分，且只能是四科2分，一科4分，由条件五，丁历史得4分，由此推出乙的各科成绩为：英语4分，历史2分，数学4分，物理1分，语文4分。

羽毛球邀请赛

一次羽毛球邀请赛中，来自湖北、广东、福建、北京和上海的五名运动员相遇在一起，据了解：

一、李平仅和其他两名运动员比赛过；

二、上海运动员和其他运动员比赛过；

三、陈兵没有与广东运动员交锋过；

四、福建运动员和林华赛过；

五、广东、福建和北京三名运动员相互交锋过；

六、赵欣仅与一名运动员比赛过。

问：李平、陈兵、林华、赵欣、张强各是哪个省的运动员？

答案：列表作答：对的打✓，错的打×。

由六、五、二知，赵欣是湖北运动员，而赵欣在鄂这格打✓，同时在其他地方打×，在李平、陈兵、林华、张强的鄂格上打×。

由三、五知，陈兵不是广东、福建及北京的运动员，在陈兵的粤、闽、京格上分别打×；所以陈兵是上海运动员，在陈的沪格上打✓，同时在李平、林华、张强与沪格上打×。

从表中看，李平是粤、闽或京的运动员，由二、三，陈兵除了广东运动员外与其他人都赛过，再由一、五知李平是广东运动员。在李平的粤格上打✓，同时在李平的闽、京格上打×，在林华、张强的粤格上打×。

由四知林华不是福建运动员，在林华的闽格上打×，所以林华是北京运动员，同时张强就不在北京，故张强是福建选手。

	鄂	粤	闽	京	沪
李平	×	✓	×	×	×
陈兵	×	×	×	×	✓
林华	×	×	×	✓	×
赵欣	✓	×	×	×	×
张强	×	×	✓	×	×

从表中可知：李平是广东运动员，陈兵是上海运动员，林华是北京运动员，赵欣是湖北运动员，张强是福建运动员。

找准翻译

甲、乙、丙、丁四人在一起，交谈时发生了语言困难，在汉、英、法、日四种语言中，每人只会两种，可惜没有大家都会的语言，只有一种语言是三个人都会的。

一、乙不会英语，但当甲与丙交谈时，却要请他当翻译。

二、甲会日语，丁不懂日语，但两人能相互交谈；

三、乙、丙、丁三人想相互交谈，却找不到大家都会的语言；

四、没有人既能用日语讲话，又能用法语讲话。

根据上述信息概括、判定一下，甲、乙、丙、丁四人各会说哪两种语言？

答案：由一、二、四得：乙不会英语，甲会日语但不会法语，丁不会日语。

	汉	英	法	日
甲		✓	×	✓
乙	✓	×		✓
丙	✓		✓	
丁		✓	✓	×

假设甲还会英语，由一知甲、丙没有共同语言，得丙会汉语和法语，而乙与甲、乙与丙有共同语言，且乙又不能既懂法语又懂日语，得乙会汉语和日语，由三得丁会英语、法语，与题已知条件“只有一种语言三人都会”有矛盾。

	汉	英	法	日
甲	✓	×	×	✓
乙	✓	×	✓	×
丙	×	✓	✓	×
丁	✓	✓	×	×

假设甲还会汉语，由一知甲、丙没有共同语言，得丙会英语、法语，而乙与丙、乙与甲有共同语言，只能是乙会汉语、法语，由三知丁不会法语，得丁会汉语、英语，这样甲、丁也能相互交谈。

所以甲会汉语、日语，乙会汉语、法语，丙会英语、法语，丁会汉语、英语。

安排座次

在一个国际学生联谊会上，每五人围坐一桌，其中 2 号桌是 A、B、C、D、E 五人，每人都会两种语言。已知 A 是中国人，会说英语；B 是法国人，会说日语；C 是美国人，会说法语；D 是日本人会说汉语；E 是法国人，会说西班牙语。请你安排一下这桌人的座次，使他们彼此间都能交谈。

答案：可以先将每人精通的语言简单排列出来。

A——中文、英语

B——法语、日语

C——英语、法语

D——日语、中文

E——法语、西班牙语

观察这五人中只有 E 一人会讲西班牙语，那么他肯定不能用西班牙语与其他人交谈，而必须改用法语与周围人交谈。以此为“突破口”解题。E 的周围肯定是会讲法语的，符合条件的只有 B 和 C。

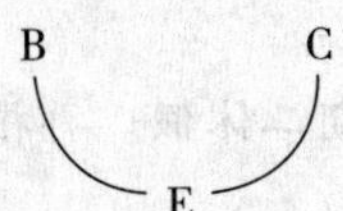

那么 B 只能和剩下的 A 和 D 相邻了，若 B 和 A 相邻，他们彼此语言不通，所以 B 只能和 D 相邻，C 和 A 相邻，如下图。

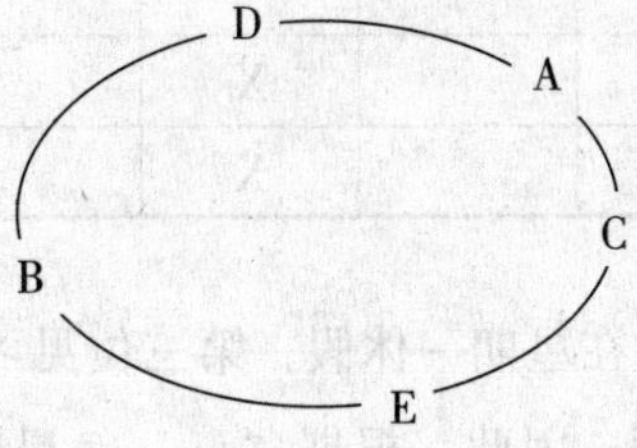

2 号桌上 A、B、C、D、E 五人均能相互攀谈，达到传递友谊的目的。

见习医生的一星期

有三位见习医生，他们在同一家医院中担任住院医生。

一、一星期中只有一天三位见习医生同时值班。

二、没有一位见习医生连续三天值班。

三、任两位见习医生在一星期中同一天休假的情况不超过一次。

四、第一位见习医生在星期日、星期二和星期四休假。

五、第二位见习医生在星期四和星期六休假。

六、第三位见习医生在星期日休假。

三位见习医生星期几同时值班？

（提示：判定星期日、星期二和星期四是谁值班；然后判定在题目中没有提到的三天中分别是谁休假）

答案：根据四和五，第一位和第二位见习医生在星期四休假；根据四和六，第一位和第三位见习医生在星期日休假。因此，根据“三、任两位见习医生在一星期中同一天休假的情况不超过一次。”第二位见习医生在星期日值班，第三位见习医生在星期四值班。

根据四，第一位见习医生在星期二休假。再根据三，第二位和第三位见习医生在星期二值班。

上述信息可以列表如下（“X”表示值班，“—”表示休假）：

星期	日	一	二	三	四	五	六
第一位见习医生	—		—		—		
第二位见习医生	X		X		—		
第三位见习医生	—		X		X		

根据二，第二位见习医生在星期一休假，第三位见习医生在星期三休假。根据五，第二位见习医生在星期六休假。因此，根据“一、一星期中只有一天三位见习医生同时值班。”三位见习医生在星期五同时值班。

一星期中其余三天的安排，可以按下述推理来完成。根据二，第三位见习医生在星期六休假。根据三，第一位见习医生在星期一、星期三和星期六值班；第二位见习医生在星期三值班；第三位见习医生在星期一值班。

组合与推理问题

下图中黑白相间的图样乍看起来可能看不出任何规则，其实整个图样由第一行开始依据一项简单的规则逐行产生一个图样。

当你已找出该图样的规则并且依此规则再推导出几行之后，试着判定一行中是否有可能产生以下情况：

一、全为黑球。

二、或全为白球。

三、或只出现一个黑球。

依据此一规则加以推算，一列中的图样是否有可能重复出现？

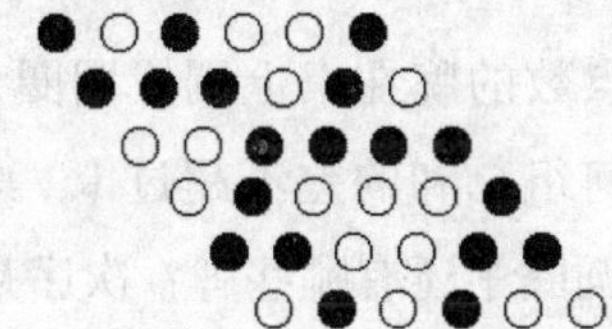

答案：自第2行起，每一个球的颜色由其正上方（上一行）左右两球的颜色决定。如果上一行中的两个球颜色相同，则这一行所对应的球为白色，如果颜色不同则为黑色。

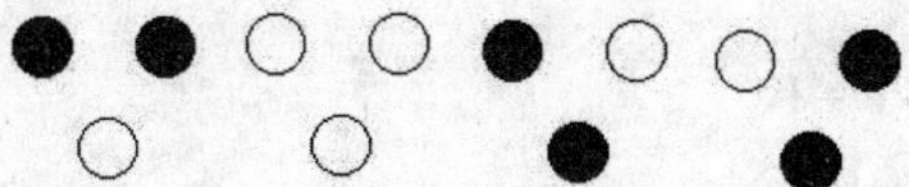

每一行球视为一首尾相连的带子，所以最右端的球与最左端的球相连接。

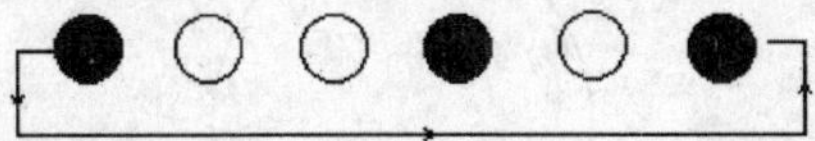

因此在决定新的一行中最后一球的颜色时，由上一行最后一球与最前面一球的颜色来决定。在第1行之后黑球数及白球数必定为偶数，为什么？

若出现一行中全为白球则其上一行必定全为黑球或全为白球，所以与出现一行全为白球与一行全为黑球的概率有关。如果一行中全为黑球则其上一行必定是黑球与白球相间，从下面的讨论中可以看出这种情况不可能发生。

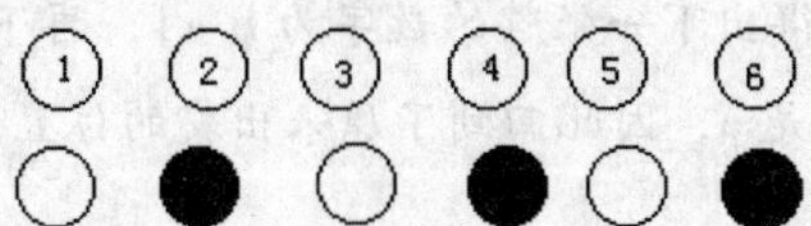

假设6为白球则1必定要为黑球，以使得第2行的最右端为黑球。此时2必须为黑球，如此才能使第2行的最左端为白球。2为黑球则3为白球，此又意味着4为白球，接着又意味着5为黑球，结果这造成5和6的颜色相反，这与下一行倒数第2个球为白色的事实相矛盾。同样，如果第6个球的颜色为黑色，则仍会产生相同的矛盾。

只出现一个黑球的情况也不可能发生，因为这种情况必定会在上一行产生一个黑球及一个白球，经过简单的推论后将发现最后多出一个黑球。

这种规则的图样必定会在某一次排列时出现相同的一行。因为每一行中可能出现的图样数目有限，而应用该规则可连续不断地产生新序列，所以必定会有重复的情形出现。

扑克牌游戏

从扑克牌中挑出几张不同点数的牌在桌上围成圆圈，相邻的3张牌为一组，每一组牌上数字的总和，与其他任何组总和的差不超过1。桌上最大的牌是10，最小的是2，5和6也在其中。在桌上的圆圈中还有哪些牌？次序是怎样的？

答案：如图所示，可以由下列方法推算得出答案。

假设相邻4张牌的数字为a、b、c和d。那么

$b+c+d=a+b+c$

或 $b+c+d=a+b+c+1$

或 $b+c+d=a+b+c-1$

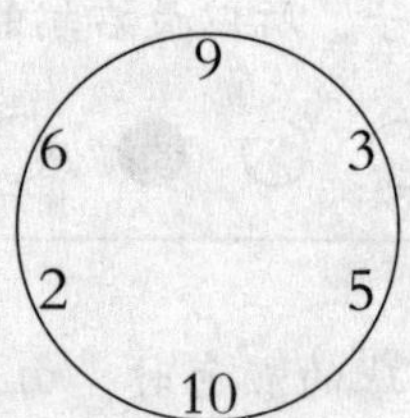

第一种情况会使$a=d$，这是不可能的；另两种情况则会使$d=a+1$或$d=a-1$。若采用$d=a+1$（采用$d=a-1$也会产生相同的结果），所得到4张相邻的牌的数字为：

a　b　c　a+1

用同样的方法，可以得出下一张牌的数字为$b-1$，再下一张为$c+1$，接下来的牌为$c+1$，接下来的牌又会是a，因此回到了原来出发的位置。所以一共是6张牌，次序如下：

a b c a+1 b−1 c+1

其中（a，a+1），（b−1，b）和（c，c+1）是成对的连续数，又已知有2、5、6、10，因此剩下的两张牌应该是3和9。

玩扑克

张三夫妇请了李四夫妇和王五夫妇来他们家玩扑克。这种扑克游戏有一种规则，夫妇两个不能一组。张三跟徐敏一组，李四的队友是王五的妻子，李丽的丈夫和王芳一组。那么这三对夫妇分别为：

A. 张三—王芳，李四—李丽，王五—徐敏；

B. 张三—王芳，李四—徐敏，王五—李丽；

C. 张三—李丽，李四—徐敏，王五—王芳；

D. 张三—徐敏，李四—王芳，王五—李丽。

答案：B。因为游戏规则是“夫妇两个不能一组”，同样的，“没有一个女人同自己的丈夫一组”。对照以上原则，已知张三跟徐敏一组，所以张三和徐敏不能是夫妻，D选项不符合题意；再假设A正确，张三跟徐敏一组，那么剩下的两组只能是李四和王芳，王五和李丽，对照题目已知“李四的队友是王五的妻子”发现，李四的队友王芳是张三的妻子，于是假设不成立，A不符合题意；同样的道理，假设B正确，已知张三跟徐敏一组，剩下的两组就是李四和李丽，王五和王芳，再对照已知“李四的队友是王五的妻子”和“李丽的丈夫和王芳一组”发现完全吻合，因此假设成立。所以B符合题意；假设C成立，那么已知张三跟徐敏一组，剩下的两组就是李四和王芳，王五和李丽，再对照已知条件“李四的队友是王五的妻子”发现，王芳不是王五的妻子，因此，假设不成立，选项C不合题意。

哪种花色是王牌

扑克牌有4种花色：黑桃、梅花、红桃、方块。一副牌局中，某种花色比其他花色同点数的牌大，则称这种花色为王牌。例如，如果方块为王牌，则方块5比黑桃5大。在某副牌局中，有一手牌包括：

一、正好13张牌；

二、每种花色至少有一张牌；

三、每种花色的牌的数目不一样；

四、红桃和方块总数是5张；

五、红桃和黑桃的总数是6张；

六、王牌的数目是两张。

哪种花色是王牌？

答案：根据条件四和条件五，红桃的数目必定小于或等于4。假设红桃的数目是1，则方块的数目是4，黑桃的数目是5，梅花的数目是3，这和王牌的数目是2矛盾，故不成立。假设红桃的数目是2，则方块的数目是3，黑桃的数目是4，梅花的数目是4，和每种花色的牌的数目不一样多的条件矛盾，故不成立。

假设红桃的数目是3，则黑桃的数目也是3，同样不成立。假设红桃的数目是4，则方块的数目是1，黑桃的数目是2，草花的数目是6，成立。因此黑桃是王牌。

解这道题会有多种思路，你的解题思路是不是比上述方法更简单一些呢？

猜名字

智力晚会开始了，主持人小燕对观众说：“A、B、C三位同学中，一个叫‘真真’，从来不说假话；一个叫‘假假’，从来不说真话；一个叫‘真假’，有时说真话，有时说假话。”“现在，我们开始向这三位同学提问，请大家注意他们的回答。”小燕问同学A：“请问，B叫什么名字？”“他叫真真。”同学A回答。小燕问同学B：“你真是真真吗？”“我不是真真，我是假假。”同学B回答。小燕又问同学C：“请问，B到底叫什么名字？”“他叫假假。”同学C回答。小燕最后问观众：“请大家想一想，A、B、C三位同学中，究竟谁是真真，谁是假假，谁是真假呢？”

答案：A、B、C三位同学都做了回答，但答案各不相同，使人感到一时无从下手。这时候，不要畏难，也不要急躁，要善于抓住具体问题进行具体分析，一次分析不成功，可以分析第二次、第三次……信心和耐心在这里成了推理成功的关键。

我们先试着分析同学A的回答：A说B叫“真真”，这样，无论A说的是真话还是假话，都说明A不会是真真（如果A说的是真话，那么B是真真；如果A说的是假话，那么，说假话的A不可能是真真）。B说自己“不是真真”，如果是真话，自然说明B不是真真；如果是假话，那么，说假话的B当然也不会是真真。由此可以推断，真真只可能是同学C了。既然同学C是从不说假话的真真，那么，C说B叫“假假”，B就肯定是假假了。还有同学A，他就只能是真假了。

各姓什么

某宾馆二楼住着六位旅客。三位是姓张、王、李的会议代表，一个是科学家，一个技术员，一个是记者。另外三位是出差的旅客，分别来自北京、上海、广州，他们的姓也是张、王、李。服务员分别介绍的情况是：

一、姓李的旅客从北京来；

二、技术员在广州的一家工厂工作；

三、姓王的旅客说话结结巴巴；

四、与技术员同姓的旅客来自上海；

五、技术员与职业是教师的那位旅客从同一地方来；

六、姓张的代表打羽毛球时，总是输给记者。

请判断他们六人各姓什么。

答案：根据代表的职业与旅客的工作地点列出下面两个表。

表1

代表	科学家	技术员	记者
张	✓	×	×
王	×	✓	×
李	×	×	✓

表2

旅客	北京	上海	广州
张	×	×	✓
王	×	✓	×
李	✓	×	×

从六可知，姓张的代表不是记者，在表1的“张、记者”格打“×”，从一知李的旅客来自北京，在表2的“李、北京”格打“✓”，同时在纵横各格内打“×”。

从五、二、三知职业是教师的旅客来自广州，且不会是口吃的老王。说明他姓张，在表2的“张、广州”格“✓”，同时在该格的纵横各格打“✓”。

由四知技术员也应姓王。在表1“王、技术员”格打“✓”，同时在该格的纵横行各格内打“×”。

这样，“张、科学家”格只能打“✓”，“李、记者”格只能打“✓”。

从表中看出，三位代表中，科学家姓张，技术员姓王，记者姓李，三位旅客中，北京来的姓李，上海来的姓王，广州来的姓张。

住址和职业

北京至福州列车里坐着6位旅客：A、B、C、D、E、F，分别来自北京、天津、上海、扬州、南京和杭州。已知：

一、A和北京人是医生，E和天津人是教师，C和上海人是工程师。

二、A、B、F和扬州人参过军，而上海人从来未参军。

三、南京人比A岁数大，杭州人比B岁数大，F最年轻。

四、B和北京人一起去杭州，C和南京人一起去广州。

试根据已知条件确定每个旅客的住址和职业。

答案：由于职业可由住址确定，所以只需要考虑确定旅客的住址。

下面利用表格进行推理：表中打“✓”表示这人来自这城市，打“×”表示不来自这里。

由一可知：A、C、E既不是北京人，也不是天津人、上海人。

由二可知A、B、F不是上海人，也不是扬州人，于是得到D是上海人，那么他不是其他城市的人。如表1。

由三知，A和F不是南京人，那么A一定是杭州人，而其他旅客都不是杭州人，如表2。

由四可知：B不是北京人，也不南京人，C不是南京人，那么B是天津人。C是扬州人，故F是北京人，E是南京人。如表3。

表1

城市 旅客	北京	天津	上海	扬州	南京	杭州
A	×	×	×	×		
B				×	×	
C	×	×	×			
D	×	×	✓	×	×	×
E	×	×	×			
F			×	×		

表2

旅客 \ 城市	北京	天津	上海	扬州	南京	杭州
A	×	×	×	×	×	✓
B			×	×		×
C	×	×	×			
D	×	×	✓	×	×	×
E	×	×	×			×
F			×	×	×	×

表3

旅客 \ 城市	北京	天津	上海	扬州	南京	杭州
A	×	×	×	×	×	✓
B	×	✓	×	×	×	×
C	×	×	×	✓	×	×
D	×	×	✓	×	×	×
E	×	×	×	×	✓	×
F	✓	×	×	×	×	×

故：A是医生，来自杭州；B是教师，来自天津；

C是工程师，来自扬州；D是工程师，来自上海；

E是教师，来自南京；F是医生，来自北京。

他们分别是哪里人

奥林匹克运动会结束后，下面这五个人在进行议论。他们中有一个是讲真话的南区人，一个是讲假话的北区人，一个是既讲真话又讲假话的中区人，还有两个是局外人。他们每个人要么就先说两句真话，再说一句假话；要不然就先说两句假话，再说一句真话。请看以下他们的陈述：

甲：如果运动员都可以围腰布，那我也能参加。

B 一定不是南区人。

D 没能赢得金牌。

C 如果不是因为有晒斑，也能拿到金牌。

乙：E 赢得了银牌。

C 第一句话说的是假的。

C 没能赢得奖牌。

E 如果不是中区人就是局外人。

丙：我不是中区人。

我就算没有雀斑也赢不了金牌。

B 的铜牌没有拿到。

B 属于南区人。

丁：我赢得了金牌。

B 的铜牌没有拿到。

假如运动员都能围腰布，A 本来会参加。

C 不属于北区人。

戊：我得了金牌。

C 就算没有晒斑，也拿不到金牌。

我并不是南区人。

假如运动员都能围腰布，A 本来会参加。

那么，谁是南区人，谁是北区人，谁是中区人，哪两个是局外人，谁得了奖牌呢？

答案：甲是北区人；乙是南区人，获得铜牌；丙是中区人；丁是局外人，获得金牌；戊是局外人，获得银牌。

分析：说话者之中有一个是南区人，一个是中区人，一个是北区人，两外两个时局外人。

戊第三次说的话是真实的，乙的第四次陈述是真实的，因为戊可以肯定要么是中区人，要么是两个局外人之一。

丙第一次说的可能是虚假的，也可能是真实的。如果是真实的，乙要么是南区人，要么是两个局外人之一。如果是假的，那么丙就是中区人。

丁第四次陈述，即丙不是北区人，是真实的。因此，乙、丙、丁、戊每个人至少有一次真实的陈述。因此，甲是北区人，此陈述是假的。

甲第二次陈述，即乙不是南区人，是虚假的。那么，乙是南区人，此说法是真的。

乙第二次陈述，即丙的第一次陈述是虚假的，所以丙是中区人。

丙第一次和第三次是虚假的，第二次和第四次陈述是真实的。以此，也可以推出丁和戊是两个局外人。

甲第三次陈述是虚假的，丁赢得了金牌。

乙第一次陈述是真实的，戊赢得了银牌。

丙第三次陈述，即乙没有赢得铜牌，是虚假的，乙赢得了铜牌。

丁第一次和第四次陈述是真实的，第二次和第三次陈述是虚假的。

戊第二次和第三次陈述是真实的，第一次和第四次陈述是虚假的。

赫克托的未婚妻

赫克托先生一直同安妮特、伯尼斯、克劳迪娅这三位女士保持交往。

安妮特如实地说：

一、如果我会搬弄是非，那伯尼斯也会搬弄是非。

二、如果我常固执己见，那克劳迪娅也常固执己见。

伯尼斯如实地说：

三、如果我爱絮叨不休，那克劳迪娅也爱絮叨不休。

四、如果我会搬弄是非，那安妮特也会搬弄是非。

克劳迪娅如实地说：

五、如果我爱絮叨不休，那安妮特也爱絮叨不休。

六、如果伯尼斯常固执己见，那我可从不固执己见。

赫克托如实地说：

七、上述三种缺点中的每一种都至少为这三位女士中的一位所具有。

八、有两位女士的缺点相同。

九、我将要这三位女士中的一位只有上述一种缺点的女士结婚。

赫克托先生将同这三位女士中的哪一位结婚？

（提示：对于每一种缺点，具有这种缺点的女士组合能有哪几种？对于每种缺点，有三种这样的可能组合。赫克托先生不会同哪两位女士结婚）

答案：如果伯尼斯絮叨不休，那么根据三和五，这三位女士全爱絮叨不休。如果克劳迪娅爱絮叨不休，那么根据“五、如果我爱絮叨不休，那安妮特也爱絮叨不休。”安妮特也爱絮叨不休。安妮特也可能是这三位女士中唯一爱絮叨不休的。因此，根据“七、上述三种缺点中的每一种都至少为这三位女士中的一位所具有。”具有絮叨不休这一缺点的女士的可能组合是下列三种：

伯尼斯、克劳迪娅和安妮特/克劳迪娅和安妮特/安妮特

根据一和四，要么安妮特和伯尼斯都会搬弄是非，要么她们都不会搬弄是非。克劳迪娅可能会搬弄是非，也可能不会搬弄是非。因此，根据七，具有会搬弄是非这一缺点的女士的可能组合是下列三种：

伯尼斯、克劳迪娅和安妮特

安妮特和伯尼斯

克劳迪娅

如果安妮特常固执己见，那么根据“二、如果我常固执己见，那克劳迪娅也常固执己见。”克劳迪娅也常固执己见。如果伯尼斯常固执己见，那么根据“六、如果伯尼斯常固执己见，那我可从不固执己见。”克劳迪娅就从不固执己见。因此，安妮特和伯尼斯不会两人都常固执己见。克劳迪娅可能是唯一常固执己见的，伯尼斯也可能是唯一常固执己见的。因此，根据七，具有常固执己这一缺点的女士的可能组合是下列三种：

安妮特和克劳迪娅

克劳迪娅

伯尼斯

如果八中所指的那两位缺点相同的女士只有一个共同的缺点，则不但九不可能被满足，而且七也不可能被满足（这是因为：在这种情况下，如果要满足七，则另两个缺点必须为另一位女士所唯一具有，但是上述各个可能组合说明，任何一位女士都不可能唯一具有两个缺点）。

如果八中所指的两位女士具有两个或三个共同的缺点，那么她们不可能是伯尼斯和克劳迪娅，否则安妮特的缺点将不止一个，这与“九、我将要这三位女士中的一位只有上述一种缺点的女士结婚。”矛盾。她们也不可能是安妮特和伯尼斯，否则克劳迪娅的缺点将不止一个，这与九矛盾。因此，那两位女士必定是安妮特和克劳迪娅，而伯尼斯就是赫克托先生要娶的女士。

各种缺点的唯一可能的分布是：

爱絮叨不休：克劳迪娅和安妮特。

会搬弄是非：伯尼斯、克劳迪娅和安妮特。

常固执己见：安妮特和克劳迪娅。

三大家族的故事

在一个大陆上住着三大家族：

“讲真话”家族：住在六角形房子里，总是讲真话。

“撒谎”家族：住在五边形房子里，只会讲假话。

“转变”家族：住在圆形房子里，他们的特点是一旦话说出口，就要说到做到。

某天早晨三大家族中的90位族员被平均分成三组集中在一座城市中。三大组中一组成员来自同一家族；一组成员来自两大家族且两家族各占一半；最后一组由三大家族共同构成且三家族各占三分之一。现将三组随机编号。

第一组组员都称自己是“讲真话”家族的。

第二组组员说：“我们全是撒谎家族的。”

第三组组员则声明他们中除了“转变”家族的，没有其他族员了。

那么请问，当天晚上这90人有多少是睡在五边形房中？

答案：本题的突破口在于只有“转变”家族的人会说自己是“撒谎”家族的。因为如果那出自“讲真话”家族，就说明他在说谎；如果出自“撒谎”家族，那他说了真话，这也不可能。所以说称自己是“撒谎”家族的第二组组员原先全是“转变”家族的，但之后他们都加入了“撒谎”家族。另外还可得出第二组组员来自同一家族。同样的道理，只有“撒谎”和“转变”家族可以说自己是“转变”家族的，所以第三组组员一定是15个“撒谎”族，15个“转变”族，不过这一次“转变”家族还是“转变”家族。这样最后剩下的第一组——说自己是“讲真话”家族的，实际是由三个族以10:10:10的比例共同组成的，其中10个“转变”家族族员最后变成了“讲真话”家族。

因此，当天最终定下的是有15名“转变”家族成员（那15个说了真话的人）；20个“讲真话”家族的（10个原来就是，另10个来自“转变”家族）以及55个住五边形房中的“撒谎”家族族员（10个谎称自己是“讲真话”家族，15个谎称自己是“转变”家族和30个来自“转变”家族的）。

三胞胎

甲、乙、丙、丁、戊和己是两组三胞胎。另外，已知下列条件：

一、同胞兄弟姐妹不能进行婚配；

二、同性之间不能婚配；

三、在这六人中，四人是男性，二人是女性；

四、在这两组三胞胎中，没有同性兄弟或姐妹的；

五、甲与丁结为夫妇；

六、乙是戊的唯一的兄弟。

问题：

1. 在下列的双胞胎中，谁和谁不可能是兄弟姐妹关系？

A. 甲和戊；

B. 丙和己；

C. 丁和戊；

D. 丁和己；

E. 己和戊。

2. 在下列何种条件下，己肯定为女性？

A. 甲和戊属于同胞兄弟姐妹；

B. 戊和己属于同胞兄弟姐妹；

C. 丁和戊属于同胞兄弟姐妹；

D. 丙是丁的小姑；

E. 丙是丁的小叔。

3. 在下列的判断中哪个肯定是错误的？

A. 丙是丁的小姑；

B. 戊是丁的小姑；

C. 丙是丁的小叔；

D. 丙是丁的小叔；

E. 戊是丁的小叔。

4. 如果戊和己结为夫妇，下列哪一判断肯定正确？

A. 丙是男的；

B. 己是男的；

C. 甲是女的；

D. 乙是女的；

E. 丁是女的。

5. 如果丁和己是兄弟关系，那么下列哪一判断肯定正确？

A. 甲和丙属于同胞兄弟姐妹；

B. 乙和丁属于同胞兄弟姐妹；

C. 甲是男的；

D. 丙是女的；

E. 戊是女的。

答案：从上述的条件当中，可以推出每对三胞胎都是由二男一女组成，乙和戊是兄弟关系，丙和己是同胞关系。明白这一点，在推理过程中就很简单了。

1. 应选 E。

从题中可以得知，乙和戊是兄弟关系，丙和己是同胞关系。甲或丁，可能属于乙和戊这一对，也可能属于丙和己这一对，但是乙、戊绝不可能是丙、己的同胞兄弟姐妹，由此可知：己和戊不可能是同胞兄弟姐妹关系。而另外的几对都有可能是同胞兄弟姐妹关系。因此选 E。

2. 应选 E。

运用排除法分析：如果甲和戊是同胞兄弟姐妹，那么我们可以假设甲是女的，丁是男的，但还是不清楚究竟丙或者己是女的，因此 A 错。选 B 也错，因为戊和己不可能是同胞兄弟姐妹（分析见答题 1），所以，更不能说明己是否一定是女性。如果丁和戊是同胞兄弟姐妹，由此可以假设一下，丁是女的，甲是男的，但我们还是不知道究竟丙或者己是女的，因此选 C 也错。如果丙是丁的小姑，那推断的结果必定是己是男性，故选 D 同样错。在丙是丁的小叔这一条件下，我们可以推断在甲、丙、己这对三胞胎中甲、丙都是男性，己必定是女性。因此选 E 正确。

3. 应选 B。

分析方法相同

4. 应选 A。

由题意可知，乙和戊是男的。如果戊和己结为夫妇，我们可以推断己是女的；丙是男的，因此 B 和 D 肯定错，而 C 和 E 则不一定对，只有 A 肯定正确。

5. 应选 D。

根据题中的条件知道，可推断出丁、己、丙三人是同胞兄弟姐妹，其中丙是女的；乙、戊、甲三人是同胞兄弟姐妹，其中甲是女的。由此不难看出，除 D 之外的其他选择都错。

三只恐龙

有 A、B、C 三个恐龙，其中 1 个只说真话，另外 1 个只说假话，还有 1 个随机地决定何时说真话，何时说假话。你可以向这三个恐龙发问三条对错题，而你的任务是从他们的回答中找出谁说真话 T 恐龙，谁说假话 F 恐龙，谁是随机答话 U 恐龙。这个难题困难的地方是这些恐龙会以“Da”或“Ja”回答，但你并不知道他们的意思，只知道一个代表“对”，另外一个代表“错”。你应该问哪 3 条问题呢？

注：每次问题只能向一个恐龙提问。

答案：

第1问：找出一条T或者F恐龙，这步最难。

向A恐龙问："如果我说B是U恐龙，你会回答Da吧？"

如果A回答Da，则C恐龙（第3条恐龙）是T或F；

如果A回答Ja，则B恐龙是T或F，有三类情况：

一是A是U；

二是B是U；

三是C是U。

分别讨论：

假设A是U

A会做出一个随机的答复，无论A说Da还是Ja，B都是T或者F恐龙，C同样。

假设B是U（则C是一条T或者F恐龙）

"B是U恐龙"这个说法是正确的。以下再分Da="是"，和Ja="是"两种情况讨论：

当Da="是"时，若A是T恐龙，对于"B是U恐龙?"这个问题它会如实回答，"Da（是）"。则提问者"……你会回答Da吧?"的说法是正确的，A恐龙也会如实作答"Da（是）"；

若A是F恐龙，对于"B是U恐龙?"这个问题它会骗人，"Ja（不是）"。则提问者"……你会回答Da吧?"的说法是错误的，A恐龙继续骗人"Da（是）"。

当Ja="是"时，若A是T恐龙，对于"B是U恐龙?"这个问题它会如实回答，"Ja（是）"。则提问者"……你会回答Da吧?"的说法是错误的，A恐龙也会如实作答"Da（不是）"；

若A是F恐龙，对于"B是U恐龙?"这个问题它会骗人，"Da（不是）"。则提问者"……你会回答Da吧?"的说法是正确的，A恐龙继续骗人"Da（不是）"。

所以只要B是U（则C是一条T或者F恐龙），最终答案总是"Da"。

假设C是U（则B是一条T或者F恐龙）

"B是U恐龙"这个说法是错误的。以下再分Da="是"，和Ja="是"两种情况讨论：

当Da="是"时，若A是T恐龙，对于"B是U恐龙?（错误）"这个问题它会如实回答，"Ja（不是）"。则提问者"……你会回答Da吧?"的说法是错误的，A恐龙也会如实作答"Ja（不是）"；

若A是F恐龙，对于"B是U恐龙?（错误）"这个问题它会骗人，"Da（是）"。则提问者"……你会回答Da吧?"的说法是正确的，A恐龙继续骗人"Ja（不是）"。

当 Ja =“是”时，若 A 是 T 恐龙，对于“B 是 U 恐龙？(错误)”这个问题它会如实回答，“Da（不是）”。则提问者“……你会回答 Da 吧？”的说法是正确的，A 恐龙也会如实作答“Ja（是）”；

若 A 是 F 恐龙，对于“B 是 U 恐龙？（错误）”这个问题它会骗人，“Ja（是）”。则提问者“……你会回答 Da 吧？”的说法是错误的，A 恐龙继续骗人“Ja（是）”。

所以只要 C 是 U（则 B 是一条 T 或者 F 恐龙），最终答案总是“Ja”。

综合三种情况我们发现，只要回答“Da”，则 C 就是一条 T 或者 F 恐龙。反之，则 B 是一条 T 或者 F 恐龙。找到了一个 T 或 F，第一问的目的达到。

十四圈

四位男士在玩一种纸牌游戏，其规则是：在每一圈中，某方首先出一张牌，其余各方就要按这张先手牌的花色出牌（如果手中没有这种花色，可以出任何其他花色的牌）；每一圈的获胜者即取得下一圈的首先出牌权。现在他们已经打了九圈，还要打四圈。

一、四人手中花色的分布如下：

Ⅰ：梅花、方块、黑桃、黑桃；

Ⅱ：梅花、方块、红桃、红心；

Ⅲ：梅花、红心、方块、方块；

Ⅳ；梅花、红心、黑桃、黑桃。

二、阿特在某一圈中首先出了方块。

三、鲍勃在某一圈中首先出了红心。

四、卡布在某一圈中首先出了梅花。

五、丹在某一圈中首先出了黑桃。

六、每圈的获胜者凭的都是一张“王牌”。（王牌是某一种花色的任何一张牌：在手中没有先手牌花色的情况下，可以出王牌——这样，一张王牌将击败其他二种花色中的任何牌；与其他花色的牌一样，王牌可以作为先手牌打出）

七、阿特和卡布这对搭档胜了两圈，鲍勃和丹这对搭档也胜了两圈。

这四人中谁胜了第十圈？

（提示：先在不考虑具体人物的情况下，判定每人各有几张王牌以及每人各胜了几圈？根据各人首先出的牌的花色，判定各人手中的是哪一套牌？哪一种花色是王牌）

答案：把这四人手中的牌汇总起来，每种花色都是四张牌，再根据六每圈的获胜者凭的都是一张“王牌”。（王牌是某一种花色的任何一张牌：在手中没有先手牌花色的情况下，可以出王牌——这样，一张王牌将击败其他二种花色中的任何牌；与其他花色的牌一样，王牌可以作为先手牌打出），得知在每一圈牌中都只出了一张王牌。因此，根据二至五，在某一圈，有一人首先出了一张王牌（因为在这四圈中，四种花色各首先出了一次）而这时其他三人都拿不出王牌。由于每一圈的获胜者都是凭的王牌，所以首先出王牌的那人必定有两张王牌：他必定是在最后一圈中首先出了一张王牌，为此他用一张王牌胜了倒数第二圈。（如果他在倒数第二圈之前就胜过一圈，那么他就还取得过一次首先出牌权从而有了两次首先出牌权，这与二至五所说的四人各首先出了一次相矛盾）因此，有一人手中有两张王牌。另外两个人各有一张王牌，还有一个人没有王牌。根据四个人手中牌的花色分布，王牌花色不是红心就是方块。

如果方块是王牌，则阿特拿着的是Ⅲ（根据二阿特在某一圈中首先出了方块，阿特首先出了方块）；如果红心是王牌，则鲍勃拿的是Ⅱ（根据三鲍勃在某一圈中首先出了红心，鲍勃首先出了红心）。根据二，阿特不能拿着Ⅳ。根据三，鲍勃不能拿着Ⅰ。根据五丹在某一圈中首先出了黑桃，丹不能拿着Ⅱ或Ⅲ。

于是对于王牌花色的两种可能，各人手中持牌的情况各有三种可能：

	方块是王牌			红心是王牌		
	(a)	(b)	(c)	(d)	(e)	(f)
Ⅰ	丹	卡布	丹	丹	卡布	阿特
Ⅱ	鲍勃	鲍勃	卡布	鲍勃	鲍勃	鲍勃
Ⅲ	阿特	阿特	阿特	阿特	阿特	卡布
Ⅳ	卡布	丹	鲍勃	卡布	丹	丹

数一数各人手中王牌的数目，等于数一数各人所胜的圈数。对于上述六种可能，有以下情况：

(a) 阿特胜2圈，鲍勃胜1圈，卡布胜0圈，丹胜1圈；

(b) 阿特胜2圈，鲍勃胜1圈，卡布胜1圈，丹胜0圈；

(c) 阿特胜2圈，鲍勃胜0圈，卡布胜1圈，丹胜1圈；

(d) 阿特胜1圈，鲍勃胜2圈，卡布胜1圈，丹胜0圈；

(e) 阿特胜1圈，鲍勃胜2圈，卡布胜0圈，丹胜1圈；

(f) 阿特胜0圈，鲍勃胜2圈，卡布胜1圈，丹胜1圈。

根据七，阿特和卡布这对搭档胜了两圈，鲍勃和丹这对搭档也胜了两圈，可排除

(b)、(c)、(e) 和 (f)。注意 (a) 和 (d) 表明的是同样的持牌情况：

阿特手中的牌Ⅲ：梅花、红心、方块、方块；

鲍勃手中的牌Ⅱ：梅花、方块、红心、红心；

卡布手中的牌Ⅲ：梅花、红心、黑桃、黑桃；

丹手中的牌Ⅳ：梅花、方块、黑桃、黑桃。

这就是各人手中所持牌的真实情况。

如果方块是王牌，那么由于卡布手中没有王牌从而一圈也没有胜，所以必须是卡布在第十圈首先出牌。但是根据四卡布在某一圈中首先出了梅花，卡布首先出的是梅花，而这时候每人手中都有梅花，在先手牌花色为梅花的情况下，没有人能出王牌，在第十圈不是卡布先出牌，从而方块不是王牌。

如果红心是王牌（实际上它必定是王牌），则根据同样的推理，必定是丹在第十圈首先出牌。而鲍勃有两张红心，所以他在第十三圈首先出牌。因此，在第十一圈首先出牌的不是阿特就是卡布，这个人胜了第十圈。由于根据五，丹首先出的是黑桃，而在这个时候卡布不能出王牌（他有两张黑桃），因此，必定是阿特在第十圈出了王牌，阿特胜了第十圈。

最后四圈的整个进展情况如下：

第十圈——丹首先出黑桃，阿特出红心（王牌）获胜，卡布出黑桃，鲍勃出梅花（或方块）。

第十一圈——阿特首先出方块，卡布出红心（王牌）获胜，丹出方块，鲍勃出方块（或梅花）。

第十二圈——卡布首先出梅花，鲍勃出红心（王牌）获胜，丹出梅花，阿特出梅花。

第十三圈——鲍勃首先出红心（王牌）获胜，卡布出黑桃，丹出黑桃，阿特出方块。

长方形餐桌

哈里和他的妻子哈里雅特举行晚餐会，邀请的客人有：他的弟弟巴里和巴里的妻子巴巴拉；他的姐姐萨曼莎和萨曼莎的丈夫塞缪尔；邻居内森和内森的妻子纳塔莉。当他们全部在餐桌旁就座的时候，其中一人突然拔枪向另一个人射击。长方形餐桌周围的座位安排如下图所示：

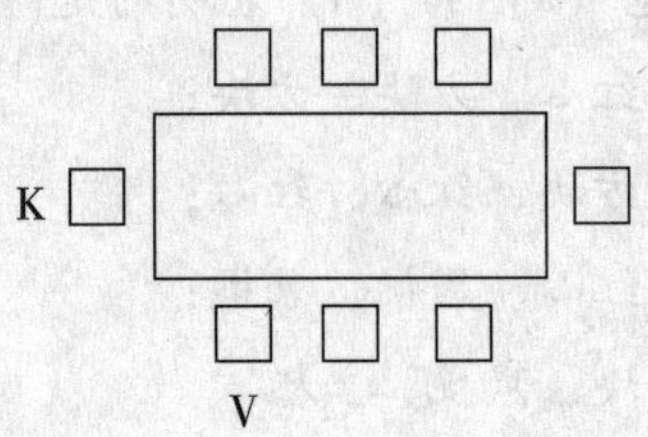

一、凶手坐在标有 K 的座位上。

二、被害者坐在标有 V 的座位上。

三、每位男士都坐在他妻子的对面。

四、男主人是唯一坐在两位女士之间（即沿桌子边缘左侧是一位女士，右侧是另一位女士）的男士。

五、男主人没有坐在他姐姐的旁边。

六、女主人没有坐在男主人弟弟的旁边。

七、被害者和凶手曾是夫妻关系，现已离异。

这八人中谁是凶手?

（提示：就座的男士们和女士们之间有怎样的联系？注意巴里和萨曼莎是姐弟关系）

答案：根据七被害者和凶手曾是夫妻关系，现已离异。凶手与被害者的性别不同。根据三每位男士都坐在他妻子的对面。被害者和凶手各坐在一个与自己性别不同的人的对面。于是，根据一和二，一部分的座位安排必然是下列二者之一（M 代表男士，W 代表女士）：

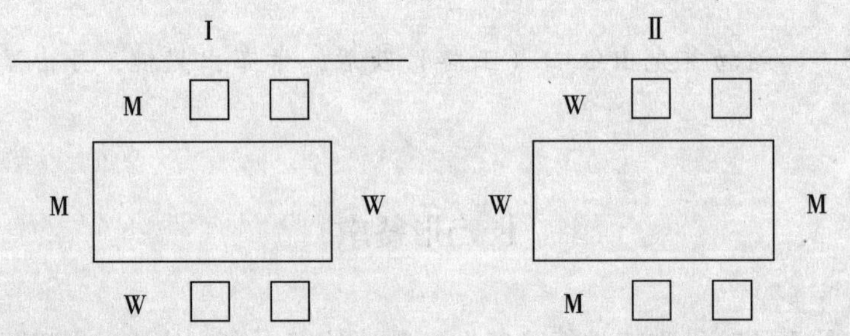

坐在被害者旁边的不是男士就是女士。根据“三、每位男士都坐在他妻子的对面。”此人与坐在其对面的人性别不同。如果坐在被害者旁边的是一个男士，则不可能既把Ⅰ或Ⅱ补齐，同时又满足四：根据四男主人是唯一坐在两位女士之间（即沿桌子边缘左侧是一位女士，右侧是另一位女士）的男士。至少有一个男士坐在两个女士之间，因此，下面的Ⅰa、Ⅱa 和Ⅱb 是不可能的；根据四，至多只有一个男士坐在两个女士之间，从而下面的Ⅰb也是不可能的。

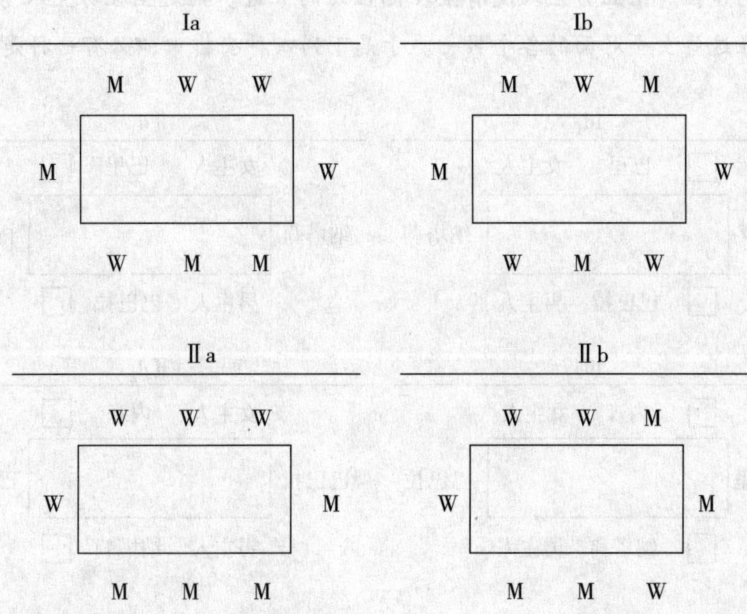

因此，坐在被害者旁边的必定是个女士，而且根据三，坐在她的对面是个男士。在安排Ⅰ中，如果有一个女士坐在这个被害者女士的旁边，则不可能既把这种安排补齐，同时又满足四：根据四，至少有一个男士坐在两个女士之间，因此下列的Ic是不可能的。在安排Ⅱ中，如果一个男士坐在这个女士旁边，则不可能既把这种安排补齐，同时又满足四：根据四至多只有一个男士坐在两个女士之间，从而下列的Ⅱc也是不可能的。

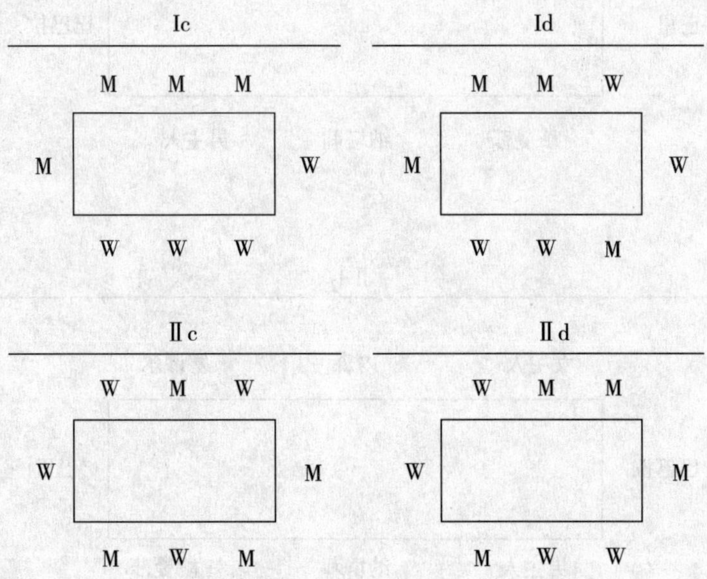

因此不是Ⅰd就是Ⅱd是正确的座位安排。在这两种情况下，可用三和四判定男主人和女主人的座位。用五男主人没有坐在他姐姐的旁边。判定坐在男主人旁边的女士，用三判定坐在这些女士对面的各个男士。于是下列四种安排中，必有一种是正确的。

Ⅰd_1

□ 巴里 女主人

内森 纳塔莉

□ 巴巴拉 男主人

Ⅱd_1

女主人 巴里 □

纳塔莉 内森

男主人 巴巴拉 □

Ⅰd_2

□ 内森 女主人

巴里 巴巴拉

□ 纳塔莉 男主人

Ⅱd_2

女主人 内森 □

巴巴拉 巴里

男主人 纳塔莉 □

根据六女主人没有坐在男主人弟弟的旁边，Ⅰd_1和Ⅱd_1是不可能的。既然现在只剩下一个男士和一个女士尚待确定，补齐安排Ⅰd_2和Ⅱd_2就是一件很容易的事了：

Ⅰd_2

塞谬尔 内森 女主人

巴里 巴巴拉

萨曼莎 纳塔莉 男主人

Ⅱd_2

女主人 内森 塞谬尔

巴巴拉 巴里

男主人 纳塔莉 萨曼莎

根据一、二和七，是不可能的，因为萨曼莎和巴里是姐弟关系（萨曼莎是男主人的姐姐，巴里是男主人的弟弟）。因此，Ⅱ 是正确的座位安排。

于是，根据一和二，男主人是被他弟弟的妻子——巴巴拉所杀害。

保险箱之迷

暗室内有四个保险箱，其中一个保险箱内放着最新的飞行器设计图纸，而且每隔20分钟这四个保险箱就自动变换一次相邻的位置。每个保险箱的门上都刻着一句话，到底哪个保险箱是放设计图纸的呢？

第一个保险箱上刻着“所有的保险箱中都有贵重物品”；

第二个保险箱上刻着“本保险箱中有毒气”；

第三个保险箱上刻着“本保险箱中没有设计图纸”；

第四个保险箱上刻着“有些保险箱中没有贵重物品”。

如果这四个描述中只有一句真话，那么下面哪一个选项是正确的？

A. 所有保险箱中都有贵重物品；

B. 所有保险箱中都没有贵重物品；

C. 有些保险箱中没有贵重物品；

D. 第三个保险箱中有设计图纸；

E. 第二个保险箱中有黄金。

答案：选择D。第一个保险箱和第四个保险箱上的话是矛盾的，所以必有一真，必有一假。因此第二和第三个保险箱上的话都是假话，从而推出第三个保险箱中有设计图纸。

七名女模特

现有7名漂亮的女模特被一家服装公司录用，分别是小米、喵喵、雅雯、秀兰、雯雯、娜娜、可儿。其中有1人需要做内衣模特，有3人做职业装模特，另外3人做休闲装模特。并且以上7名员工的人事分配必须满足以下条件：

一、雅雯和可儿必须在一起；

二、小米和喵喵不能在一起；

三、假如娜娜做休闲装模特，则雯雯做职业装模特；

四、小米必须做职业装模特；

请问：以下哪项列出的可能是这7名女模特最终的分配结果？

A. 做内衣模特的是雯雯，做职业装模特的是小米、雅雯、娜娜，做休闲装模特的是喵喵、秀兰、可儿；

B. 做内衣模特的是雯雯，做职业装的模特是喵喵、秀兰、娜娜，做休闲装的模特是小米、雅雯、可儿；

C. 做内衣模特的是娜娜，做职业装模特的是小米、喵喵、雅雯，做休闲装模特的是秀兰、可儿、雯雯；

D. 做内衣模特的是娜娜，做职业装模特的是小米、秀兰、雯雯，做休闲装模特的是喵喵、雅雯、可儿。

答案：选项D可能是这7名雇员的最终分配结果。原因如下：选项A违反条件3；选项B违反条件4；选项C违反条件1和条件2；只有选项D能满足题中的所有条件。

长幼有序

山东是个礼仪之邦，吃饭时很讲究座位的排序。这一天爷爷来家里做客，晚饭时，爷爷已经在吃饭的圆桌旁坐好了，已知条件：

一、父亲坐儿子旁边。

二、母亲坐女儿旁边。

三、儿子：坐在我右边的是妈妈或者姐姐。

四、女儿：妈妈在弟弟的左边。

那么，从爷爷的左边开始，依次的座次是怎样的呢？

答案：从爷爷左边开始，依次是妈妈、姐姐、弟弟、爸爸。

巧辨接头密码

地下党员小王早晨醒来，发现门缝里有一张窄窄的纸条，上面写着5组英文字母。他知道这是上级指示他立即变更接头的地点和暗语，密码是由a、b、c、d、e等5个字母组成的，密码的字母由左至右写成，且只有满足下列所有条件才是有效密码：

一、每个密码最短只为两个字母，可以重复。

二、密码的首个字母不能是a。

三、如果一旦b字母在某一密码中出现，那么，b这个字母就得在这一密码中出现两次以上。

四、c 不可为最后一个字母，也不可为倒数第二个字母。

五、如果一个密码中有 a，那么这个密码中一定有 d。

六、除非这个密码中有 b，否则 e 不可能是最后一个字母。

纸条上的五组密码，到底哪一组是真正的接头密码呢？他发现其中一组是明显错误的，但只要改变字母的顺序，就可以变成有效密码，他立刻明白了上级的巧妙传达的指示。请问是哪一组？应该怎么改呢？

A. bbcde；

B. bbbad；

C. caded；

D. dabcb；

E. eccbb。

答案：正确答案为 D。只要将 c 与前三个字母 dab 任一位置交换即可变成有效密码。

邻里之间

北京某公寓大楼里，住着孙军、魏大勇、王强、陈飒和李成五个人，他们中有画家、司机、记者、会计和教师。已知：

一、王强的上一层是会计；

二、画家劝王强戒烟；

三、李成常到记者家里看电视，因为他家没有电视机；

四、陈飒戴眼镜；

五、李成养了一只八哥；

六、司机住在画家和记者之间的楼层；

七、画家反对孙军养狗，他本人也不养狗；

八、魏大勇对盆花不感兴趣，所以不种盆花。

请根据以上条件推断各楼层的住客姓名及其职业。

答案：根据条件五和三，二楼住的是李成；根据条件七，住一楼的养狗人是孙军；孙军和五楼主人均戴眼镜，根据条件四可确定五楼住的是陈飒；李成和四楼主人均抽烟，根据条件二，四楼住的是王强；余下的三楼住的必然是魏大勇。根据条件一，五楼的陈飒是会计；三楼的魏大勇不养狗也不种盆花，根据条件七、八，所以魏大勇是画家；画家魏大勇住三楼，因已确定五楼的陈飒是会计，加上条件六的限制，因此可确定一楼的孙军是记者，二楼的李成是司机；余下四楼的王强自然就是教师。

说谎的朋友

小王想去王老师的家里拜访，但不知道具体位置，就邀请居住在王老师家附近的小李同往，双方电话约好了次日见面的时间和地点，结果第二天两人未能碰面。以下是两人之后的对话——

小王：你怎么没去？

小李：我去了，刚刚才回来。

小王：我不到 8 点开始，等了你半小时没有见到你来，自己摸索着找到了王老师家。

小李：我一直等到 10 点，刚刚才回来。

小王：你在哪里等我呀？

小李：在王老师家小区门口啊。

小王：我们不是说好在电影院门口见面吗？

小李：不，我们是说好在王老师家小区门口见面。我一直没见你来，就坐在树阴下，一边看玩手机，一边等你。到了 10 点还不见你来，我才回家。

仔细想想看，到底是谁说了谎？

答案：小李说了谎。小王不知道王老师家的具体位置，才邀小李同去，所以不可能约小李在小区门口见面。

体育达标

上午，学校进行了第二次体育达标测试。中午，A、B、C、D 四名同学吃饭时，大家都兴高采烈地谈论着各自的成绩。

A 说：同学 B 上次得了第二名；

B 说：同学 C 在这次比赛中是第二名；

C 说：同学 D 这次的名次比上次要好；

D 说：同学 A 这次的名次也好了。

其实，在第一次测试中，名次在后的同学说了假话，名次在前的同学说了真话，而且没有并列第一的情况；这次比赛也没有并列第一的情况；其中同学 C 没得第一名。

看完以上叙述，你能算出这些同学在这两次比赛中的名次吗？

答案：A：上次第 4 名，这次第 2 名；

B：上次第 2 名，这次第 3 名；

C：上次第 3 名，这次第 4 名；

D：上次第 1 名，这次第 1 名。

教练的看法

在暑假游泳班的最后一天，所有的学员进行了比赛。几位教练谈到了这个班的游泳成绩。

小教练说："这次游泳班的学员质量不高，没有人的游泳成绩会是优秀。"

大教练说："不可能吧，有几个人以前训练过，他们的游泳成绩会是优秀。"

老教练说："我认为游泳班的队长或者副队长能游出优秀成绩。"

结果发现只有一位教练说对了，由此可以推出以下哪一项肯定为真？

A. 这个班所有学员的游泳成绩都不是优秀。

B. 这个班里有人的游泳成绩是优秀。

C. 只有队长的游泳成绩是优秀。

D. 副队长的游泳成绩并不是优秀。

答案：选 D。小教练和大教练的话矛盾，所以两人中有一人的话为真，老教练的话为假。队长和副队长的成绩都不是优秀。

自动供水

淡水养殖场增添了先进设备，全新的供水、净水系统有 5 个控制键，编号为 1 至 5 号。不过，使用这些控制键必须遵守以下操作规则：

如果开启 1 号键，那么必须打开 2 号键并关闭 5 号键；

如果开启 2 号键或者 5 号键，则要关闭 4 号键；

不能同时关闭 3 号键和 4 号键。

现在要打开 1 号键，同时要打开的键是哪两个？

A. 2 号键和 4 号键

B. 2 号键和 3 号键

C. 3 号键和 5 号键

D. 4 号键和 5 号键

答案：选 B。1 号、2 号、3 号键开启，4 号和 5 号键关闭。

赛龙舟

端午节赛龙舟，有甲、乙、丙、丁四个县市参赛。为了打破十年前的记录，这四个县市又重新组合成两个队，进行更加激烈的冲关大赛。结果是：

一、当甲、乙两组为一方，丙、丁两组为另一方时，双方势均力敌，不相上下；

二、但当甲与丙对调以后，丁、甲一方就轻而易举地战胜了丙、乙一方，打破记录；

三、然而，乙组的工人并不气馁，他们一组同甲、丙两组的联合队进行较量，结果取胜了。

请排出四组由弱到强的顺序：

A. 甲、乙、丙、丁；

B. 丙、乙、丁、甲；

C. 丁、乙、甲、丙；

D. 乙、甲、丁、丙；

E. 丙、甲、乙、丁。

答案：选择 C。根据题中条件，可列出下述公式：①甲 + 乙 = 丙 + 丁；②丙 + 乙 = 甲 + 丁；③甲 + 丙 < 乙。由①可得：丁 = 甲 + 乙 − 丙；由②可得：丁 > 乙 + 丙 − 甲；对比上述两式可得：甲 > 丙。既然甲 > 丙，而甲 + 乙 = 丙 + 丁；所以，乙 < 丁。由③可知，甲、丙力气都小于乙，所以丁组力气最大，乙组第二，丙组最小。

鱼龙混珠

在一次盘点仓库时，保管员发现存放黄金的铁柜子有被人动过的痕迹。打开柜子，他看到甲、乙、丙、丁四个外表一样的金锭，但是称量后发现它们的总重量少了。于是他取来一个天平，将甲、乙归为一组，丙、丁归为一组，然后分别放在天平的两边，这时天平是基本平衡的。将乙和丁对调一下，甲、丁一端明显要比乙、丙一端重得多。可奇怪的是，在天平一端放上甲、丙，而另一端刚放上乙，还没来得及放上丁时，天平就倒向了乙的一端。

请问：这四个球中由重到轻的排列顺序是什么？

A. 丁、乙、甲、丙　B. 丁、乙、丙、甲

C. 乙、丙、丁、甲　D. 乙、甲、丁、丙

E. 乙、丁、甲、丙

答案：选项 A 的排列顺序是正确的。选项 B、C、E 不符合第二要求，选项 D 不符合第一要求。

女人岛

印度洋的女人岛是一座母系氏族的小岛，因此，女人也分君子、小人、凡夫。

话说公元 1001 年，刚继位的女人岛的女皇一时忽发奇想，批准了一条非常奇怪的法令：君子必须跟小人通婚，小人必须跟君子通婚，凡夫只准跟凡夫通婚。这么一来，不管是哪一对夫妻，要么双方都是凡夫，要么一方是君子，一方是小人。

某一年的“咖啡节”和“可可节”，女人岛上，发生了两个故事：

(1)“咖啡节”的故事

舞会上，有一对夫妻：A 先生和 A 夫人。他们站在小舞台上说了如下的两句话：A 先生：我妻子不是凡夫。A 夫人：我丈夫也不是凡夫。

问：如果你是逻辑博士，你能断定 A 先生和 A 夫人是何种人？

(2)“可可节”的故事

有 A 先生和 A 夫人，B 先生和 B 夫人四个人，在“可可节”的舞会上，同坐在一张圆桌上喝酒。微醉时，四个人中有三个人说了如下的三句话：A 先生：B 先生是君子。A 夫人：我丈夫说得对，B 先生是君子。B 夫人：你们说得对极了，我丈夫的确是君子。

如果你是逻辑博士，你能断定这四个人各是何种人？这三句话中，哪几句是真的？

答案：

(1) A 先生不可能是小人，因为，如果那样的话，他妻子该是君子，不是凡夫，这样，A 先生的话反倒会成了真的。同样，A 夫人也不可能是小人。所以，他俩也都不是君子（否则其配偶理应是小人），可见他俩都是凡夫，同时又都是在撒谎。

(2) 这四个人都是凡夫，三句话全都是谎话。首先，B 夫人必定是凡夫。这是因为，假使她是君子，她丈夫应该是小人，既然她是君子，就不会谎称自己的丈夫是君子。假使她是小人，她丈夫该是君子，这时她也是不肯道破真情的。所以，B 夫人是凡夫。因此，B 先生也是凡夫。这意味着 A 先生和夫人都在撒谎。所以，他俩都不是君子，也不可能都是小人，因此都是凡夫。